高等学校德语专业教材

GESCHICHTE DER
DEUTSCHEN LITERATUR

德国文学简史

吴涵志（*Karl-Heinz Wüst*）著

外语教学与研究出版社
北京

图书在版编目（CIP）数据

德国文学简史／（德）吴涵志（K. Wüst）著. — 北京：外语教学与研究出版社，2008.6（2025.9 重印）
（外研社德语文学系列丛书）
ISBN 978-7-5600-7646-1

I. 德… Ⅱ. 吴… Ⅲ. ①德语－高等学校－教材②文学史－德国
Ⅳ. H33 I516.09

中国版本图书馆 CIP 数据核字（2008）第 100226 号

出 版 人　王　芳
丛书策划　崔　岚
责任编辑　邱袁炜
版式设计　黄　蕊
封面设计　袁　璐
出版发行　外语教学与研究出版社
社　　址　北京市西三环北路 19 号（100089）
网　　址　https://www.fltrp.com
印　　刷　河北虎彩印刷有限公司
开　　本　650×980　1/16
印　　张　17.75
版　　次　2008 年 7 月第 1 版 2025 年 9 月第 18 次印刷
书　　号　ISBN 978-7-5600-7646-1
定　　价　26.00 元

如有图书采购需求，图书内容或印刷装订等问题，侵权、盗版书籍等线索，请拨打以下电话或关注官方服务号：
客服电话：400 898 7008
官方服务号：微信搜索并关注公众号"外研社官方服务号"
外研社购书网址：https://fltrp.tmall.com

物料号：176460001

Vorwort

Diese Geschichte der deutschen Literatur ist in erster Linie für Studierende der deutschen Sprache im Hauptstudium gedacht, deren Muttersprache nicht Deutsch ist. Sie kann aber auch für diejenigen von Interesse sein, die die deutsche Sprache einigermaßen beherrschen und sich einen Überblick über die Geschichte der deutschen Literatur verschaffen wollen.

Die Natur einer Einführung bringt es mit sich, dass eine Auswahl getroffen werden muss und Schwerpunkte zu setzen sind. Dafür bittet der Autor um Verständnis. Bei der Auswahl der Schwerpunkte wurde u.a. die zwölfbändige *Geschichte der deutschen Literatur* (München 1953 ff.) von Helmut de Boor und Richard Newald und die *Geschichte der deutschsprachigen Literatur seit 1945.* (2. Auflage, Stuttgart, Weimar 2003) von Ralf Schnell zu Rate gezogen.

Die Rechtschreibung der Zitate wurde an die neuen Regeln angepasst; grammatische Abweichungen und Eigenheiten wurden nicht geändert.

Für die Ermunterung beim Fortgang dieser Arbeit und für wertvolle fachliche Hinweise bedanke ich mich bei Xie Yingying, Zhu Yan, Wang Bingjun, Han Ruixiang und Michael Nerlich von der Ersten Fremdsprachenuniversität Peking sowie bei Jiang Feng von der Staatlichen Erziehungskommission und bei Hansgünther Schmidt vom DAAD-Büro Peking.

Für die redaktionelle Betreuung bedanke ich mich bei Wang Fang, Cui Lan und Qiu Yuanwei, für das Korrekturlesen bei Ralf Heuer und Hans Dieter Cardel und für die Übersetzung der Anmerkungen und der Wortlisten bei Jiang Rui und bei Cecilia Lima Wüst.

Inhalt

1. Das Mittelalter

Walther von der Vogelweide

Niebelungenlied

Zwei Ritter des beginnenden 16. Jh.

Das Mittelalter umfasst den Zeitraum vom Untergang der Antike bis zum Beginn der Neuzeit.

Der Beginn und das Ende der geschichtlichen Epoche ‚Mittelalter' werden unterschiedlich angegeben:

Beginn:

ab 375	*Beginn der germanische Völkerwanderung*
476	*Ende Westroms*
800	*Kaiserkrönung Karls des Großen*

Ende:

1453	*Fall Konstantinopels*
1492	*Entdeckung Amerikas*
1517	*Luther veröffentlicht seine 95 Thesen*

Die literarische Epoche ‚Mittelalter' beginnt mit den ersten schriftlichen Überlieferungen schreibender Mönche unter Karl dem Großen (747-814). Sie endet mit der Verbreitung des Buchdrucks (um 1455) im Vorfeld der Reformation.

Die Literatur des Mittelalters war durch eine starke mündliche Tradition geprägt. Es gibt wenig Texte aus dieser Zeit, vieles ist für immer verloren. Dies änderte sich mit der Erfindung des Buchdrucks, so dass wir über die Literatur seit dem 15. Jahrhundert viele Kenntnisse besitzen.

Das Mittelalter kann in vier Phasen eingeteilt werden:

germanische Frühzeit	*4. - 8. Jahrhundert*
frühes Mittelalter	*740 - 1170*
hohes Mittelalter	*1170 - 1270*
spätes Mittelalter	*1270 - 1500*

Oft wird das Mittelalter als eine finstere oder als eine schlimme Zeit bezeichnet. Die Romantiker allerdings betonen die von ihnen gesehenen positiven Züge des (hohen) Mittelalters.

Sie lobten die klare ständische Gliederung, die jedem seinen festen Platz zuweist, die einheitliche Religion und die Einheit des staufischen Reiches.

Dies war ein glänzendes Gegenbild zur Situation um 1800 (Ohnmacht des Deutschen Reiches, Bedrohung durch Napoleon, wirtschaftliche Stagnation, Auflösung traditioneller Bindungen). Die Verherrlichung des mittelalterlichen starken Reiches diente der nationalen Propaganda in den Befreiungskriegen gegen die Feinde aus Frankreich.

Erst nach dem 2. Weltkrieg erschien ein Buch, das die gesamteuropäische Verflechtung beschreibt (Ernst Robert Curtius: *Europäische Literatur und lateinisches Mittelalter*): Die europäischen Literaturen sind von der griechischen, lateinischen, arabischen und der isländischen Kultur beeinflusst. Sie hängen untereinander aufs Engste zusammen. Es gibt keine selbständige deutsche Entwicklung, wie man das in Deutschland manchmal - besonders in Zeiten der nationalen Verblendung - geglaubt hatte.

1.1. Der historische Hintergrund

Die Germanen, die Vorfahren der Deutschen, wohnten zunächst in Südskandinavien und in der norddeutschen Tiefebene. Sie breiteten sich nach allen Richtungen aus. Die Römer errichteten einen Grenzwall, den Limes (limes <lat.>: Grenzlinie, Grenzwall), gegen die Germanen. Ähnlich der chinesischen Mauer sollte dieses Bauwerk das Römische Reich vor den ‚Barbaren' schützen. Die Germanen jenseits dieser Grenze blieben von der römischen Herrschaft weitgehend unberührt.

Um 375 löste der Ansturm der Hunnen eine Völkerwanderung aus. Vandalen, Burgunder und Goten verließen ihre Heimat. Zwischen Nordsee und Alpen lebten 6 große Stammesverbände: Friesen, Sachsen, Franken, Thüringer, Alemannen und Bayern.

476 wird der Kaiser Romulus Augustulus abgesetzt. Dies ist das Ende des Weströmischen Reiches.

Im Jahr 800 wird der fränkische König Karl der Große zum Kaiser gekrönt. An seinem Hof sammeln sich Künstler und Gelehrte. Die Klosterschulen sind Träger der Kultur und Stätten der Bildung (z. B. die Klöster Fulda, Reichenau und St. Gallen). Die Sprache der Gelehrten war Latein. Die Klöster sammelten auch Handschriften aus der heidnischen Vorzeit. Althochdeutsch, die Sprache der Bevölkerung, wurde kaum geschrieben. Die Gelehrten bevorzugten Mittellatein, eine Mischsprache aus dem klassischen Latein und volkssprachlichen Elementen.

Im Laufe des Mittelalters kam es zu langen Auseinandersetzungen zwischen Kaiser und Papst. Die Kirche versuchte auch das Volk zu erreichen, und so entstanden die ersten mittelhochdeutschen Texte. Der Streit mit der Kirche führte dazu, dass die Rechte des Kaisers eingeschränkt wurden.

Den Stauferkaisern gelang es noch einmal, die Stellung des Kaisers zu stärken und die Vormacht in Europa zu erkämpfen. Sie entfalteten die vom Rittertum getragene Kultur, insbesondere den Minnesang, und die gotische Baukunst zur höchsten Blüte. Eine aristokratische Kultur entsteht. Ritterliches Wesen wird zum Ideal (Treue, Stetigkeit, Tapferkeit, Selbstbeherrschung). Mittelpunkt des ritterlichen Lebens ist der Fürstenhof. Der Ritter hat drei Aufgaben: Herrendienst, Gottesdienst und Minnedienst.

Die Zeit zwischen 1254 und 1273 bezeichnete man als die kaiserlose, die schreckliche Zeit. Die Fürsten bauen ihre Macht aus. 1273 wählten die Kurfürsten Rudolf von Habsburg zum König. Es gelang ihm aber nicht, römisch-deutscher Kaiser zu werden. Es wurde keine starke Zentralgewalt wiederhergestellt. Die Fürsten gewannen an Macht (eigene Gerichtsbarkeit). Außer den Kurfürsten gab es noch Herzöge, Grafen, Erzbischöfe, Bischöfe, reichsunmittelbare (nur dem Kaiser untergebene) Herren und Freie Reichsstädte. Der Streit der Landesherren untereinander und der Streit der Fürsten mit den Städten und der Städte mit den Rittern führten zur Schwächung des Reiches.

Gegen die Expansionspolitik der Habsburger schlossen die drei (in dem Gebiet der heutigen Schweiz gelegenen) Urkantone Uri, Schwyz und Nidwalden einen ‚Ewigen Bund‘. In den Thronstreitigkeiten hielt der Ewige Bund stets zu Habsburgs Gegnern. Der Bund wurde erweitert zur ‚Eidgenossenschaft der Acht alten Orte‘. Auf sie ging der Name ‚Schwyz‘ über.

Die Reichsreformpläne des Kaisers Maximilian I. wurden von den Eidgenossen entschieden abgelehnt. Der Sieg der Eidgenossen im sogenannten Schwabenkrieg (1499) führte zur Loslösung vom Deutschen Reich, die dann im Westfälischen Frieden (1648) völkerrechtlich bestätigt wurde.

Durch die Erfindung neuer Waffen wurden die Ritter als militärische Kraft überflüssig; viele wurden zu Raubrittern, die von der Ausplünderung anderer Leute, vor allem der aufstrebenden Händler, lebten.

Ein Markt mit Angebot und Nachfrage verdrängt am Ende des Mittelalters zusehends den Naturalientauschhandel. Marktzentren waren die aufblühenden Städte. Die festgefügte Ordnung der Stände wurde erschüttert.

1.2. Die germanische Frühzeit

Die germanische Frühzeit war geprägt durch die Völkerwanderung und die Reichsbildungen der Germanen. Das *Nibelungenlied*, das bekannteste Werk über diese Zeit, thematisiert die Zerstörung des Burgunderreiches durch die Hunnen unter ihrem mächtigen König Attila. Die uns überlieferten Handschriften stammen allerdings erst aus dem 13. Jahrhundert.

Der ostgotische Sagenkreis um Dietrich von Bern schildert die Kämpfe des Ostgotenkönigs Theoderich des Großen. Die Götter- und Heldensagen werden mündlich überliefert. Eine Sage ist eine Prosaerzählung über Begebenheiten, die geschichtlich nicht nachgewiesen sind. Viele sind in Island entstanden.

Die Gebrüder Grimm haben die deutschen Sagen gesammelt. Die Sagen wurden mündlich überliefert und enthalten auch Zauberei und Magie. (Unsichtbarkeit, Kampf mit dem Drachen, Unverwundbarkeit).

Die geschichtlichen Ereignisse gaben nur eine Anregung zur Dichtung. Sie schildert nicht die historische Wirklichkeit. Es gab Berufssänger, die sehr angesehen waren und zum Gefolge des Königs gehörten. Sie trugen Heldenlieder vor. Diese Lieder sind Grundlage der Sagen. Dichtung und Geschichte vermischen sich zu Sagen.

Karl der Große ließ die germanische Dichtung sammeln, aber sein Sohn Ludwig der Fromme ließ die Sammlung vernichten. In Island, das weit entfernt ist vom europäischen Kontinent, blieben alte Lieder erhalten. Die bekannteste Sammlung, die Edda, enthält zahlreiche Lieder über Götter und Helden. Viele Helden sind Goten und Franken. So ähnlich wie die Lieder der Edda müssen auch die Heldenlieder auf dem Kontinent gewesen sein.

Aus der vorchristlichen Zeit stammen zwei Texte, das *Hildebrandslied* und die *Merseburger Zaubersprüche*. Aufgezeichnet wurden beide erst im frühen Mittelalter.

Das *Hildebrandslied* schildert den Kampf zwischen Vater und Sohn. Das Leben von beiden ist bestimmt von Ehre und Tapferkeit. Sie treffen als Heerführer zweier verfeindeter Heere aufeinander. Der Sohn weiß nicht, dass der Gegner sein Vater ist; sie wurden voneinander getrennt, als der Sohn noch sehr klein war. In einem Dialog versucht der Vater, dem Sohn Hinweise auf ihre enge Verwandtschaft zu geben. Aber der Sohn erkennt seinen Vater nicht und beleidigt ihn schwer. Er wirft ihm vor, er sei hinterlistig und feige. Damit hat er die Ehre des Gegners verletzt. Dieser ist nun nach den damals geltenden Sitten gezwungen, zu kämpfen, auch wenn er dabei seinen eigenen Sohn töten sollte.

Das *Hildebrandslied* ist ein Fragment. Aus einem isländischen Heldenlied (*Hildebrands Sterbelied*) wissen wir aber, wie der Kampf wahrscheinlich ausgegangen ist: Der Vater hatte seinen Sohn im Kampf getötet.

Das *Hildebrandslied* ist in Stabreimen geschrieben. Bedeutungstragende Wörter haben den gleichen Anlaut (die gleichen Anfangsbuchstaben). Es besteht aus Langzeilen, die jeweils aus zwei Kurzzeilen zusammengesetzt sind (Beispiel: Hiltibrant gimahalta, Heribrantes sunu - her uuas heroro man; Hildebrand redete, des Heribrands Sohn: Er war der würdigere Mann). Stabreime prägen einige Redewendungen, die auch heute noch im Gebrauch sind: ‚Geld und Gut', ‚Mann und Maus', ‚Himmel und Hölle'.

In den *Merseburger Zaubersprüchen* werden Götter und andere Wesen, die übermenschliche Fähigkeiten besitzen, um Hilfe gebeten. Die Sprüche wurden in Merseburg gefunden. Der erste Spruch berichtet, wie man einen Gefangenen befreit, der zweite, wie man ein Pferd heilen kann. Der zweite Spruch endet mit einer magischen Zauberformel: ben zi bena, bluot zi bluoda, / lid zi geliden, sose gelimda sin. (Bein zu Bein, Blut zu Blut, / Gelenk zu Gelenk, als ob sie geleimt wären).

1.3. Das frühe Mittelalter

Der Beginn dieser Zeit ist geprägt durch den Regierungsantritt Karls des Großen. Er rief Künstler und Gelehrte (Alkuin, Einhard) an seinen Hof. Er ließ ‚die uralten heidnischen Lieder' (so sein Biograf und Berater Einhard) und die ungeschriebenen Gesetze der von ihm beherrschten Stämme sammeln. Die Sammlung dieser Lieder, eines der wichtigsten Denkmäler der frühen deutschen Sprache und Literatur, ist nicht erhalten. Viele Zeugnisse der heidnischen Kulturen wurden von Anhängern des Christentums vernichtet.

Während der Regierungszeit Karls des Großen wurden die Wissenschaften erneuert und gefördert und ein völkerumfassendes Reich in Westeuropa gegründet.

Die Erneuerung der Studien, vor allem die Erneuerung der Studien der fast vergessenen antiken Autoren, führte dazu, dass man von der Karolingischen Renaissance spricht.

Karl förderte die schriftliche Fixierung der fränkischen Sprache.
Wörterbücher, einfache religiöse Gebrauchstexte (Gebete, Segen, Psalmen, Taufgelöbnisse u. a.) und schließlich auch anspruchsvolle theologische und philosophische Werke wurden übersetzt.

Notker der Deutsche aus St. Gallen übersetzte u. a. Schriften der Philosophen Aristoteles und Boethius.

Ein Höhepunkt dieser mühsamen Arbeit war die *Evangelienharmonie* von Otfried von Weißenburg. Otfried begründete sein Vorhaben damit, dass Gott in allen Sprachen gelobt werden will. So nahm er es auf sich, in ausgefeiltem Latein vorliegende Texte in eine Sprache zu überführen, für die noch keine Regeln vorlagen und die nur an eine sehr spärliche schriftliche Tradition anknüpfen konnte.

Im ersten Kapitel schreibt er programmatisch: „Da es nun viele Menschen unternehmen, in ihrer Sprache zu schreiben, / und viele sich eifrig bemühen, das, was ihnen teuer ist, zu preisen - / warum sollen die Franken als einzige zurückschrecken / vor dem Versuch, in fränkischer Sprache Gottes Lob zu verkünden?" (Neuhochdeutsche Übersetzung).

Wegweisend für die deutsche Literatur wurde seine Ersetzung des germanischen Stabreims durch den Endreim, der die deutsche Literatur bis in die Neuzeit prägen sollte.

Bildungsstätten waren die Klöster und die Domschulen. Dort wurde in lateinischer Sprache gelehrt und geschrieben. Es entstand eine umfangreiche mittellateinische Literatur. Herausragende Beispiele dafür sind die Dramen von Hrotsvit von Gandersheim, der ersten namentlich bekannten deutschen Dichterin, und der von unbekannter Hand geschriebene *Waltharius*. Dieser Text ist die einzige überlieferte lateinische Überarbeitung eines germanischen Stoffes.

Die Klöster bestimmten das kulturelle Leben. Im christlichen Denken jener Zeit war das Jenseits viel wichtiger als das Diesseits. Die Welt, ein Ort der Sünde, wurde negativ bewertet. Es entstand eine weltverneinende Dichtung. In den Märtyrerdramen von Hrotsvit freuen sich die opferbereiten Heldinnen geradezu über Folter und Tod, um endlich mit Christus im Jenseits vereinigt zu sein.

Verstärkt wurde diese weltverneinende Tendenz durch eine Bewegung, die von dem Kloster Cluny ausging. Die Anhänger dieser Bewegung behaupteten, dass die Welt böse und verdorben sei, dass alles Irdische vergänglich und nicht wichtig sei und dass man sich von dieser Welt abwenden solle.

In vielen lateinischen Texten, die in dieser Zeit gelesen wurden, schrieben die Mönche die althochdeutsche Übersetzung von ihnen unbekannten Wörtern an den Rand, so dass die Sprachwissenschaftler später die althochdeutschen Wörter sammeln konnten.

In den Klöstern entstanden Glossare: Dies sind Wortverzeichnisse, die zwischen die Zeilen, an den Rand oder in den lateinischen Text geschrieben wurden. Zunächst waren diese Glossare nur Hilfsmittel, um die lateinischen Texte verstehen zu können. Die Schulsprache in den Klöstern der Frühzeit war Latein.

1.4. Das Hochmittelalter

Die Blütezeit der mittelhochdeutschen Dichtung war die Zeit unter den Stauferkaisern, vor allem unter Friedrich I. (Kaiser von 1155 bis1190) und Friedrich II. (Kaiser von 1220 bis 1250). Diese Zeit war geprägt durch ein christlich gesinntes Rittertum, das die kulturelle Vorherrschaft der Klöster und der Mönche ablöste. Die Fürsten- und Adelshöfe wurden zu geistigen Zentren der Zeit. Das Ideal des Ritters war eine lebensbejahende Einstellung. Sie wollten religiöse und gesellschaftliche Verpflichtungen miteinander verbinden.

Leitbegriffe der ritterlichen Ethik waren folgende:

êre:	*Ansehen*
triuwe:	*Treue*
milte:	*großzügige Freigiebigkeit*
staete:	*Beständigkeit*
mâze:	*Charakterfestigkeit*
zuht	*gutes Benehmen*
hoher muot:	*heitere Grundeinstellung*
minne:	*Verehrung einer höfischen Dame*

Die drei wichtigsten literarischen Gattungen des Hochmittelalters sind Minnesang, Heldenepos und höfischer Roman.

1.4.1. Der Minnesang

Der Minnesang ist eine literarische Gattung der Ritter. Er ist ein wesentliches Ausdrucksmittel dieses Standes. Als liedhafter Vortrag spielt er eine zentrale Rolle bei den Festen am Hof eines Fürsten. Die Minnesänger treten oft zum

Wettkampf an. Am höfischen Fest nehmen alle Ritter und die verheirateten Frauen teil. Die nicht verheirateten Mädchen durften nicht teilnehmen.

Der Minnesänger weiß, dass er die Dame, die er verehrt, nie erobern wird. Diese hohe Minne schließt eine körperliche Begegnung oder gar eine Vereinigung aus. Alles, was der Sänger erreichen kann, ist ein Gruß oder ein Lächeln der verehrten Frau. Nicht einmal einen Kuss konnte der Ritter erwarten. Hartmann von Aue, Heinrich von Morungen und Reinmar von Hagenau sind die bedeutendsten Minnesänger.

Walther von der Vogelweide vollendet den Minnesang und überwindet ihn. Er schafft etwas Neues. Walther kommt vermutlich aus Bozen, das heute in Norditalien liegt. Zunächst hielt er sich in Wien auf. Dann war er ein Anhänger Philipps von Schwaben und unterstützte schließlich den Staufer Friedrich II. Von diesem Kaiser bekam er ein Stück Land geschenkt, so dass er seine unbeständige Wanderschaft und die damit verbundene materielle Unsicherheit beenden konnte.

Walther setzt der vorherrschenden Minnelyrik eine neue Daseinsfreude entgegen. Seine Gedichte sind nicht mehr an eine unerreichbare Frau, an eine Herrin, gerichtet. Sie sind an eine Frau gerichtet, die er liebt, die mit ihm spricht und die neben ihm sitzt. Er möchte mit ihr zusammen sein und das Leben genießen. Walther richtete einige Lieder an unverheiratete, nicht adlige Mädchen (Mädchenlieder). Dafür wurde er kritisiert. So schreibt er:

> Sie werfen mir vor, dass ich
> mein Lied an niedrig Geborene richte.
> Dass sie nicht begreifen,
> was wirkliche Liebe ist; ·
> sie sollen dafür verwünscht sein!
>
> (Neuhochdeutsche Übersetzung)

In seiner Spruchdichtung (zusammenfassende Bezeichnung für mittelhochdeutsche Lieder und Gedichte, die sich thematisch und teilweise auch formal vom Minnesang unterscheiden) erscheint er als der erste politische Dichter der deutschen Sprache. Er kritisiert die Zustände im Reich und fordert zur Krönung Philipps von Schwaben auf.

Er ist auch der erste deutsche Laiendichter, der den Papst angreift und ihm ganz offen Machtmissbrauch vorwirft.

Im Alter macht er eine tiefe Wandlung durch. Er glaubt nun, dass man nicht gleichzeitig Gott und der Welt dienen kann. Er wendet sich von der Welt ab und fordert die Ritter auf, in den Krieg zu ziehen, um für den christlichen Glauben zu kämpfen (Kreuzzüge).

1.4.2. Das Heldenepos

Das Epos ist eine Großform der erzählenden Dichtung in gleichartig gebauten Versen oder Strophen, die meist mehrere Teile umfasst. Charakteristisch sind gehobene Sprache, typisierende Gestaltungsmittel (z.B.: der kühne Siegfried), eine Zentralfigur und epische Breite. Im Mittelpunkt stehen ein oder mehrere Helden. Viele Epen sind anonym. Wir kennen den Verfasser nicht.

Am bekanntesten ist das *Nibelungenlied*. Germanische Stoffe, Abenteuerschilderungen und ritterlich-höfische Elemente werden zu einem Werk von über 2300 Strophen verbunden. Die Entstehung des Stoffes und seine Aufzeichnung liegen wahrscheinlich weit auseinander. Historische Ereignisse, Märchen- und Fabelwelt, Heidnisches und Christliches werden bunt gemischt.

Der erste Teil berichtet von der Werbung des Burgundenkönigs Gunther um Brunhild. Gunther möchte die bekannte und tapfere Brunhild zur Frau haben. Siegfried, der bekannteste germanische Held, hilft ihm, die widerstrebende Brunhild zu überwinden. Siegfried bekommt als Lohn Gunthers Schwester Krimhild zur Frau. Nach der Doppelhochzeit kommt es zwischen den beiden Königinnen zum Streit um die Rangfolge, wobei Brunhild schwer beleidigt wird. Hagen rächt Brunhilds Beleidigung und erschlägt hinterlistig den tapferen Siegfried.

Der zweite Teil berichtet von Krimhilds Heirat mit dem Hunnenkönig Etzel und von dem Besuch der Burgunden im Land der Hunnen. Jetzt rächt Krimhild den Tod Siegfrieds. Sie lässt die Gäste überfallen und in einem furchtbaren Kampf werden alle Burgunden umgebracht. Etzel, Dietrich von Bern und Hildebrand sind die einzigen Überlebenden dieses grausamen Kampfes.

Das Nibelungenlied ist beherrscht von dem gleichen Wertesystem wie die Heldenlieder der Völkerwanderungszeit: Treue, Ehre, Todesverachtung, Blutrache und Schicksalsbereitschaft.

1.4.3. Der höfische Roman

Ab Mitte des 12. Jahrhunderts war der höfische Roman die wichtigste epische

Gattung. Ein ideales Rittertum sollte dargestellt werden. Dies diente der Legitimation der Feudalgesellschaft. Die Hauptfigur ist nicht so sehr der kriegerische Held, sondern der sentimentale Ritter. Er dient seiner Dame und will in Turnieren und Zweikämpfen Ruhm und Ehre erwerben. Dadurch erringt er gesellschaftliches Ansehen und seinen Platz in der höfischen Gesellschaft. Oft sind die einzelnen Abenteuer nur lose miteinander verbunden.

> *Beispiele:*
>
> *Hartmann von Aue:*   *Iwein*
>
> *Wolfram von Eschenbach :*   *Parzival*
>
> *Gottfried von Straßburg:*   *Tristan und Isolde*

Im Mittelpunkt des Meisterwerkes von Hartmann von Aue steht Iwein, ein Ritter aus der Tafelrunde des sagenhaften Königs Artus. Dieser König, Mittelpunkt zahlreicher keltisch-britannischer Sagen, wurde in Frankreich von Chrestien von Troyes zu einem Symbol des höfischen Rittertums geprägt. In der Artusrunde trifft sich ein übervölkisches (internationales) höfisches Rittertum. Sie ist aus der Wirklichkeit von Ort und Zeit gelöst. Die Artuswelt gleicht einer unwirklichen Märchenwelt. Dies unterscheidet sie von den Heldenepen; in den Heldenepen stehen reale historische Persönlichkeiten im Mittelpunkt (z.B.: Alexander, Karl der Große, Theoderich).

Zahlreiche Übersetzungen und, oft sehr freie, Nachdichtungen, entstanden im deutschsprachigen Raum. Auch Hartmann benutzt den Stoff von Chrestien von Troyes.

Der Ritter Iwein gewinnt sehr rasch die Hand der schönen Laudine. Er hält es aber nicht lang bei ihr aus, sondern möchte auf Abenteuer ausziehen. Er vergisst, rechtzeitig zurück zu kehren und wird dafür angesichts der versammelten Mannschaft der Tafelrunde, von der Dienerin seiner Frau verflucht.

Dies wirft ihn aus der Bahn. Verwildert und einsiedlerisch lebt er im Wald. Dann gelingt es ihm, nach zahlreichen erfolgreichen Abenteuern, zur Artusrunde zurückzukehren.

Unerkannt steht er seiner Frau in großer Gefahr bei. Erst jetzt finden beide wieder zusammen.

Wolfram von Eschenbachs *Parzival* ist eines der meistgelesenen Werke im Mittelalter. Wolfram verfährt sehr frei mit seinen Quellen. Der komplizierte

Gesamtaufbau des Werkes zeigt die Entwicklung Parzivals vom unerfahrenen Knaben zum tapferen Artusritter und dann, darüber hinaus, zum frommen und weisen Gralskönig.

Der Gral symbolisiert eine andere Welt. Dieser religiöse Gegenstand, von dem magische Kräfte ausgehen, steht im Mittelpunkt der Gralsburg. Den Gralsrittern ist es gelungen, Gott und der Welt zu gefallen. Ihr Zeichen ist nicht das Kreuz (die Gralsritter sind keine Kreuzritter!), sondern die Taube, das Symbol der Gottverbundenheit durch den Geist.

Gottfried von Straßburg, der dritte große Epiker des hohen Mittelalters, hatte eine distanzierte Einstellung zu der damaligen Rittergesellschaft. Kampfszenen sind ihm nicht so wichtig, dafür aber das unerschöpfliche Thema der Liebe.

Tristan und Isolde berichtet von der Einheit von Liebe und Leid und wendet sich an empfindsame Leser (die edlen Herzen), die dafür Verständnis haben. Tristan (tristis <lat.> = traurig) hat eine unglückliche Jugend. Die Mutter stirbt bei der Geburt, der Vater schon vorher. Er soll für seinen Onkel um die schöne Königstochter Isolde von Irland werben. Für den Onkel und die schöne Königstochter wurde ein Zaubertrank bereitet. Wenn man ihn trinkt, so ist man demjenigen oder derjenigen, die dabei ist, in unlösbarer Liebe verbunden.

Auf der Heimfahrt trinken Tristan und Isolde aus Versehen von diesem Trank und verlieben sich ineinander. Isolde heiratet zwar den Onkel von Tristan, liebt aber nur Tristan, und die beiden lassen sich alles Mögliche einfallen, um den Onkel zu betrügen. Sie lügen und betrügen, weil sie nicht anders können. Isoldes Mann erwischt beide auf frischer Tat, Tristan muss fliehen und geht ins Exil. Mit den Erlebnissen des Exils bricht der Roman ab. Das Werk ist ein Fragment.

1.5. Das späte Mittelalter

Das späte Mittelalter war geprägt durch den Aufstieg des städtischen Bürgertums und durch die Schwächung der kaiserlichen Macht durch die Fürsten.

Die Geldwirtschaft löste den Naturalienhandel ab; die Handwerker und die Kaufleute wuchsen zu neuen finanzkräftigen und selbstbewussten Ständen heran. Sie schlossen sich zusammen und forderten Mitbestimmung im gesellschaftlichen Leben.

Die Volksliteratur spiegelte dieses neue Selbstverständnis wieder. Die Städte wurden neben den Fürstenhöfen und den Klöstern zu neuen Zentren der Bildung und der Kultur.

Die Einführung von Papier anstelle des teuren Pergaments und die Erfindung des Buchdrucks in Europa förderten die Verbreitung der Literatur. Der Buchdruck ermöglichte eine weite Verbreitung des geschriebenen Wortes. Die Volksbücher erzielten zahlreiche Auflagen.

Das Interregnum (1254-1273), die schreckliche, die kaiserlose Zeit, war begleitet von einem Zerfall des Rittertums und der von ihm getragenen Kultur. Viele Ritter wurden zu Straßenräubern und Raubrittern. Sie überfielen die Kaufleute und plünderten sie aus.

Davon berichtet Wernher der Gärtner in seiner Verserzählung *Meier Helmbrecht*. Der Bauernsohn Helmbrecht verachtet seinen Stand und strebt nach dem vornehmen Leben der Ritter; er schließt sich, entgegen den Mahnungen seines Vaters, den Bewohnern einer Burg an und lebt mit diesen vom Raub. Sein Ende ist schlimm: Nach seiner Verhaftung wird er geblendet und verstümmelt. So irrt er durch das Land und wird schließlich von den Bauern, die er ausgeraubt hat, an einem Baum aufgehenkt.

Geistliche Dramen wurden zu großen Volksschauspielen ausgestaltet. Zunächst spielte man kleine religiöse Szenen in der Kirche. Diese Szenen wurden immer umfangreicher. Man verlegte das Spielen auf den Platz vor der Kirche und schließlich sogar auf den Marktplatz. Der Anteil der deutschen Sprache (im Vergleich zur lateinischen) nahm zu. Man errichtete Simultanbühnen. Drei Bühnen für Himmel, Erde und Hölle lagen übereinander oder nebeneinander.

Die Spiele wurden immer umfangreicher (Hunderte Mitspieler, Spielzeit von mehreren Tagen). Man spielte die Weihnachts-, die Oster- und die Passionsgeschichte. In Oberammergau (Bayern) werden die Passionsspiele, die Spiele vom Leiden Christi, noch heute aufgeführt.

Das 13. und das 14. Jahrhundert war die Blütezeit der deutschen Mystik. Die Mystiker versuchten das unmittelbare Gotteserlebnis wiederzugeben. Rational konnten sie das nicht erklären. Bei dem Versuch, ihre Erlebnisse wiederzugeben, schufen sie viele neue Wörter (Eindruck, Zufall, begreifen, wesentlich, Anstoß, Ausbruch, erfahren, durchschauen ...).

Die Mystiker suchten eine erfahrbare Verbindung mit Gott. Dabei benutzten sie bewusstseinserweiternde Praktiken wie Meditation, Kontemplation und Askese. Die Mystiker misstrauten den Institutionen, die einer unmittelbaren Verbindung mit Gott im Wege standen. Sie suchten nach neuen Wegen der Vereinigung der Gläubigen mit Gott. Sie wollten Gott nicht mit dem Verstand begreifen, wie dies die christlichen Denker des Mittelalters (Scholastiker) getan hatten.

Sie wollten Gott in der Meditation begegnen. Sie suchten in ihrem Inneren, da sich Gott auch in der Seele des Menschen zu erkennen gäbe. Einige Päpste verurteilten Schriften der Mystiker als Irrlehren.

Die Schriften der Mystiker sind nicht leicht. Die Mystiker selbst sagen, wer nicht selbst die Augen schließt und mit Gott in Beziehung tritt, könne hier nicht mitreden.

Bedeutende Mystiker waren Mechthild von Magdeburg (um 1207-1282), Meister Eckart (um 1260-1327/28) und Johannes Tauler (um 1300-1361). (Die mystische Visionsschrift Scivias (<lat.> = Wisse den Weg) von Hildegard von Bingen erschien schon im 12. Jahrhundert, in lateinischer Sprache.)

Nach ihren eigenen Aussagen begannen die mystischen Erfahrungen von Mechthild schon mit zwölf Jahren. In ihrem Werk *Das fließende Licht* (entstanden 1250-1264) versucht sie die sinnlich erfahrene Einheit mit Gott in Worte zu fassen. Meister Eckart war Professor der Theologie in Straßburg. Die menschliche Seele und das göttliche Licht bilden für ihn eine Einheit. Durch seine in deutscher Sprache verfassten theologischen Schriften hat er wertvolle Vorarbeiten für die Schaffung einer deutschen philosophischen Sprache geleistet. Die Philosophen schrieben zu dieser Zeit ja Latein.

Während Meister Eckart der bedeutendste Vertreter der spekulativen Mystik war, betonte sein Schüler Johannes Tauler die praktischen Aspekte der mystischen Einstellung: Auch im weltlichen Schaffen kann Gott gedient werden. Er predigte weniger für die Gelehrten als vielmehr für die Laien. Seine Lehre wirkte bis zu den Reformatoren Martin Luther und Thomas Müntzer und den Mystikern der Barockzeit.

2. Renaissance, Humanismus und Reformation

Martin Luther als Mönch (Holzschnitt von
L. Cranach d. Ä. für eine Flugschrift von 1520)

Flugschrift der aufständischen Bauern
(Holzschnitt von 1522)

Hans Sachs (1545)

Übergang von Handarbeit zu Maschinenarbeit:
Buchdruckerwerkstatt des 16. Jh.

Renaissance, Humanismus und Reformation entspringen der Sehnsucht des späten Mittelalters nach Erneuerung. Das Ideal der individuellen Entfaltung der Persönlichkeit wird angestrebt. Christentum und Antike sollen versöhnt werden.

Die mittelalterlich-ständische Ordnung löst sich auf. Die Politik wird zusehends abhängig vom Geld bürgerlicher Kaufleute. Es entstehen frühkapitalistische Handelshäuser. Die Suche nach neuen Handelswegen führt zur Entdeckung Amerikas (1492).

Kopernikus entwirft gegen den Widerstand der Kirche ein heliozentrisches Weltbild (helios <altgriechisch>: die Sonne): Die Sonne steht im Mittelpunkt der sie umkreisenden Himmelskörper. Das Bildungsmonopol der Kirche wird überwunden. Eine kirchlich geprägte Weltanschauung wird durch eine weltlich geprägte Weltanschauung ersetzt. Der Mensch soll jetzt im Mittelpunkt stehen.

Die Renaissance (renaissance <franz.>: Wiedergeburt, Wiedererwachen) ist eine gesamteuropäische Wiederbelebung antiker Kunst und Gedanken seit 1350. Im 19. Jahrhundert wurde der Begriff ‚Renaissance' zunächst in der Kunstgeschichte gebraucht und dann auch auf die Literatur übertragen.

Der Humanismus (humanitas <lat.>: Menschentum, Menschlichkeit, höhere Bildung, Anstand) war geprägt durch eine Rückbesinnung auf den Menschen und auf den Begriff der Menschlichkeit in der Antike. Der Humanismus tritt ein für Persönlichkeitsentfaltung und für eine entsprechende Gestaltung des Lebens und der Gesellschaft. Er wendet sich gegen den Dogmatismus der Kirche und gegen den Aberglauben. Er betont den Wert des diesseitigen Lebens.

Die Reformation (reformatio <lat.>: Umgestaltung, Erneuerung) ist eine religiöse Erneuerungsbewegung im 16. Jahrhundert, die zur Bildung der evangelischen Kirche führte.

1517 veröffentlichte Martin Luther in Wittemberg seine 95 Thesen zur Erneuerung der Religion.

Die Flugschrift wurde schnell verbreitet. Sie protestierte u.a. gegen den Ablass. Durch den Ablass konnte man sich mit Geld von den Sünden freikaufen. Man konnte sich sogar von Sünden freikaufen, die man noch gar nicht begangen hatte. Man musste also kein besseres Leben führen, sondern nur genug Geld haben und bezahlen. Luther betonte die Autorität der Bibel und verneinte die Unfehlbarkeit des Papstes.

2.1. Der historische Hintergrund

Ende des 15. Jahrhunderts bestand das Reich aus vielen kleinen, relativ selbständigen Staaten. Es gab Herzogtümer, Grafschaften, über 50 Freie Reichsstädte, zahlreiche reichsunmittelbare Herren sowie Erzbischöfe, Bischöfe und Äbte, die in ihren Gebieten die weltliche Macht ausübten.

Die Landesherren kämpften dauernd gegeneinander. Die Städte kämpften gegen die Fürsten und die Ritter gegen die Städte.

Der Kaiser wollte das Reich reformieren. Er brauchte Geld. Doch die Sonderinteressen der vielen Landesherren in den Kleinstaaten ließen eine Reform nicht zu.

Während in Europa andere Staaten früh zu einer nationalen Einheit gelangten, verlor das Reich seine einstige Vormachtstellung in Europa. Bis ins 19. Jahrhundert blieb es eine lockere Gemeinschaft von Einzelstaaten.

Auch in der Kirche wurde der Ruf nach Reform immer lauter. Eine grundlegende Reform scheiterte aber am Widerstand des Papstes. In Deutschland war der Einfluss des Papstes stärker als in anderen europäischen Ländern. Deshalb entfaltete sich hier eine starke Kritik am Papsttum.

Diese richtete sich gegen den großen Geldbedarf der katholischen Kirche (Bauvorhaben, luxuriöse Hofhaltung, Kriege des Kirchenstaates, Ablasshandel).

1517 veröffentlicht Luther seine 95 Thesen. Sie fanden breite Zustimmung, da man über die katholische Kirche sehr verärgert war. Er soll seine Lehre widerrufen, aber er weigert sich und verbrennt das Schreiben des Papstes. Der Kaiser verhängt die Reichsacht; jeder durfte nun Luther gefangen nehmen oder töten. Nach der Verteidigung seiner Thesen auf dem Reichstag in Worms 1521 versteckt sich der Reformator auf der Wartburg in Thüringen. Dort übersetzt er das Neue Testament ins Deutsche. Die Übersetzung war von großer Bedeutung für die Entwicklung der deutschen Sprache.

Der religiöse Reformationseifer verband sich mit sozialen Forderungen. Luther erkannte diese zunächst an, doch während des großen Bauernkrieges von 1524/25 verurteilte er die kämpfenden Bauern.

Nun beriefen sich die Bauern nicht mehr nur auf alte, die Bauern begünstigende Rechte, sondern auch auf die Bibel. Die Geschichte hat immer wieder gezeigt, dass soziale Aufstände dann besonders heftig sind, wenn sie sich mit religiösen oder quasi-religiösen Ideen verbinden. Trotz einiger erfahrener Heerführer wie Florian Geyer und Götz von Berlichingen hatten die Bauern keine einheitliche militärische Führung. So gelang es den Fürsten, den Aufstand niederzuschlagen. Die Bauern waren für Jahrhunderte kein politischer Faktor mehr. Ein Volkslied über Florian Geyer berichtet von dieser Niederlage: „Geschlagen ziehen wir nach Haus! Unsere Enkel fechten's besser aus!"

Kaiser Karl V. gelang es nicht, die Glaubenseinheit des Reichs wiederherzustellen. Auf dem Reichstag von 1555 in Augsburg wurden die Lutheraner als gleichberechtigt anerkannt. Der Augsburger Religionsfriede bewährte sich bis zum Ausbruch des Dreißigjährigen Krieges im Jahre 1618.

2.2. Die Renaissance

Renaissance bedeutet ‚Wiedergeburt'. Dies ist eine Bezeichnung für geistige und künstlerische Bewegungen, die bewusst an ältere Bildungs- und Kulturtraditionen anknüpfen wollen.

Insbesondere soll die Kunst der alten Griechen und Römer wiederbelebt werden.

Der Begriff der Renaissance wird in der Regel für die Zeit des allmählichen Übergangs vom Mittelalter zur Neuzeit gebraucht. Der Anfang lässt sich schwer bestimmen.

Die Plünderung Roms im Jahr 1527 durch die Truppen Karls V. markiert das Ende dieser Epoche. Dieses Ereignis war ein großer Schock, der die Voraussetzungen für die Kunst von Grund auf änderte.

Die Ursprünge der Renaissance liegen in Italien. Voraussetzung war die Hinwendung zur Kunst- und Gedankenwelt der Antike. Führend war die Stadt Florenz. Dort wurden die römische Kunst und die römische Architektur zum ersten Mal systematisch erforscht. Aus der Erforschung und Nachahmung der lateinischen Schriftsteller (z.B. Cicero) und der römischen Kunst und Architektur entstand die Bewegung, die man mit ‚Renaissance' bezeichnet.

In Italien gab es damals ein hochentwickeltes Stadtleben und relativ stabile politische Verhältnisse, die den Aufschwung von Kunst und Kultur begünstigten. Träger dieser Bewegungen sind in den Republiken die reichen Bürger und in den Fürstentümern die Höfe der Adligen.

Durch die Lösung des Menschen aus den relativ fest gefügten Ordnungen des Mittelalters wurden Individualität und Kreativität sehr wichtig. In Europa wurde nun nicht nur die von der Natur gegebene Besonderheit eines jeden Menschen, sondern auch das Bestreben, sich selbst zu verwirklichen, sich selbst Ziele zu setzen, betont.

Das neue Bewusstsein äußerte sich in einer Betonung des tätigen, aktiven Lebens. Im Mittelalter galt oft das passive Leben als Ideal. Das aktive Leben und die Diesseitsbejahung spiegeln sich wieder in zahlreichen Reiseberichten, Kriegsberichten und Autobiografien.

Die neue, wirklichkeitsbezogene Weltsicht prägt auch Machiavellis Buch über die Kunst des Regierens *Der Fürst* (1513).

Die bedeutendsten Leistungen der Renaissance liegen aber auf dem Gebiet der bildenden Kunst (Erforschung der menschlichen Anatomie, perspektivische Darstellung des Raumes ...).

Die von Italien ausgehende Renaissance erfasste im 15. und im 16. Jahrhundert fast alle europäischen Länder. Viele Künstler gingen zum Studium nach Italien.

Einer der bedeutendsten Künstler dieser Epoche war Leonardo da Vinci. Er ersetzt die Nachahmung der Meister durch das Studium der Natur. Die Malerei ist den exakten Naturwissenschaften ähnlich. Sie wird jetzt höher geachtet als im Mittelalter. Auch der Künstler genießt jetzt eine höhere Anerkennung. Der soziale Aufstieg der Künstler zeigt sich an Leonardos Leben. In Florenz war er zwar geschätzt, aber wenig beschäftigt. In Mailand war er Hofmaler und Kriegsingenieur, und schließlich wurde er Berater des französischen Königs.

Einige Künstler sind Genies. Das Kunstwerk wird zur Schöpfung eines selbständigen Individuums. Der Wille zur Originalität wird zu einer Waffe im Konkurrenzkampf der Künstler untereinander.

Die Kunst wurde nun vom Standpunkt der Kunst beurteilt und nicht mehr danach, ob sie einem anderen Zweck (z.B. dem Glauben) dient.

Eines der grundlegenden Gesetze der Renaissance war die Harmonie der Teile. Bei einem gelungenen Kunstwerk kann man nichts weglassen, ohne das Ganze zu beeinträchtigen.

Eine ausgeprägte Renaissancekultur wie in Italien mit Malern wie Leonardo, Michelangelo und Raffael und Schriftstellern wie Boccaccio und Aretino konnte sich in Deutschland nicht entfalten. Mittelalterliches dauerte im Norden wesentlich länger als in Italien.

2.3. Der Humanismus

Die 2. Bewegung, die für den Übergang vom Mittelalter zur Neuzeit von Bedeutung ist, ist der Humanismus. Er ist Teil der umfassenderen Renaissancekultur. Ausgehend von Italien, entfaltete sich der Humanismus vor allem in europäischen Gelehrtenzirkeln, die sich auch zu lokalen Gruppen, so in Heidelberg und in Nürnberg, zusammenschlossen. An die Universitäten gelangte der Humanismus nur zögernd, da die das Weltbild des Mittelalters verteidigende Scholastik erbitterten Widerstand leistete.

Am bekanntesten ist der Streit zwischen dem Humanisten Reuchlin und den Scholastikern in Köln um die Bedeutung der religiösen Texte der Juden. Selbst Kaiser und Papst griffen in die damals viel beachtete Auseinandersetzung ein. Die Verkehrssprache und die Literatursprache war Latein. Man bemühte sich, das schwerfällige mittelalterliche Latein durch einen am klassischen Latein orientierten Stil zu ersetzen.

Der Humanismus ist diesseitsorientiert. Er fordert eine Aufwertung des Menschen. Er kritisiert die Intoleranz und den Dogmatismus der Kirche und kämpft gegen den Reichtum und die unermessliche Verschwendung der Päpste, den Ablass und die Inquisition. Die Humanisten fordern eine grundlegende Reformation der Kirche. Aber die Versuche der katholischen Kirche, sich selbst grundlegend zu reformieren, scheiterten.

Der italienische Humanismus war die Bewegung einer Elite. Dazu ein Zitat des italienischen Philosophen Coluccio Salutati: „Außer dem Menschen findet man ja kein Lebewesen, das lernen kann. Da es also dem Menschen eigentümlich ist, zu lernen, und die Gelehrten mehr Menschliches besitzen als die Ungelehrten, bezeichneten die Alten folgerichtig mit Humanitas auch die Gelehrsamkeit."

Er sagt hier, dass die Gelehrten menschlicher sind als die Ungebildeten. Dementsprechend wollten viele Humanisten mit dem Volk, den Ungelehrten nichts zu tun haben. Dies erklärt auch, warum die meisten Humanisten der sich zu einer breiten Volksbewegung entfaltenden Reformation skeptisch gegenüber standen.

Dass mehr Bildung und mehr Wissen automatisch zu humaneren Zuständen führen würden, war eine Illusion der Humanisten, die später auch einige Vertretern der Aufklärung gehegt haben. Dass der gebildete und zivilisierte Mensch nicht mehr zu grober Gewalt und Brutalität fähig sei, war eine weitere

Illusion; Gegenbeispiele gibt es bis in die Gegenwart.

Italienische Humanisten, wie der Dichter Francesco Petrarca oder Enea Silvio Picolomini, der spätere Papst Pius II, arbeiteten am Hof des Kaisers und bereiteten den Humanismus in Deutschland vor. Studenten und Gelehrte gingen nach Italien und kamen mit neuen Ideen zurück. Auch in Deutschland war der Humanismus eine Bewegung, die auf wenige Gelehrte beschränkt blieb. Bevor der Humanismus sich in Deutschland umfassend entfalten konnte, wurde er in die Auseinandersetzung mit der Reformation hineingezogen. Höhepunkt war der Streit zwischen Erasmus von Rotterdam und Luther über die Freiheit des menschlichen Willens, die von Luther aufgrund religiöser Überzeugungen bestritten worden war.

Die Mehrzahl der deutschen Humanisten blieb der katholischen Kirche treu und wollte nicht an den zusehends politischer werdenden Auseinandersetzungen teilnehmen.

Einige wenige Humanisten (Ulrich von Hutten, Philipp Melanchthon) schlossen sich begeistert der Reformation an.

Der bekannteste Humanist war der aus Holland stammende Erasmus von Rotterdam. Er war weitgereist, universal gebildet und ein leidenschaftlicher Philologe. Er forderte das Recht auf selbständige Urteilsbildung des Einzelnen in Fragen der Religion und der Gesellschaft und er wollte die christlichen Ideale mit der Weisheit der antiken Autoren und der menschlichen Vernunft vereinen.

Die Kirche soll grundlegend reformiert werden. Sie soll zur Einfachheit der alten Kirche zurückkehren. Toleranz und Friede waren, in einer von Krieg und Intoleranz zerrissenen Zeit, zwei seiner Maximen. So schrieb er allein fünf Schriften über (und für) den Frieden.

Seine Ausgaben der Kirchenväter und vor allem seine Übersetzung der Originaltexte des Neuen Testaments aus dem Griechischen ins Lateinische (eine Losung der Humanisten hieß: Zurück zu den Quellen!) waren für die christliche Kirche, vor allem für Martin Luther, richtungsweisend.

Sein in der Tradition der Narrenliteratur stehendes Buch *Laus stultitiae* (Lob der Torheit) enthält eine Abrechnung mit den Dummheiten seiner Zeit. Und Dummheit findet Erasmus nicht so sehr beim Volk, sondern bei Priestern, Adligen, Bürgern und - last but not least - auch bei den Gelehrten.

In Deutschland schrieb Sebastian Brant ein ähnliches Buch: *Das Narrenschiff* (1494). Es war das erfolgreichste deutsche Buch vor Goethes *Werther*.

Sebastian Brant vergleicht die Menschheit mit einem Schiff voller Narren, und er schildert sehr drastisch, was diese Narren alles machen: Sie lügen, stehlen, begehen Ehebruch, fressen und saufen. Die Menschheit versinkt in Sünde und Narrheit, und wenn die Menschen sich nicht bessern, dann ist das Ende der Welt nicht mehr weit.

Das Rollwagenbüchlein (1555) von Jörg Wickram, zu lesen auf den rollenden Wagen, den Transportmitteln jener Zeit, verspottet auf amüsante Weise vor allem Geistliche, die sich mehr den sinnlichen Genüssen (in der Sprache der Zeit: fressen, saufen und huren) als ihren geistlichen Pflichten widmen.

Der Elsässer Thomas Murner deckte in seinen Zeitsatiren die Mängel der katholischen Kirche schonungslos auf. Zunächst unterstützte er Martin Luther, doch als er von dessen Anhängern angegriffen und verleumdet wurde, antwortete er mit der bis dahin bissigsten Reformationssatire: *Von dem großen Lutherischen Narren.* (1522). Der Schweizer Maler, Schriftsteller und Politiker Niklas Manuel prangert in seinen Reformationsdramen (z.B.: *Der Ablasskrämer*, aufgeführt 1525) das liederliche Leben des Papstes und der katholischen Geistlichen an.

2.4. Die Reformation

Martin Luther war ein Mann, der eine neue Epoche der Kirchengeschichte und der Weltgeschichte mit begründete. Er studierte zunächst Philosophie und Jura. Einmal wurde er fast von einem Blitz erschlagen, und da glaubte er, Gott wollte ein Zeichen setzen. Er glaubte, Gott will, dass er für ihn kämpfen und wirken sollte. Also wurde er Mönch in Erfurt und später Professor für Theologie in Wittenberg. Er sah die Korruption der Kirche in Deutschland, den riesigen Reichtum des Papstes in Italien und den Handel mit dem Ablass, für den die Leute zahlten, um sich von den Sünden freizukaufen.

Luther wollte die Kirche reformieren. Große Teile der Bevölkerung begriffen Luthers Lehre als Befreiung. Im Mittelpunkt seiner Lehre steht das Evangelium, die Geschichte des Lebens und Wirkens von Jesus. Sie ist ein Protest gegen die alte Religion, daher wurde sie auch ,evangelisch' oder ,protestantisch' genannt.

Die Reformation hatte sich in Nordeuropa und in einem großen Teil Deutschlands durchgesetzt. Luther hatte nicht die Kirche reformiert, er hat sie gespalten und eine neue Kirche begründet.

Für die Geschichte der Literatur ist Luther wichtig als der große Bibelübersetzer. Er leistete wertvolle Vorarbeiten für die Vereinheitlichung der deutschen Sprache. Luthers Sprache ist keine Literatur- und Gelehrtensprache, sondern eine Volkssprache. Er hatte ‚dem Volk aufs Maul geschaut‘ und schrieb so in einer frischen, unmittelbaren und gut verständlichen Sprache. Außerdem schrieb er viele Lieder, die in den evangelischen Kirchen noch heute gesungen werden (z. B. *Vom Himmel hoch da komm ich her und Ein feste Burg ist unser Gott*) polemische und sehr wirkungsvolle Kampfschriften (z.B. *Von der Babylonische Gefangenschaft der Kirche*), Fabeln und Briefe. Seine begeisterten Schüler schrieben sogar seine Tischreden auf.

Im Zentrum seiner Religion steht ein Buch, aus dem man, so Luther, das Wort Gottes vernehmen könne. Nicht die Institution Kirche steht im Mittelpunkt, sondern die Bibel. In der Bibel finde man die Versprechen Gottes an die Menschen und die persönliche Anrede Gottes an jeden einzelnen Menschen.

Johannes Calvin, ein anderer Reformator, meinte, wen Gott erlösen will, dem zeigt er das schon auf der Erde. Wenn also jemand reich ist, dann ruht Gottes Segen auf ihm. Diese Lehre begünstigte später die Herausbildung des Kapitalismus.

Einer der wenigen Humanisten, der sich Luther angeschlossen hatte, war der mit dem Schwert und der Feder kämpfende Ulrich von Hutten. Um der Sache der Reformation besser dienen zu können, wechselte er in seinen kämpferischen Schriften von der lateinischen zur deutschen Sprache. Gegen die römischen Anmaßungen verteidigte er laut und polemisch deutsche Interessen.

Auch der Meistersinger Hans Sachs schloss sich der Reformation an. Der Meistersang war eine Liedkunst der in den Städten wohnenden Dichter-Handwerker des 15. und 16. Jahrhunderts. Es gab Meistersingerschulen, denn man glaubte an die Lehrbarkeit der Kunst. Die Meistersinger vereinigten sich in Singschulen, so zum Beispiel in Nürnberg und in Straßburg.

Der außerordentlich produktive Hans Sachs führte den Meistersang zum Höhepunkt und er verspottete in seinen Schwänken und Fastnachtsspielen menschliche Schwächen und gesellschaftliche Unzulänglichkeiten.

Die Erfindung des Buchdrucks ermöglichte die Verbreitung der vom späten 15. bis zum 17. Jahrhundert beliebten Volksbücher. Hohe Auflagen und zahlreiche Neubearbeitungen erzielten die Volksbücher über die Schildbürger, Till Eulenspiegel und den legendären Doktor Faustus.

Der durch Goethe zu Weltruhm gelangte Doktor Faustus zog als Alchemist, Astrologe, Geisterbeschwörer und Mediziner durch Deutschland. Die historische Figur wurde bald mit Ereignissen und Legenden unterschiedlichster Herkunft angereichert. So entstanden ganz unterschiedliche Faust-Gestalten.

In die Faustgestalt des Volksbuches fließen einige Lieblingsvorstellungen jener Zeit, so vor allem der Glaube an den Teufel und an die Macht der Magie, zusammen und begründen den Erfolg dieses Buches.

Goethes Faust wird am Schluss, trotz seiner Verfehlungen, von Engeln gerettet. Der Faust des Volksbuches wird am Schluss auf Grund des Teufelsbündnisses unter großem Spektakel vom Teufel geholt.

Die katholische Kirche versuchte den Erfolg der Reformation einzudämmen. Besonders eifrig waren die Jesuiten. Diese Gegenbewegung bezeichnet man als Gegenreformation.

3. Barock

Der Abentheurliche
SIMPLICISSIMUS
Teutsch /

Das ist:
Die Beschreibung deß Lebens eines
seltzamen Vaganten / genant Melchior
Sternfels von Fuchshaim / wo und welcher
gestalt Er nemlich in diese Welt kommen / was
er darinn gesehen / gelernet / erfahren und auß-
gestanden / auch warumb er solche wieder
freywillig quittirt.

uberauß lustig / und männiglich
nutzlich zu lesen.

An Tag geben
Von
GERMAN SCHLEIFHEIM
von Sulsfort.

Monpelgart /
Gedruckt bey Johann Fillion /
Im Jahr M DC LXIX.

Titelseiten des »Simplicius Simplizissimus« von 1669

Daniel Caspar von Lohenstein

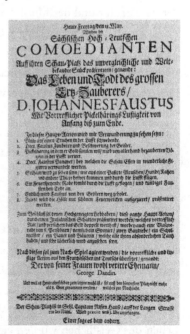

Theaterzettel von 1688

Das Zeitalter des Barock ist die letzte Epoche, die allen Ländern Europas gemeinsam war und die noch völlig im Zeichen der christlich-feudalen Kultur stand.

Die deutsche Barockliteratur war lange Zeit vergessen. Erst im 20. Jahrhundert, zwischen den beiden Weltkriegen, wurde sie wieder entdeckt.

Vermutlich kommt das Wort ‚Barock‘ aus dem Portugiesischen, dort bezeichnet man mit ‚barroco‘ eine unregelmäßige, schiefrunde Perle. Mit dem Wort ‚unregelmäßig‘ ist oft ein negatives Werturteil verbunden. Klassische Epochen bevorzugen das Regelmäßige. So war der Begriff ‚Barock‘ lange Zeit eine abwertende Bezeichnung für übertriebene Erscheinungsformen im Leben und in der Kunst.

Winckelmann, der große Freund der Klassik, gebraucht den Begriff im 18. Jahrhundert abwertend. Er meint, die Kunst, des Barock sei bizarr, maßlos und verworren. Sie verstoße gegen die Forderungen der Klassik.

Erst im 19. Jahrhundert wird ‚Barock‘ ein neutraler kunsthistorischer Begriff zur Bezeichnung der Kunst des 17. Jahrhunderts. Anfang des 20. Jahrhunderts wurde dieser Begriff auf die Literatur zwischen Humanismus und Aufklärung übertragen. Die deutsche Dichtkunst dieser Zeit blieb hinter den Leistungen der Architektur und der Musik zurück. Während die Barockmusik von Georg Friedrich Händel und Johann Sebastian Bach auch heute noch gerne gehört wird und die Schlösser und Kirchen aus dieser Zeit beliebte Ausflugsziele sind, wird die Literatur des Barock kaum gelesen.

Der bizarre, maßlose und verworrene Stil überfordert viele Leser und schreckt sie ab. Erschwert wird das Verständnis auch durch den übermäßigen Gebrauch von sprachlichen Kunstmitteln aus der Tradition der Rhetorik (Metapher, Übertreibung, rhetorische Frage, Ironie ...).

3.1. Der geschichtliche Hintergrund

Die Reformation führte zur Glaubensspaltung. Die Ausbreitung der Reformation beunruhigte die katholische Kirche. Innerhalb dieser Kirche wurden Stimmen laut, die eine Erneuerung forderten. Sie sollte moderner und attraktiver werden. Das Konzil von Trient (1545-1563) leitete zahlreiche Reformen ein. Ämterhäufung, Ablasshandel und ein zu lockeres, weltliches Leben der Geistlichen wurden eingeschränkt. Die Erziehung der Jugend und die Fürsorge für die Schwachen wurden neu geregelt.

In Glaubenssachen machte man aber den Protestanten keine Zugeständnisse. Neben der Bibel galten die katholische Tradition und die zentrale Stellung des Papstes als unangreifbar.

Die Inquisition wurde verschärft. Die Zensur und ein Index der verbotenen Bücher sollten über die Reinheit der katholischen Lehre wachen. Eine der schlimmsten Erscheinungen jener Zeit waren die Hexenprozesse. Frauen, von denen behauptet wurde, sie hätten mit dem Teufel zusammengearbeitet, wurden grausam gefoltert und oft verbrannt.

Die katholische Kirche wollte einen Teil ihrer verlorenen Macht zurückgewinnen. Das Papsttum sollte gestärkt und der Einfluss des Papsttums weltweit zur Geltung gebracht werden. Um diese Ziele zu verwirklichen, gründete ein Spanier namens Ignatius von Loyola 1534 den Jesuitenorden. Dieser gut organisierte Orden wurde der eigentliche Träger der Gegenreformation. Die Jesuiten waren auf ein tätiges Leben ausgerichtet und sie waren zu absolutem Gehorsam verpflichtet. Ein Teil ihrer Aufgabe war die Mission in Ostasien, Amerika und Afrika.

In China strebten die Jesuiten Matteo Ricci, Ferdinand Verbiest, Adam Schall von Bell und andere eine Synthese von Christentum und chinesischen Sitten an, bis der Papst schließlich dieses interessante Experiment verbot und damit die Vorhaben der Jesuiten in China zum Scheitern verurteilte.

Die Jesuiten bauten Kirchen und Schulen. Sie arbeiteten als Professoren an den Universitäten und wirkten als Lehrer und Berater an zahlreichen Fürstenhöfen, so auch am Hof des chinesischen Kaisers.

Volkstümliche Prediger beeindruckten die Massen, da sie die soziale Not anklagten. Im Reich setzten sich die Jesuiten für die Einigung der katholischen Mächte ein. Es gelang, große Teile Süddeutschlands für die katholische Kirche zurückzugewinnen.

Der Orden brachte eine ungeheure Förderung der Klugheit und der Wissenschaften in die katholische Kirche. Bekannte Philosophen und Wissenschaftler und geschickte Diplomaten waren oft Jesuiten. Einige Jesuiten thematisierten auch die schlimmen Verbrechen der eigenen Kirche. Friedrich Spee von Langenfeld verurteilt die Hexenverfolgung und der Spanier Bartolomé de Las Casas die Verfolgung und Ermordung der Indianer in Südamerika.

Die Glaubensspaltung führte dazu, dass in Deutschland auch auf der politischen Ebene zwei Bündnisse entstanden: ‚Die Liga‘ (Katholiken) und ‚Die

Union' (Protestanten). Beide betrieben eine eigenständige Außenpolitik und schlossen Abkommen mit ausländischen Staaten. Die Spannungen führten zum Dreißigjährigen Krieg (1618-1648), der als Religionskrieg begonnen hatte und schließlich zu einem Kampf um die Macht in Europa wurde.

Im Reich fällt über ein Drittel der Bevölkerung dem Krieg zum Opfer. Plünderung, Mord und Vergewaltigung gehörten zum Kriegsalltag. Ernteausfälle, Hunger, Krankheiten und Seuchen verschärften die Lage der Bevölkerung.

Die kriegführenden europäischen Mächte, insbesondere Frankreich und Schweden, kämpften auf deutschem Boden nicht nur für die Religion, sondern auch für ihre eigenen nationalen Interessen. Beide konnten ihre Grenzen zu Lasten des Deutschen Reiches verschieben. Die Schweiz und die Niederlande wurden selbständige Staaten. Das Deutsche Reich wird ein Bund von souveränen Kleinstaaten, die auch das Recht hatten, mit fremden Staaten Verträge abzuschließen. Der Kaiser hatte fast jede Macht verloren. Sein Recht, Bündnisse zu schließen und über Krieg und Frieden zu entscheiden, war fast wirkungslos, da jeder Einzelstaat zustimmen musste.

Trostlose wirtschaftliche Verhältnisse verstärkten nun die Ohnmacht des deutschen Volkes. Dörfer und Städte waren zerstört. Auch das städtische Bürgertum sank zu politischer Bedeutungslosigkeit herab. Bis ins 19. Jahrhundert bestimmten die Fürsten und die Adligen die Politik in Deutschland.

Die Regierungsform, die sich jetzt durchsetzte, nennt man Absolutismus. Der Herrscher ist die einzige Quelle von Gesetz und Macht (princeps legibus solutus <lat.>: Der Fürst steht über dem Gesetz).

Die aus dem Mittelalter stammende Ständegesellschaft verlor ihre Bedeutung. Die Kulturpolitik diente der Machtentfaltung; sie diente der Repräsentation und der Dekoration. Die Höfe werden zu kulturellen Zentren (Wien, Paris, Dresden). Die Machtentfaltung geht auf Kosten der rechtlosen und unterdrückten Bauern und Bürger.

Die architektonischen Meisterwerke des Barocks, die Barockkirchen in Bayern und die Schlösser in Dresden, Stuttgart, Mannheim, Paris und Sankt Petersburg, sind mit dem Blut und dem Schweiß des Volkes teuer bezahlt worden.

Nach dem Krieg war es das Ziel der Fürsten, das Land wieder zu bevölkern. Besonders erfolgreich war Preußen, das zu einer der führenden Mächte in

Europa wurde. Der Große Kurfürst Friedrich Wilhelm rief die Hugenotten aus Frankreich ins Land, und der König Friedrich Wilhelm I. siedelte die Protestanten aus Salzburg (Österreich) an. Beide religiöse Minderheiten waren in ihren Ländern verfolgt und vertrieben worden.

Die schlimmen Folgen des Dreißigjährigen Krieges sollten überwunden werden. Der Wiederaufbau forderte eine intensive staatliche Lenkung und Planung. Dies begünstigte das Entstehen absolutistischer Staaten. Das große Vorbild war Ludwig XIV., der Sonnenkönig aus Frankreich.

Das Reich war bedroht durch die Türken und durch die Expansionspolitik Ludwigs XIV. Mitten im Frieden überfiel er die damals deutsche Stadt Straßburg. Als er auch noch die Pfalz überfiel, wurde der Reichskrieg gegen Ludwig XIV. beschlossen. Dies konnte zwar die Verwüstung der Pfalz nicht verhindern, aber die Expansionspolitik Frankreichs konnte gestoppt werden.

3.2. Poetik und Sprachgesellschaften

Die Poetik ist die Lehre von der Dichtkunst. Sie umfasst drei Bereiche:

1. Als Dichtungstheorie ist sie eine theoretische Auseinandersetzung mit dem Wesen der Dichtung und mit den poetischen Gattungen.
2. Sie gibt normative, praktische Anweisungen zum richtigen Dichten.
3. Sie ist Kritik der Dichtung.

Am Anfang der europäischen Poetik steht Aristoteles' berühmte Schrift über die Dichtkunst. Sie ist eine Gattungspoetik und beschäftigt sich u. a. mit der Tragödie, der Komödie und dem Epos. Nach Aristoteles ist die Dichtkunst eine mimetische Kunst (mimesis <altgriechisch>: Nachahmung). Dazu bedient sich die Dichtkunst bestimmter Mittel, die von Aristoteles untersucht wurden. Die Wirklichkeit wird aber nicht bloß reproduziert. Es wird eine, produktive, freie Gestaltung möglicher Wirklichkeiten angestrebt.

Eine weitere berühmte Poetik stammt von dem Römer Horaz. Bekannt geworden ist seine Forderung, der Dichter solle nützen und er solle Vergnügen bereiten. Horaz fordert weiterhin, ein Werk müsse geschlossen und einheitlich sein. Der Dichter solle sich kurz fassen, damit er schnell verstanden werden kann.

Mittelmäßigkeit sei in der Dichtkunst nicht erlaubt. Wenn der Dichter nur wenig hinter dem Höchsten zurückbleibe, tauge sein Werk nichts. Zum Schreiben brauche man Naturtalent und Kunstverstand. Soweit Horaz.

In dieser Tradition steht nun die erste deutsche Poetik, Martin Opitz' *Buch von der deutschen Poeterey* (1624). Dies ist eines der entscheidenden Werke der deutschen Literaturkritik. Opitz hat es in nur fünf Tagen geschrieben, aber seine wenigen Sätze haben die Literaturkritik lange Zeit geprägt.

Opitz fordert ein reines Hochdeutsch, denn das war zu seiner Zeit alles andere als selbstverständlich. Man benutzte viele französische Wörter, Dialektausdrücke und lateinische Begriffe. Modische Fremdwörter sollen nach Opitz vermieden werden. Er sagt weiter, Regeln und Gesetze würden nicht ausreichen, um einen Poeten zum Poeten zu machen. Poesie habe es schon gegeben, lange bevor es Regeln gab.

Die Poeten seien oft Außenseiter. Sie seien oft freier, als die Zeit zulässt und sie würden oft nicht nach der Meinung des Volkes fragen.

Der Wein ist auch nicht unwichtig. Opitz meint, wer nur Wasser trinkt, könne kein gutes Gedicht schreiben. Selbst dem großen griechischen Dichter Aischylos unterstellt er, der Wein habe seine Tragödien gedichtet, nicht der Dichter.

Opitz sagt, der Dichter solle auch über die Liebe schreiben; so könne er seinen Verstand schulen und verbessern. Die Überfremdung des deutschen Wortschatzes vor allem durch französische Wörter, führte zum Widerstand vaterländisch gesinnter Männer. Sie schlossen sich in Sprachgesellschaften zusammen. Ihr Ziel war die Pflege der deutschen Sprache. Sie wollten die deutsche Sprache von Fremdwörtern und nicht deutschen Elementen reinigen und strebten eine Vereinheitlichung der Orthografie an. Sie bekämpften Modeerscheinungen und den Gebrauch grober Wörter. Das Deutsche sollte neben anderen europäischen Sprachen einen angemessenen Platz erhalten. In der Literatur war diese Bewegung erfolgreich, nicht aber in der Verwaltungssprache und in der Hofsprache. Dort war das Frankreich Ludwigs XIV. das große Vorbild.

Den Sprachgesellschaften verdanken wir viele damals neue Wörter, die Fremdwörter ersetzen sollten:

Labyrinth:	*Irrgarten*
Dialekt:	*Mundart*
Tragödie:	*Trauerspiel*
Autor:	*Verfasser*

Über einige dieser Vorschläge haben die Zeitgenossen gelacht. Sie konnten sich nicht durchsetzen:

Nonnenkloster:	*Jungfernszwinger*
Urne:	*Leichentopf*
Fieber:	*Zitterweh*
Grotte:	*Lusthöhle*

In dem Bestreben, ihre Erlebnisse und Vorstellungen sprachlich zu vermitteln, bereicherten auch die Mystiker der Barockzeit (z.b. Jakob Böhme) den Wortschatz der deutschen Sprache.

3.3. Die Epik des Barock

In dieser Zeit gab es vor allem drei verschiedene Romantypen: den Staatsroman, den Schäferroman und den Abenteuerroman.

3.3.1. Der Staatsroman

Der Staatsroman des Barock spielt in der obersten Gesellschaftsschicht. Er richtet sich an den Adel. Die Romane sind verworren; Hunderte von Personen und zahlreiche Parallelhandlungen bilden ein unübersichtliches Handlungsgefüge. In quasi-enzyklopädischer Form wird das Wissen jener Zeit präsentiert.

Der Verfasser des umfangreichen Romans *Octavia. Römische Geschichte*, (über 6900 Seiten!) Herzog Anton Ulrich von Braunschweig-Wolfenbüttel war regierender Fürst in einem der vielen deutschen Staaten. Im Zentrum seines Romans über die Christenverfolgungen zur Zeit des römischen Kaisers Nero steht die unglückliche Gattin des Kaisers und ihre Liebe zu einem armenischen König.

Ein weiterer ebenso umfangreicher Roman stammt von Daniel Casper von Lohenstein: *Großmütiger Feldherr Arminius oder Herrmann*. Arminius war der germanische Feldherr, der im Jahr 9 n.Chr. die Römer besiegt hatte. Er wurde zu einer Symbolfigur des deutschen Nationalismus, daher hat man ihm auch im Laufe der Zeit den, historisch nicht gesicherten, deutschen Namen ‚Herrmann' gegeben. Der Roman bemüht sich um die mythische Überhöhung der germanischen Vorzeit. Aktuelle Ereignisse und Personen sind in verschlüsselter Form im Werk versteckt. Der Autor wollte vor einem alten

Gebrechen der Deutschen, der Uneinigkeit, warnen.

Die Helden sind Idealtypen. Mit der historischen Überlieferung nimmt man es nicht so genau und auch mythologische Traditionen werden eigenwillig ergänzt. (So soll Odysseus in Deutschland gewesen sein und mehrere Städte gegründet haben.)

3.3.2. *Der Schäferroman*

Im Schäferroman leben die Menschen mit der Natur im Einklang. Der Schäferroman entspringt einem Unbehagen an der Kultur. Man träumt von einem goldenen Zeitalter, als der Mensch noch eng mit der Natur verbunden war. Die Schäferromane schildern meist eine Liebesgeschichte, die im Gegensatz zum gleichzeitig ablaufenden Geschehen in der höfischen Gesellschaft steht. Die Romane sind heute kaum noch bekannt.

3.3.3. *Der Abenteuerroman*

Diese Romane erzählen meist die erfundene Biografie eines Abenteurers. Zahlreiche Abenteuer werden aneinadergereiht. Sie spieen an verschiedenen Orten und viele Figuren sind darin verwickelt. Im Mittelpunkt steht der Abenteurer oder der Schelm. Er ist oft arm, aber weltklug. Aufgrund seiner zahlreichen Erlebnisse und seiner Einsicht in den Verlauf der Welt und in das Handeln der Menschen neigt er zu einer pessimistischen, die Welt in Frage stellenden Sicht der Dinge. Der Held dient oft verschiedenen Herren, verspottet sie und schlägt sich mit List und Betrug durchs Leben.

Der bedeutendste deutsche Schelmenroman ist *Simplicissimus* von Grimmelshausen. Nach dem Tod seines Lehrers, der ihm Lesen und Schreiben beigebracht und ihn Simplicissimus getauft hat, lernt er als Diener und Hofnarr eines schwedischen Gouverneurs die Welt kennen. Er führt anschließend ein abenteuerliches Leben im Krieg und kommt zu Reichtum und Wohlstand. Er lernt auch die große Welt kennen, die große Weltstadt Paris.

Aber dann wendet sich sein Schicksal. Er wird krank und arm. Nach weiteren Irrfahrten und Abenteuern zieht er sich zurück und beschließt sein Leben als Einsiedler.

Grimmelshausen verlor schon als Kind seine Eltern. Er wurde von Soldaten entführt und diente bei verschiedenen Heeren. Später war er dann Gastwirt, Burgverwalter, Bibliothekar und Bürgermeister. Sein Roman trägt autobiografische Züge.

Der Roman zeigt uns, wie Deutschland zur Zeit des Dreißigjährigen Krieges ausgesehen hat.

3.4. Das Drama des Barock

Es entstanden auch viele Dramen, die aber heute kaum noch aufgeführt oder gelesen werden.

Das Drama stand oft im Dienst der Religion. Auf katholischer Seite gab es das Jesuitendrama. Dieses Drama sollte der Stärkung des katholischen Glaubens dienen. Man spielt auf öffentlichen Plätzen, um das Volk zu erreichen. Es wird zum Beispiel gezeigt, wie ein Sünder zu einem frommen Christen wird. Hauptthema ist der Triumph der katholischen Kirche über ihre Feinde. Viele Darsteller nehmen daran teil. So treten in einem Jesuitendrama am Schluss 300 Teufel auf, um den Menschen Angst zu machen.

Die Protestanten hatten etwas Ähnliches, das protestantische Schuldrama. Die Autoren waren meist Lehrer oder Pfarrer. Zunächst waren die Stücke zur Erziehung der Schüler und Lehrer gedacht. Die Schüler waren Spieler und Zuschauer zugleich.

Andreas Gryphius war der bedeutendste Dramatiker der Zeit. In seinen Tragödien über den byzantinischen König Leon V. (813-820), die georgische Königin Catharina (gestorben 1624) und den englischen König Karl I. (1625-1649) zeigt er die Unbeständigkeit und Vergänglichkeit irdischer Macht. Die Tragödien spielen in der Welt des hohen Adels. Alle drei Herrscher starben eines gewaltsamen Todes.

Die originellsten Leistungen von Gryphius sind seine Lustspiele, allen voran *Horribilicribrifax Teutsch* (1663) ein Stück, bei dem, wie es sich für ein Lustspiel gehört, am Schuss sieben Paare den Hafen der Ehe ansteuern. Die komische Wirkung resultiert vor allem aus der besonderen Sprachverwendung. (Schon der Name der Hauptfigur ist eine abenteuerliche Wortbildung aus lateinischen Bestandteilen und bedeutet ‚der äußerst gefährliche Siebmacher'. Der Held erhält den Namen, weil er angeblich im Kampf seine Feinde mit Kugeln bekämpft, so dass sie aussehen wie ein Sieb. In Wirklichkeit ist er aber ein großer Angsthase, der vor jedem Kampf Angst hat.)

Die Sprache ist ein buntes Gemisch aus Dialekt und Fremdsprachen, aus gelehrten lateinischen Wendungen und Umgangssprache. Die Soldaten benutzen französische und italienische Wörter, die sie unterwegs gelernt haben; der Jude Isachar verwendet hebräische Wörter und der Lehrer schwätzt Latein und Griechisch. Missverständnisse sind die Regel.

Das Stück ist eine Satire auf das Sprachengemisch, das die Soldaten im Dreißigjährigen Krieg gesprochen haben. Und es ist eine Satire auf die hochmütigen und eingebildeten Gelehrten, die eine Sprache gesprochen haben, die das Volk nicht verstanden hat.

3.5. Die Lyrik des Barock

Die formalen Kunstmittel waren für die Barocklyrik wichtiger als die Wiedergabe von Stimmungen und Empfindungen. Bevorzugte Formen waren das Sonett, die Ode und das Epigramm. Außerdem entstanden zahlreiche Kirchenlieder.

Das Sonett ist eine Gedichtform, die sich in vielen europäischen Sprachen findet. Der große Meister des Sonetts war der Italiener Petrarca, dem wir einige der schönsten Liebesgedichte der Weltliteratur verdanken. Sonette haben eine strenge Form. Sie bestehen aus 14 Zeilen. Ein Sonett hat vier Strophen; zwei mit vier Zeilen und zwei mit drei Zeilen. Außerdem ist ein bestimmtes Reimschema vorgeschrieben. So reimen sich zum Beispiel die erste und die vierte Zeile und die zweite und die dritte Zeile der ersten Strophe. Die Lyrik des Barock hatte eine Vorliebe für Aneinanderreihungen, durch die ein übergeordneter Gegenstand beschrieben werden sollte:

> Was sind wir Menschen doch? ein Wohnhaus grimmer Schmerzen,
> ein Ball des falschen Glücks, ein Irrlicht dieser Zeit,
> ein Schauplatz herber Angst, besetzt mit scharfem Leid,
> ein bald verschmelzter Schnee und abgebrannte Kerzen.
>
> (Andreas Gryphius: Menschliches Elend)

In der Barockzeit wurden viele Gelegenheitsgedichte geschrieben. Dies bedeutete damals etwas anderes als heute. Seit Goethe dient das Gelegenheitsgedicht dem individuellen Ausdruck einer einmaligen Situation. Eine einmalige Stimmung wird wiedergegeben. Im Barock waren Gelegenheitsgedichte Gedichte, die nach konventionellen Mustern bei einer bestimmten Gelegenheit vorgetragen wurden (Taufe, Hochzeit, Beerdigung usw.).

Der Epigrammatiker Friedrich von Logau verteidigt die idealisierte alte Ordnung gegen die von ihm empfundene Dekadenz der Höfe und gegen die Anmaßungen der Städte und der Bürger seiner Zeit. Er schrieb aber auch Epigramme von überzeitlicher Gültigkeit:

> **In Gefahr und großer Not**
> **Bringt der Mittelweg den Tod.**

Oder:

> **Der kann andre nicht regieren**
> **Der sich selbst nicht recht kann führen.**

Analog zu den Schäferromanen gab es auch Schäfergedichte. Auch sie träumten von der guten alten Zeit, als der Mensch sich angeblich noch im Einklang mit der Natur befand.

Das deutsche Kirchenlied erlebte einen Höhepunkt. Lieder von dem Protestanten Paul Gerhardt (z.B. *O Haupt voll Blut und Wunden*) und dem Katholiken Friedrich Spee von Langenfeld (z.B. *Zu Bethlehem geboren*) werden auch heute noch in den Kirchen oft gesungen.

Die Schriftstellerin Catharina Regina von Greiffenberg wich dem Druck der Gegenreformation in Österreich und wanderte ins protestantische Nürnberg aus. Neben dem Lob Gottes, ihrem Hauptthema, geben ihre Gedichte Einblicke in das Seelenleben einer Frau jener Zeit.

Ein großes Thema der Barocklyrik ist die während des Dreißigjährigen Krieges allgegenwärtige Gegenwart des Todes. Immer wieder wird daran erinnert, dass alles Irdische vergänglich ist. Die Menschen sollen darauf achten, dass ihre Seele keinen Schaden nimmt. Sie sollen ein gottgefälliges Leben führen.

Gerade das Gegenteil legt die sogenannte galante Lyrik nahe. Christian Hoffmann von Hoffmannswaldau ist der bekannteste Verfasser solcher Gedichte. In seinen erotischen und frivolen Gedichten wird die Geliebte bedrängt, sie soll ihre Reize nicht verbergen, denn die erfüllte Liebe ist ein Segen für beide. Aber nicht immer war sein lyrisches Ich erfolgreich:

Als ich die Lesbie nächst in der Kammer fand,
Da sie sich überhin und schläfrig angeleget,
So schaut ich eine Brust, die schönre Äpfel träget,
Als jemals vorgebracht das reiche Morgenland.

Die Brust zog meinen Geist, der Fürwitz trieb die Hand
Zu suchen, was sich hier in dem Bezirk beweget.
Die hat der Lesbie so großen Zorn erreget,
Dass sie in höchstem Grimm ist gegen mich entbrannt.

Sie trieb mich weg von sich, sie stieß mich zu der Seiten,
Sie hieß mich unverweilt aus ihren Augen schreiten;
Ich sprach, indem sie mich aus ihrer Kammer stieß:

Dieweil ich allzu kühn und mehr als sichs gebühret
Die mir verbotne Frucht der Äpfel angerühret,
So stößt ein Engel mich jetzt aus dem Paradies.

Lesbie:	*Mädchenname*
überhin angeleget (veraltend):	*(ungefähr): hingelegt*
Fürwitz (veraltend):	*Vorwitz, leichtsinnige Neugierde*
Grimm:	*Zorn*
unverweilt (veraltend):	*unverzüglich, sofort*
dieweil (veraltend):	*weil*

4. Die Aufklärung

Johann Christoph Gottsched

Gotthold Ephraim Lessing

Hamburger Theater am Gänsemarkt

Die Aufklärung ist eine gesamteuropäische Bewegung. Vor allem in England und in Frankreich wirkten Philosophen und Schriftsteller der Aufklärung.

Das Symbol der Aufklärung ist die Sonne und das von ihr verbreitete Licht. Sie beleuchtet die Erde und vertreibt die Dunkelheit. Ein schönes Beispiel für den Gebrauch dieses Symbols findet sich in einem frühen Aufsatz von Karl Marx über die Zensur in Preußen: „Ihr verlangt nicht, dass die Rose duften soll wie das Veilchen, aber das Allerreichste, der Geist soll nur auf eine Art existieren dürfen? [...] *Grau in grau* ist die einzige, die berechtigte Farbe der Freiheit. Jeder Tautropfen, in den die Sonne scheint, glitzert in unerschöpflichem Farbenspiel, aber die geistige Sonne [...] soll nur eine, nur die *offizielle Farbe* erzeugen dürfen!" (MEW Bd. 1, S. 6).

Eine ähnliche Aufgabe wie die Sonne hat die Vernunft. Sie soll Licht in die Dunkelheit der Zeit bringen und die Probleme der Menschen lösen, denn die Aufklärer glaubten an die Macht der menschlichen Vernunft.

Sie kämpften gegen unvernünftige Autoritäten. Sie kämpften vor allem gegen die Dogmen der Kirchen und gegen die Herrschaft der absolutistischen Fürsten.

Die Aufklärung wollte durch logische Schlüsse (rationales Denken) und durch das Sammeln von Erfahrungen (empirische Vorgehensweise) möglichst alle Erscheinungen begreifen.

Durch vernünftiges und richtiges Handeln sollten dann die Probleme der Menschen gelöst werden. Die Aufklärer waren optimistisch. Sie glaubten an die gesellschaftsverändernde Kraft der Vernunft. Die Vernunft stand im Mittelpunkt der Emanzipationsbestrebungen des Bürgertums im 18. Jahrhundert. Das Bürgertum erkämpfte im 18. Jahrhundert seinen Durchbruch zur kulturtragenden Schicht. Die Anhänger der Aufklärung forderten die Abschaffung des Absolutismus. Die Rechte der Staatsbürger sollten durch eine Verfassung garantiert werden.

4.1. Der historische Hintergrund

Nach dem 30jährigen Krieg herrschte in Europa eine scheinbar dauerhafte Ordnung. Auf dem Kontinent gab es absolutistische Staaten und in England eine Monarchie, die vom Parlament kontrolliert wurde. Die Höfe der Landesfürsten waren Kulturzentren. Die rechtlosen Bürger wehrten sich gegen den Absolutismus und forderten eine unabhängige Justiz, Milderung der Strafen und Schutz vor der Macht der Fürsten.

Das Deutsche Reich war in viele kleine Staaten zersplittert. Es war keine Nation, sondern, wie der Staatsrechtler Puffendorf treffend sagte, ein „Monstrum". Bis 1806 lag die Reichsgewalt noch beim Kaiser, aber er hatte fast überhaupt keinen Einfluss. Es gab über 300 Staaten und dazu noch viele autonome Gebiete.

Die vielen kleinen Tyrannen brauchten viel Geld für ihre Schlösser und ihr luxuriöses Leben. Dieses Geld erhielten sie durch eine rücksichtslose Ausbeutung der Untertanen. Die Bauern waren meist nicht frei, sie waren Leibeigene und bekamen gerade so viel, dass sie überleben konnten. In diesen feudalen Gesellschaften bildeten sich neue ökonomische Kräfte. Vor allem in den Städten entwickelte sich ein Bürgertum, das durch Handel und Banken zu Geld und sozialem Ansehen gekommen war. Dieses Bürgertum war zahlenmäßig klein und hatte wenig Einfluss. Die Bürger waren aber nicht länger bereit, die Vorherrschaft des Adels als gottgegeben und unveränderlich hinzunehmen. Sie wollten sich befreien, dabei beriefen sie sich auf die Gedanken der Aufklärung, die den Feudalismus überwinden und der Vernunft zur Vorherrschaft verhelfen wollte.

Die Literatur bekam nun neue Aufgaben. Sie diente nicht mehr dem Lob des Fürsten und der Unterhaltung der höfischen Gesellschaft, sondern sie lobte nun das bürgerliche Leben und die bürgerlichen Tugenden. Sie wollte den bürgerlichen Leser und Zuhörer aufklären.

Das war nicht einfach, denn damals konnten nicht viele lesen. Die Bürger, die lesen konnten, lasen vor allem die Bibel und religiöse Schriften. 1770 konnten in Deutschland nur ungefähr 15% lesen und vielleicht 1% lasen die Literatur, mit denen sich heute die Literaturgeschichte beschäftigt.

An die Stelle des bezahlten Hofdichters trat der freie Schriftsteller, der oft nicht von seinen Werken leben konnte. Er musste meist einen anderen Beruf ausüben, zum Beispiel den Beruf des Hofmeisters, wie damals die an adligen Höfen und bei großbürgerlichen Familien arbeitenden Lehrer genannt wurden. Die finanzielle Not, die Zensur und der literarische Markt schränkten die Freiheit des Schriftstellers ein.

Sie kämpften gegen die Zensur, aber es gelang nicht, sie abzuschaffen. Im Gegenteil: Nach 1789, nach der Französischen Revolution, wurde die Zensur noch verschärft, weil die deutschen Fürsten Angst vor revolutionären Veränderungen hatten.

4.2. Der philosophische Hintergrund

Das Wort ‚Aufklärung' hat etwas mit Klarheit und es hat etwas mit Licht zu tun. Im Dunkeln sieht man nichts. Ein ganzes Jahrhundert befindet sich auf dem Weg aus der Dunkelheit ins helle Licht der Vernunft.

Als der französische König Ludwig XIV. starb, haben sich viele Franzosen gefreut. Sie hofften, dass das verhasste System beseitigt werden könnte, und wollten eine parlamentarische Monarchie wie in England.

Der Philosoph und Schriftsteller Voltaire, der lange Zeit in England gelebt hatte, berichtete in seinen Briefen über die Engländer über das politische Leben in diesem Land.

Der Staatsrechtler Montesquieu schrieb ein Buch *Über den Geist der Gesetze* (1748). Es ist eines der wichtigsten Bücher aus der Geschichte des Parlamentarismus. Montesquieu fordert Gewaltenteilung: Die gesetzgebende, die richterliche und die ausübende Gewalt müssen streng getrennt werden. Ein Gleichgewicht dieser Kräfte ist hier eine Voraussetzung der Freiheit: „Alles wäre verloren, wenn alle drei Gewalten in der Hand eines einzelnen Menschen […] vereint wären."

Der wohl bekannteste französische Aufklärer ist Voltaire. Er musste zweimal in das gefürchtete Staatsgefängnis in Paris.

Voltaire hat sehr viel geschrieben (Gedichte, Dramen, Romane, Erzählungen, historische und philosophische Werke). Sein *Philosophisches Taschenwörterbuch* (1764) ist eine Kampfschrift gegen die Macht der Kirche und eine der bedeutendsten Schriften der französischen Aufklärung. Das Buch wurde sofort verboten, erreichte aber trotzdem in nur zwei Jahren 17 Auflagen.

Voltaire hatte von Folterungen und Hinrichtungen erfahren, die aus religiösen Gründen geschahen, und so war sein Hass gegen die Kirche sehr groß. Nun war Voltaire aber kein Atheist, denn er erkennt ein höchstes Wesen an, das man verehren soll. Aber er fordert einen vernünftigen Glauben und bekämpft den religiösen Fanatismus der Kirchen.

In Deutschland galt Voltaire oft als der typische Franzose. Man erkannte seine rhetorische Begabung an, kritisierte aber seine Aggressivität, seine Ironie und seinen bitteren Spott. Das war nichts für das deutsche Gemüt. Friedrich Schiller vermisst bei Voltaire den „Ernst der Empfindung": „Wir begegnen immer nur seinem Verstande, nicht seinem Gefühl". Voltaire ist für Schiller „ein Genie der Oberfläche".

In Deutschland war die Aufklärung eine schwierige Aufgabe. Politisch, wirtschaftlich und kulturell war dieses Land unterentwickelt. Die Kirche und die Fürsten waren sehr mächtig und die Mehrheit der Bevölkerung war arm und fromm und konnte weder lesen noch schreiben.

So schrieb der Spätaufklärer Lichtenberg: „Man spricht viel von Aufklärung und wünscht mehr Licht. Mein Gott, was hilft aber alles Licht, wenn die Leute entweder keine Augen haben oder die, die sie haben, vorsätzlich verschließen?"

Die deutschen Aufklärer hatten es also nicht leicht. Einer der ersten, der sich dieser schwierigen Aufgabe widmete, war Christian Thomasius (1555-1728). Er setzte sich mutig für Toleranz ein und protestierte gegen Folter und gegen Hexenprozesse. Thomasius lehrte als erster Gelehrter in deutscher Sprache. Die Aufklärung konnte so erst das Bürgertum erreichen, das zum großen Teil kein Latein verstand. Einige seiner Gedanken weisen weit in die Zukunft. So schreibt er zum Beispiel, dass Frauen genauso gelehrt sein können wie Männer.

Christian Wolff (1679-1754), ein weiterer Aufklärer, war gegen die ungerechtfertigte Autorität der Kirche: Die Wahrheit hängt nicht von autoritären Urteilen und Dogmen ab. Wolff ist vielseitig, systematisch und klar, aber er ist nicht originell. Seine philosophischen Schriften bestehen oft aus Lehrsätzen und Beweisen und sind etwas langweilig. Er prägte aber viele deutsche Wörter, die seither philosophische Begriffe sind.

Sein Werk war ein Meilenstein auf dem sich von der Vormacht der Theologie befreienden Weg der Philosophie. Deshalb wurde er auch aus seiner Heimat Preußen vertrieben und konnte erst unter Friedrich II. dorthin zurückkehren. Unmittelbarer Anlass der Vertreibung war übrigens seine *Rede über die praktische Philosophie der Chinesen* aus dem Jahr 1721, in der er, wie vor ihm schon Leibniz (*Das Neueste aus China*, 1679), die Weisheit und die Tugendhaftigkeit der chinesischen Philosophie rühmte.

Die bekannteste deutsche Schrift über die Aufklärung stammt von Immanuel Kant: *Beantwortung der Frage: Was ist Aufklärung?* (1784). Seine klassische Definition lautet: „Aufklärung ist der Ausgang des Menschen aus seiner selbstverschuldeten Unmündigkeit." Der Mensch muss den Mut haben, seinen eigenen Verstand zu benutzen. Diesen Verstand soll er ohne die Leitung eines anderen gebrauchen. Kein Pfarrer, kein Wissenschaftler und kein Politiker kann und soll den Menschen das Denken abnehmen, wenn sie frei und unabhängig sein wollen.

Aber Kant weiß auch, dass es für den Einzelnen sehr schwer ist, sich aus der Unmündigkeit zu befreien.

Für revolutionäre Veränderungen kann sich Kant nicht begeistern. Er meint, eine Revolution bringe keine wahrhaft aufklärerische Reform des Denkens zustande. Ein unfreies System werde lediglich durch ein anderes unfreies System ersetzt.

Da waren die deutschen Jakobiner anderer Meinung. So sagt Johann Benjamin Erhard (1758-1827) in seiner Schrift *Über das Recht des Volks zu einer Revolution*, eine Revolution sei ein Vorgang, der das Volk mit Gewalt in sein Recht einsetzt. Eine formalrechtliche Entscheidung sei nicht möglich, weil das bestehende Recht gegen die Revolution sei. So werde die Moral zur höchsten Instanz. Moralisch gerechtfertigt sei eine Revolution dann, wenn nur durch sie die Menschenrechte geltend gemacht werden können.

4.3. Die Literaturtheorien der Aufklärung

Das Ende des höfischen Dichters war auch das Ende der höfischen Literatur. Dar letzte preußische Hofdichter wurde 1713 entlassen. In diesem Jahr wurde Friedrich Wilhelm I. König von Preußen. Man nannte ihn den Soldatenkönig, denn er brauchte keine Dichter und keine Denker, sondern Soldaten.

Die Funktion der Literatur wandelte sich und sie bekam neue Aufgaben. Die Literatur sollte im Dienst der Aufklärung stehen. Johann Christoph Gottsched war der erste, der eine neue Poetik geschrieben hat (*Versuch einer Critischen Dichtkunst vor die Deutschen*, 1730).

Gottsched hat strenge Regeln darüber aufgestellt, was das Theater zu leisten habe. So fordert er die von Aristoteles stammende Einhaltung der drei Einheiten (Zeit, Ort, Handlung) und die Beachtung der Ständeklausel. In der Tragödie und in den Heldengedichten dürfen nur Fürsten und Adlige als Handlungsträger auftreten. In der Komödie hingegen sind Bürger und Bauern die geeigneten Figuren.

Der Dichter sollte Lehrmeister und Erzieher des Publikums sein. Für Gottsched war das klassische französische Drama das große Vorbild. Er übersetzte französische Dramen, um sie in Deutschland bekannt zu machen. Gottsched verurteilte die derbe Sprache der Barock-Dramen. Auch Lieder und Musik sollen nach seiner Theorie nicht Bestandteil eines Dramas sein. Er forderte die deutschen Schriftsteller auf, sie sollten die Franzosen nachahmen. Seine strengen Regeln und seine Abhängigkeit von der französischen Kultur wurden bald scharf kritisiert.

Zwischen den Schweizern Johann Jakob Breitinger und Johann Jakob Bodmer einerseits und Gottsched andererseits entbrannte ein intensiver Streit. Gottsched war der Anwalt der französischen, die Schweizer die Anwälte der englischen Theoretiker.

Bei ihnen, so die Schweizer, wird die künstlerische Nachahmung zu einer schöpferischen Tat. Die Überbetonung der rationalen und die Unterschätzung der emotionalen Elemente wurde von ihnen gemildert. Sie schufen Voraussetzungen für die Subjektivierung der Dichtkunst und für die Abkehr von der strengen Regelpoetik.

Am bedeutendsten war die Kritik von Gotthold Ephraim Lessing (1729-1781). Lessing träumte von einem deutschen Nationaltheater. Zur Verwirklichung dieses Traumes fehlte aber die Nation und es fehlte das Publikum. Lessing arbeitete als Berater und Dramaturg am neu gegründeten Nationaltheater in Hamburg. Das Theater musste aber nach kurzer Zeit wieder geschlossen werden. Es kamen zu wenig Zuschauer.

Lessing kämpfte sein ganzes Leben lang gegen die Denkfaulheit und gegen die Macht der Kirche. Auch sein Privatleben war nicht einfach. Er hatte große Schwierigkeiten, genügend Geld zu verdienen, und oft hatte er Schulden. Auch als er eine Stelle als Bibliothekar bekommt, verdient er so wenig, dass er lange Zeit nicht einmal heiraten konnte. An Lessings Beispiel kann man gut studieren, welche Schwierigkeiten die freier Schriftsteller gehabt hatten.

In seinen *Briefe[n], die neueste Literatur betreffend* (1759-1765) kritisiert er Gottsched. Er sagt übertreibend, Gottsched habe überhaupt nichts geleistet und seine Vorschläge seien banal und überflüssig. Lessing fordert, die deutschen Schriftsteller sollen von den Engländern lernen, insbesondere von Shakespeare, nicht von den Franzosen. Lessing ist auch gegen die Ständeklausel. In seinen Trauerspielen stehen nun bürgerliche Helden im Mittelpunkt, die den Adligen moralisch überlegen sind. In seiner Hamburgischen Dramaturgie fordert er gemischte Charaktere, Wahrscheinlichkeit der Handlung und einen Verzicht auf strenge Vorschriften und Regeln.

4.4. Das Drama der Aufklärung

Das Drama war die wichtigste Gattung der Aufklärung. Für Gottsched war es eine „weltliche Kanzel", für Lessing eine „Schule der moralischen Welt" und für Schiller eine „moralische Anstalt".

Die Aufklärer glaubten, das Theater habe eine große erzieherische und eine gesellschaftsverändernde Kraft. Im 18. Jahrhundert erlebte das Theater eine Blütezeit. Viele Bürgersöhne verließen ihre Familien, um zum Theater zu gehen.

Die bürgerlichen Intellektuellen spielten auf dem Theater die Rollen, die sie im wirklichen Leben nicht spielen durften. Dort, im wirklichen Leben, hatten sie nichts zu sagen. In ganz kurzer Zeit entwickelte und verwandelte sich das Theater in Deutschland. Vor Gottsched gab es fast nur unbedeutende Theaterstücke und schlechte Aufführungen. Innerhalb von 20 Jahren entstand nun ein Theater, das den internationalen Vergleich nicht zu scheuen brauchte. Die neuen Dramen waren bürgerlich. Für dieses Drama ist die private, häusliche Welt wichtiger und besser als die des Hofes. Die Welt des Hofes wird oft als moralisch verdorben dargestellt. Die Welt der Bürger hingegen zeichnet sich durch Humanität, Toleranz, Gerechtigkeit, Mitleid und Sittlichkeit aus. Das alles fehlt den Adligen. Sie sind oft inhuman, intolerant, ungerecht, grausam und unmoralisch.

Am interessantesten ist das bürgerliche Trauerspiel, das das tragische Schicksal von Menschen bürgerlichen Standes gestaltet. Mit dem bürgerlichen Trauerspiel vollzog sich die Abwendung von der Ständeklausel. Die Ständeklausel fordert, dass in der Tragödie nur Personen höheren Standes Träger der Handlung sein können. Das Bürgertum emanzipiert sich; es befreit sich von alter Herrschaft.

In jener Zeit wurden viele Tragödien geschrieben. Die Stücke enden mit Mord, Selbstmord, Selbstverstümmelung und Resignation. Der bürgerliche Held und die bürgerliche Heldin scheitern an den Verhältnissen. Es findet keine Revolution statt, sondern Selbstzerstörung, Resignation und Unterwerfung. Die gesellschaftlichen Verhältnisse ließen eine positive Lösung des Konflikts zwischen bürgerlichem Emanzipationswillen und feudaler Macht nicht einmal auf der Ebene des Dramas zu.

In Lessings Trauerspiel *Emilia Galotti* (Uraufführung 1772) bringt ein Vater seine Tochter um, damit sie nicht eine Geliebte des mächtigen Fürsten wird.

Die Kritik richtet sich gegen die Willkür und gegen die Gewaltbereitschaft der Fürsten. Auf der Bühne wird gesagt: „Der Prinz ist ein Mörder." Das war damals sehr mutig. Dieses Stück ist aber auch eine starke Kritik am Bürgertum, denn es hat dieser Willkür nichts entgegenzusetzen. Das Bürgertum wagt nicht, sich zu wehren. Die Figuren verhalten sich so, dass auf der Bühne gar kein anderer Ausweg offen bleibt. Dieses Trauerspiel ist ein schlimmes Stück, aber zugleich ist es eine Anklage. Das Opfer trägt zu seinem Untergang bei. Das Stück enthält eine Lehre, eine Aufforderung: Die Verhältnisse dürfen nicht so bleiben.

Miss Sara Sampson (1755) heißt ein anderes bürgerliches Trauerspiel von Lessing. Im bürgerlichen Trauerspiel zeigt sich deutlich das Erstarken des bürgerlichen Selbstbewusstseins und der Wille, sich kulturell zu äußern und durchzusetzen. Eine neue Schicht (Klasse) betritt die Bühne. In diesem Theater, für das die bürgerliche Familie von großer Bedeutung ist, nehmen die bürgerliche Vaterfigur und das bürgerliche Mädchen eine zentrale Stellung ein. So ist das auch in *Miss Sara Sampson.*

Mellefont hat Sara Sampson verführt und ist mit ihr in die Provinz geflohen. Mellefont möchte nun nicht gleich heiraten, ihm gefällt die Liebesbeziehung besser als die Ehe. So sagt er: „Sara Sampson, meine Geliebte! Wie viel Seligkeiten liegen in diesen Worten! - Sara Sampson, meine Ehegattin! - die Hälfte dieser Seligkeiten ist verschwunden."

Jetzt taucht plötzlich die frühere Geliebte von Mellefont auf. Sie möchte Mellefont zurückgewinnen. Dies gelingt ihr aber nicht, deshalb will sie sich rächen und mischt Gift in die Arznei von Sara Sampson. Mellefont verliert seine Geliebte. Er fühlt sich mitverantwortlich für diesen Mord, weil er Sara nicht gleich geheiratet hat, und nimmt sich das Leben.

Ein weiteres Meisterwerk von Lessing ist *Nathan der Weise* (1779). Dies ist ein analytisches Drama. Wichtige Ereignisse sind schon vor Beginn des eigentlichen Dramas geschehen. Sie werden nun im Drama nach und nach aufgedeckt (analysiert).

Lessing hatte sehr harte Auseinandersetzungen mit der Kirche. Dies führte dazu, dass er schließlich keine religionskritischen Schriften mehr veröffentlichen durfte. Er wechselte den Kampfplatz: „Ich muss versuchen, ob man mich auf meiner alten Kanzel, auf dem Theater noch ungestört wird predigen lassen." Ort des Geschehens ist Jerusalem, die Stadt der drei großen Religionen des Mittelmeerraums zur Zeit der Kreuzzüge. Das Drama ist ein

Aufruf zur Toleranz. Im Mittelpunkt steht die berühmte Ringparabel: Ein Königshaus im Osten hatte einen Ring. Dieser Ring hatte die Eigenschaft, seinen Träger vor Gott und den Menschen angenehm zu machen. Er wurde immer weiter vererbt, bis er zu einem König kam, der seine drei Söhne alle gleich gern hatte. Der König ließ zwei Kopien anfertigen, so dass man nun nicht mehr feststellen konnte, welches der echte Ring war. Er gibt jedem Sohn einen Ring und sagt, dies sei der echte. Jeder Sohn glaubt nun, er habe den echten Ring. Sie streiten sich und gehen schließlich zu einem klugen Richter. Der sagt, wenn der Ring wirklich solche wunderbaren Kräfte besitzt, dann muss sich in der Praxis zeigen, wer den echten hat. Die Söhne sollen ein vorbildliches Leben führen. In der Zukunft soll dann ein anderer Richter den Fall beurteilen. Der Sultan, dem die Parabel erzählt wird, erkennt sofort, dass die drei Söhne für die drei großen Religionen in Jerusalem stehen. Die Religionen sollen friedlich miteinander wetteifern. Eine friedliche Koexistenz soll angestrebt werden. Die Parabel fordert Toleranz.

In der Zeit der Aufklärung wurden auch Komödien geschrieben. Die Komödie gibt es vor allem in stabilen, städtischen Gesellschaften, in denen es allgemein anerkannte ethische, politische und ästhetische Normen gibt. In Deutschland fehlten diese Voraussetzungen bis zum Erstarken des Bürgertums im 18. Jahrhundert.

Auch die Bindungslosigkeit der Moderne ist kein guter Boden für die Komödie. Es entstehen Mischformen, wie zum Beispiel Dürrenmatts *Der Besuch der alten Dame. Eine tragische Komödie* (Uraufführung 1955).

Lessings Minna von Barnhelm ist die erste bedeutende deutsche Komödie. Sie schildert die Geschichte des preußischen Offiziers Tellheim und seiner Geliebten Minna von Barnhelm. Tellheim wurde entlassen, ist jetzt ohne Beschäftigung und hat fast kein Geld mehr. Da er jetzt glaubt, er dürfe seine Verlobte nun nicht mehr heiraten, trennt er sich von ihr.

Bei einem erneuten Gespräch sagt Minna, der Onkel habe sie enterbt (das stimmt nicht, sie behauptet das nur), weil Tellheim sie verlassen hat. Sie schimpft ihn einen Verräter.

Nun, da Teilheim glaubt, dass Minna arm ist und sich in Not befindet - so wie er selbst -, möchte er sie sofort wieder heiraten.

Da erhält Tellheim einen Brief des Königs. Der König lobt die Leistungen von Teilheim, rehabilitiert ihn und gibt ihm wieder eine gute Stelle. Nun sagt aber Minna, sie könne den glücklichen und reichen Tellheim nicht mehr heiraten, weil sie nun arm sei und im Elend lebe.

Erst als der Onkel auftritt, werden die Missverständnisse aufgeklärt, und die beiden fallen sich glücklich in die Arme.

4.5. Der Roman der Aufklärung

Außer dem Drama erlebte auch der Roman im 18. Jahrhundert eine Blütezeit. Vorher war der Roman, der als minderwertig galt, wenig geachtet. In den Poetiken war er nicht als eigenständige Gattung anerkannt. Die anerkannte Gattung war das Epos. Hier gab es auch große Vorbilder: Homers *Odyssee* und seine *Ilias*. Es wurden viele Liebesromane und Abenteuerromane geschrieben und eine Vielzahl von Übersetzungen angefertigt. Die damalige Literaturkritik aber beurteilte diese Romane, die sie als Lügenkram einschätzte, negativ.

Die Aufklärer erkannten nun, dass der Roman ihren Zwecken dienen konnte. Der höfische Roman musste durch den bürgerlichen Roman ersetzt werden, an die Stelle des adligen Abenteurers sollte der bürgerliche Held treten. Die Schriftsteller sollten aktuelle und alltägliche Probleme und Themen der eigenen Zeit und des eigenen Landes behandeln. Um 1770 hat der neue bürgerliche Roman die anderen Romanformen verdrängt.

Drei interessante Romane aus der Zeit der Aufklärung sind Johann Gottfried Schnabels *Die Insel Felsenburg* (1731-1743), Christoph Martin Wielands *Geschichte des Agathon* (1799) und Johann Carl Wezels *Belphegor* (1776).

Die Insel Felsenburg steht in der Tradition der Staatsromane. Ein ideales Staatswesen wird gezeigt, das den verkommenen Staatsordnungen des Spätfeudalismus entgegengehalten wird. Schiffbrüchige landen auf einer Insel und schaffen dort mit neuen Zuwanderern eine utopische Gesellschaftsordnung. Die neu Hinzukommenden schildern in dunklen und düsteren Farben das Leben im feudalen Europa. Im Vergleich zu dem von Intrigen bestimmten Leben an den Höfen Europas führen die Inselbewohner ein geradezu idyllisches Leben.

Wielands *Geschichte des Agathon* ist ein Bildungsroman. Es wird gezeigt, wie die Persönlichkeit eines Menschen entsteht, wie sie gebildet wird. Ein empfindsamer junger Mann mit vielen Idealen, der aber wenig von der Wirklichkeit weiß, gelangt nach zahlreichen Erlebnissen zur Erkenntnis der realen Welt. In den Auseinandersetzungen mit der Welt reift seine

Persönlichkeit heran. ‚Reisen' ist ein typisches Merkmal vieler Bildungsromane. ‚Reisen bildet', heißt es in einem Sprichwort

Der Roman spielt im alten Griechenland. Wieland will das Allgemeine und das Zeitlose zeigen, das für die Herausbildung eines Charakters bestimmend ist.

Der Roman trägt autobiografische Züge. Wie sein Held verlor auch Wieland den Glauben und die Illusionen über aufgeklärte Fürsten, empfindsame Moral und republikanische Tugenden.

Wezels Roman *Belphegor* (1776) ist ein satirischer Roman. (Vorbild ist Voltaires Roman *Candide*, 1759). Mit ironischer Distanz werden die Weltverbesserungspläne und Erlebnisse des Idealisten und Träumers Belphegor und seine permanente Kollision mit der unmenschlichen Realität geschildert. Er glaubt an das Gute im Menschen und in der Welt, und er glaubt an die Möglichkeit, das Schlechte auszurotten. Als er nun aber in zahlreichen Abenteuern die Menschen und die Welt kennen lernt, muss er einsehen, dass weder die Menschen noch die Welt so gut sind, wie er sich das vorgestellt hatte. Sein aufklärerischer Optimismus erhält beachtliche Kratzer. Er muss erkennen, dass Neid und Egoismus die treibenden Kräfte der Menschen sind.

Die zentrale Frage in diesem Roman ist folgende: Wenn es einen Gott gibt, der die Welt geschaffen hat, warum gibt es dann soviel Unrecht, Leid, Krieg und Katastrophen? Trotz der schweren Erlebnisse und gefährlichen Abenteuer, trotz aller Verbrechen, die er gesehen hat, bewahrt Belphegor seine Begeisterungsfähigkeit für das Gute. Nach gefährlichen Abenteuern in der Türkei, in Afrika, Persien und China kommt er nach Amerika, ist aber bitter enttäuscht, da es auch dort Sklaverei und Unterdrückung gibt. Als er aber vom Unabhängigkeitskampf der amerikanischen Kolonien hört, schließt er sich sofort begeistert diesem Befreiungskampf an.

Der Roman hat einen offenen Schluss. Die Zukunft, d.h. der Ausgang des Befreiungskampfes, wird zeigen, ob Belphegor als Patriot und Menschenfreund bekannt werden wird.

4.6. Fabeln und Gedichte der Aufklärung

Im 18. Jahrhundert wurden viele Fabeln geschrieben. Fabeln können eine literarische Kampfform sein. Sie sind ein gutes Mittel, da auf eine versteckte

Weise die Wahrheit zu sagen, wo man nicht wagen durfte, dies offen zu tun.
In Deutschland wurden während der Reformation viele Fabeln geschrieben, insbesondere von Luther. Sie waren ein Mittel der politischreligiösen Auseinandersetzung. Die Barockdichter schrieben kaum Fabeln, denn sie glaubten, Fabeln seien etwas für Kinder und alte Frauen.
In der Aufklärung war die Fabel sehr beliebt. Lessing widmete ihnen eine eigene Theorie und schrieb viele schöne Fabeln. Sie sind lehrhaft, kurz und haben eine einfache Struktur und klare Bilder. Manche Fabeln enthalten am Schluss eine Erklärung oder eine Aufforderung. Sie enthalten eine Lehre. Fabeln können der moralischen Belehrung und der politischen Kritik dienen.
In seiner Fabel *Der Affe und der Fuchs* macht sich Lessing über die deutschen Schriftsteller lustig. die, wie z.B. Gottsched, die Franzosen nachahmen:
„Nenne mir ein so geschicktes Tier, dem ich nicht nachahmen könnte, so prahlte der Affe. Der Fuchs aber erwiderte: Und du nenne mir ein so geringschätziges Tier, dem es einfallen könnte, dir nachzuahmen.
Schriftsteller meiner Nation! - Muss ich mich noch deutlicher erklären?"
Lessing bevorzugte Prosafabeln; Christian Fürchtegott Gellert und Gottlieb Konrad Pfeffel, zwei weitere Fabeldichter der Aufklärung, bevorzugten die Versform.
In seinem philosophischen Lehrgedicht *Die Alpen* (1732) preist der Österreicher Albrecht von Haller die Schönheit des Gebirges und kontrastiert das naturverbundene Leben seiner Bewohner mit dem von ihm so empfundenen dekadenten Leben an den Höfen und in den Städten.

4.7. Empfindsamkeit

Die Empfindsamkeit ist eine gefühlsbetonte geistige Strömung innerhalb der europäischen Aufklärung. Anregungen erhielt sie aus dem Pietismus, einer religiösen Strömung des deutschen Protestantismus, die eine individualistisch-subjektive Frömmigkeit entwickelte. Die Empfindsamkeit ist eine nach innen gewendete Aufklärung, die versucht, mit Hilfe der Vernunft die Empfindungen aufzuklären. Die Gefühlskultur der Empfindsamkeit fand ihren Niederschlag in Freundschaftszirkeln, Briefen und Tagebüchern.
Die genaue Beobachtung der Empfindungen führte zur Entstehung eines neuen, nuancenreichen psychologischen Wortschatzes.
Literarische Vorbilder kamen aus England, so der empfindsame Reiseroman

A Sentimental Jouney (1768) von Laurence Sterne und der die verfolgte Unschuld illustrierende Briefroman *Pamela* (1740) von Samuel Richardson.

Der gefeierte und auch von der nachfolgenden Generation der Stürmer und Dränger verehrte Dichter war Friedrich Gottlieb Klopstock. Sein Werk über das Leiden von Christus, die Erlösung des Menschen und das Ringen des christlichen Gottes mit den teuflischen Mächten *Der Messias* wurde als das endlich gelungene große deutsche Epos leidenschaftlich begrüßt.

Seine Oden über Freundschaft, Liebe, den Glauben und das Vaterland waren ein weiterer Meilenstein der empfindsamen Poesie. Neue Töne tiefempfundenen Lebens werden vernommen. Authentische Gefühle dulden kein klapperndes Reimschema und kein steifes metrisches Schema. So findet Klopstock zum zukunftsweisenden reimlosen Gedicht in freien Rhythmen.

Der Göttinger Hain, ein Kreis von dichtenden Studenten der Göttinger Universität (Hölty, Voß, die Gebrüder Stolberg u.a.), sah in Klopstock sein großes Vorbild. Sie eiferten seinem Dichten nach und verhalfen, zusammen mit Gottfried August Bürger, der deutschen Kunstballade zu großer Publizität.

In der Tradition des Engländers Richardson schrieb Sophie von La Roche den Briefroman *Die Geschichte des Fräuleins von Sternheim* (1774): Entfernte Verwandte möchten ein junges unerfahrenes und sehr tugendhaftes Mädchen als Mätresse an den Hof bringen. Dort gerät sie in die Hände des undurchsichtigen und skrupellosen Lebemannes Lord Derby. Dadurch wendet sich der sie aufrichtig liebende Lord Seymour von ihr ab.

Lord Derby allerdings betrügt die junge Frau und lässt sie, da er schnell ihrer Tugendhaftigkeit überdrüssig wird, sitzen. Um seine Untaten zu verschleiern lässt er das Fräulein sogar entführen und einsperren. Als er schwer erkrankt, bereut er sein Vorgehen und Sophie kommt frei. Lord Seymour erkennt jetzt die Aufrichtigkeit der jungen Frau und gibt ihr seine Hand.

In diesem Roman steht die tugendhafte bürgerliche Welt der korrupten Welt des Hofes gegenüber. Das unentwegte Hochhalten der Moral und das dauernde Suchen nach guten Taten muss als Kontrastfolie zur Verkommenheit von Teilen des Adels vor der Französischen Revolution gesehen werden.

Empfindsamrührende Landschafts- und Seelenschilderungen faszinierten viele Leser und Leserinnen in jener Zeit.

Auch der aus Zürich stammende Salomon Geßner traf mit seinen das bürgerliche Naturempfinden ausdrückenden Idyllen den Geschmack der Zeit.

5. Sturm und Drang

Schattenriß Goethes (um 1780)

Schiller liest aus den »Räubern« vor
(Gemälde von 1856)

Werther nimmt Abschied von Lotte

Der Begriff stammt von Maximilian Klinger, der ein Drama mit diesem Titel geschrieben hat. Diese kurze Epoche war keine gesamteuropäische Erscheinung. Sie war weitgehend auf Deutschland beschränkt. Es war eine Bewegung von jungen Schriftstellern, die sich in Straßburg um Goethe und in Schwaben um Schubart und Schiller versammelt hatten.

In dieser Zeit überschneiden sich die literarischen Epochen. Allgemein kann man sagen: Der Sturm und Drang ist eine Folge der Aufklärung. Einige Gedanken der Aufklärung wurden aufgegriffen und radikalisiert, andere abgelehnt. Die junge Generation wehrte sich gegen die Überbetonung der Vernunft und forderte Sinnlichkeit, Gefühl und Phantasie.

Georg Lukács bezeichnete die Epoche als ein „neues, dynamisches Stadium der Aufklärung". Die Sturm-und-Drang-Bewegung war eine ästhetisch-literarische Revolte. Sie war kurz, hinterließ aber wichtige Spuren in der Geschichte der deutschen Literatur. Es fand aber keine politische Revolution statt. Die Literatur in dieser Zeit konnte in Deutschland wenig bewirken.

Ausgangspunkt ist eine jugendliche Revolte gegen die Einseitigkeiten der Aufklärung, gegen Rationalismus, Fortschrittsglaube und Regelhaftigkeit sowie gegen das einseitige Menschenbild und die unnatürliche Gesellschaftsordnung dieser Zeit.

Die Natur wird neu bewertet, sie ist Quelle alles Lebendigen. Die jungen Schriftsteller hielten nicht viel von Regeln und Vorschriften. Sie sagten, ein guter Künstler brauche keine Regeln, er schaffe selber Regeln. Der Künstler soll ein Genie sein. Das Genie ist ein hochbegabter schöpferischer Mensch, der Individualität, Sinnlichkeit, Empfindsamkeit, Vernunft, Phantasie, Gefühl und Schöpferkraft in einem ‚fruchtbaren Chaos' vereint.

Der geniale Mensch verdrängt den witzigen Kopf der Aufklärung. Sein schöpferisches Vermögen bedarf keiner leitenden Regeln. Er ahmt nicht nach, sondern er schafft Neues.

5.1. Der historische Hintergrund

Die Zeit war geprägt durch die Willkür der Fürsten. Sie waren meist absolutistische Herrscher. Ihr großes Vorbild war Ludwig XIV., der mächtige König von Frankreich, und sein verschwenderischer Lebensstil im Schloss von Versailles. Die Fürsten liebten Prunk, Verschwendungssucht und Mätressen. Die Untertanen mussten sehr viele Steuern und Abgaben bezahlen. Da selbst dieses Geld oft nicht für das luxuriöse Leben am Hof ausreichte, wurden junge Männer als Soldaten ans Ausland verkauft.

Die deutsche Geschichte war geprägt durch zwei große Katastrophen: den Dreißigjährigen Krieg und den gescheiterten Bauernkrieg. Diese Ereignisse sind mitverantwortlich für die deutsche Misere, für die schlechte Lage in Deutschland. Aus dem Bauernkrieg gingen die Fürsten als Sieger hervor. Die Zentralgewalt wurde geschwächt. Deutschland zerfiel in viele kleine, fast selbständige Staaten. Während in England und Frankreich starke Monarchien entstanden, wurde Deutschland zu einem Spielball der europäischen Politik. Das Ausland profitierte von der politischen Schwäche des Landes und spielte die deutschen Fürsten gegeneinander aus. In anderen europäischen Ländern begünstigte der Absolutismus das Entstehen starker Nationalstaaten und die Stärkung des Bürgertums. Ein starker König konnte die egoistischen Interessen der Fürsten und des Adels einschränken. In Deutschland aber gab es keine starke Zentralgewalt, daher verhinderte hier der Absolutismus die Bildung einer Nation und begünstigte die Zersplitterung.

Gegen die Willkür der Fürsten kämpften insbesondere der junge Schiller und Schubart. Schiller musste aus seiner Heimat fliehen.

Viel schlimmer erging es Christian Friedrich Daniel Schubart, der Symbolfigur des antifeudalen Widerstandes. Er musste 10 Jahre ins Gefängnis.

5.2. Der geistesgeschichtliche Hintergrund

5.2.1. Jean-Jacques Rousseau

Der französische Philosoph Rousseau (1712-1778) war Autodidakt. Er hat sich sein ganzes Leben lang intensiv mit sich selbst beschäftigt. In seiner Autobiografie schreibt er: „Ich lese in meinem Herzen und kenne die Menschen." In diesem Buch berichtet er über sich selbst, über seine geheimen Wünsche. Er lässt nichts aus und berichtet sehr gründlich über seine Motivationen und Triebe.

Bekannt ist Rousseaus Kritik an der modernen Zivilisation und seine Kritik am Fortschrittsoptimismus: Die Zivilisation habe nicht nur Gutes gebracht. Sie habe auch sehr viel Schaden angerichtet. Rousseaus Forderung lautet: „Zurück zur Natur!" Nach Rousseau sollen die Menschen auf den Luxus verzichten, da dieser die Menschen nicht glücklich mache. Es sei ungerecht, wenn viele Menschen hart arbeiten müssen, damit wenige im Luxus leben können. Dies war eine klare Kritik am Feudalismus. Es war eine Kritik an der damaligen Klassengesellschaft, in der es wenige reiche Faulenzer und viele schwer arbeitende und schlecht bezahlte, rechtlose Untertanen gab.

Nun forderte Rousseau nicht, dass die Menschen wieder zu den Affen auf die Bäume gehen sollten. Die Menschen sollen aber ein Leben führen, das nicht im Gegensatz zur Natur steht. Erfindungen und Kunst sind durchaus sinnvoll, nicht aber Produkte und Technologien, die die Natur zerstören und so die Lebensqualität des Menschen verschlechtern oder gar sein Leben bedrohen.

Die Menschen haben Rousseaus Warnungen nicht ernst genommen, deshalb müssen sie sich heute mit Waldsterben, Treibhauseffekt, Ozonloch, Klimawandel und radioaktiver Verseuchung herumschlagen.

Die Natur war für Rousseau eine Quelle der Inspiration: „Ich arbeite stets nur auf meinen Spaziergängen; die Landschaft ist meine Arbeitsstube [...]. Ich kritzle meine losen, unzusammenhängenden Gedanken auf Papierfetzen, die ich hernach so gut es geht zusammenflicke, und auf diese Weise mache ich ein Buch."

Nach Rousseau ist der Mensch ursprünglich gut. Die menschliche Geschichte, so seine These, sei die Geschichte eines Verfalls.

Sein Hauptwerk ist *Der Gesellschaftsvertrag* (1762), dies ist einer der wichtigsten Texte der Philosophiegeschichte. Es ist ein leidenschaftliches Buch für die Freiheit. So heißt es schon im ersten Satz: „Der Mensch ist frei geboren, und überall ist er in Ketten." In Deutschland waren die Stürmer und Dränger von Rousseau begeistert. Das Genie, das für sie so wichtig war, ist so etwas ähnliches wie die wahre Natur des Menschen. An den Genies lässt sich erkennen, was der Mensch werden kann, wenn er unter günstigen Bedingungen aufwächst. Die Menschen sollen nicht von außen gelenkt und nicht durch Normen eingeschränkt werden. Das Handeln der Menschen soll durch ihren eigenen Willen, durch ihre Urteilskraft und durch ihre Empfindungen bestimmt sein.

5.2.2. *Johann Gottfried Herder*

Herder war sehr vielseitig. Die deutsche Literatur hat ihm viel zu verdanken. Er kommt aus Ostpreußen, war dann längere Zeit in Straßburg und wurde schließlich von Goethe nach Weimar gerufen.

Herder war Dichter, Philosoph, Theologe und Literaturkritiker. Er untersuchte Sprachen, Dichtungen und Kulturen verschiedener Völker. Großen Wert legte er dabei auf die jeweilige Geschichte und die Bedingtheit durch den jeweiligen Volkscharakter, durch Klima und Landschaft. 1770 begegnete er dem jungen Goethe in Straßburg. Er war damals neben Goethe der bedeutendste Intellektuelle in Straßburg.

Herder vertrat die These, dass der Schriftsteller, der in seiner Zeit lebt, die alten Griechen nicht nachahmen sollte. Die Regeln von Aristoteles gelten für das alte Griechenland und entsprechen dort einer bestimmten historischen Situation.

Das 18. Jahrhundert habe ganz andere Probleme und brauche daher auch eine andere Literatur. Man könne nicht einfach die Regeln der alten Griechen auf die Gegenwart übertragen. Das sei unhistorisch. Jede Epoche habe ein eigenes Daseinsrecht, ja eine eigene Vollkommenheit.

Bei den Stürmern und Drängern gab es eine wahre Shakespearebegeisterung. Für Herder ist Shakespeare ein Genie. Er meint, Shakespeare sei natürlich, groß und original; er sei ein Bruder von Sophokles. Statt sklavischer Nachahmung finden wir bei ihm eine schöpferische Eigenleistung; er schuf etwas Neues und Unvergleichliches. Shakespeare wird das große Vorbild, obwohl ein Genie ja eigentlich keine Vorbilder braucht. Shakespeares Kunst ist natürlich, sie unterwirft sich nicht strengen Regeln. Gelungene Dichtung entspringt schöpferischen Kräften und leidenschaftlichen Gefühlen, nicht aber einer angelernten Regelpoetik.

Herder lehnt auch die Verachtung der Geschichte durch die Aufklärer ab. Er betont, dass jede Epoche glückliche Momente habe. Die Geschichte sei kein geradliniger Weg, der zu einer immer besseren Ordnung der Gesellschaft führt. Die Analysen Herders gelten auch seiner eigenen Zeit. Er kritisiert die herrschenden Zustände und meint, der Absolutismus habe die organische Gemeinschaft früherer Kulturen zerstört.

5.3. Das Drama des Sturm und Drangs

Die bedeutendste Gattung in dieser Zeit war das Drama. Die Dramen waren meistens in Prosa geschrieben. Es wurden zwei berühmte Theater gegründet: das Wiener Burgtheater (1776) und das Mannheimer Nationaltheater (1779). Goethes Shakespeare-Rede, Herders Aufsatz über Shakespeare und Lenz

Schrift *Anmerkungen über das Theater* haben das neue Drama geprägt. Für alle drei war Shakespeare das große Vorbild.

Aristoteles, Lessing und die französischen Klassiker wurden kritisiert. In den neuen Dramen steht die Schilderung von Personen und Charakteren im Mittelpunkt. Dies sind die großen Kerls, die Selbsthelfer oder aber Menschen, die unter beengenden Verhältnissen leiden. Sie gehen unter oder müssen sich anpassen.

Es wurden nicht nur starke und vorbildliche Menschen auf der Bühne gezeigt, sondern auch schwache und haltlose. Tragische und komische Elemente werden miteinander verbunden. Die drei Einheiten (Ort, Zeit und Handlung) werden weitgehend aufgehoben.

Die bedeutendsten Dramen dieser Zeit stammen von Johann Wolfgang von Goethe, Friedrich Schiller und Jakob Michael Reinhold Lenz.

5.3.1. Johann Wolfgang von Goethe

Goethe ist wohl der bekannteste deutsche Schriftsteller. Er wurde 1749 in Frankfurt am Main geboren und stammt aus einer wohlhabenden Familie. Sein Vater, ein Kaiserlicher Rat, erzog den Jungen sehr sorgfältig. Schon als Kind lernte er Griechisch, Latein, Hebräisch, Französisch, Englisch und Italienisch. Der Vater war sehr streng und forderte Disziplin. Davon konnte der Junge sich bei der Mutter und bei der Schwester erholen. Im Schutz der Frauen erprobte er die Macht der Phantasie. In diesem Milieu wuchs Goethe auf.

Dem Wunsch des Vaters gemäß studierte er in Leipzig und in Straßburg Jura und ging dann ans Reichskammergericht nach Wetzlar. Dies war von 1495 bis 1806 das höchste Gericht des Deutschen Reiches. Die Arbeit war gemütlich, denn das Gericht ließ sich bei der Bearbeitung der anliegenden Fälle viel Zeit. Danach ging Goethe nach Frankfurt, um dort sein berufliches Glück zu versuchen. In seiner Straßburger Zeit (1770/71) lernte er Herder kennen, eine Begegnung, die für Goethes Entwicklung sehr wichtig war, und er lernte Friederike Brion kennen, die schöne Pfarrerstochter aus Sesenheim, einem kleinen Ort in der Nähe von Straßburg. Es entstanden die *Sesenheimer Lieder*. Die Lieder orientieren sich an der Einfachheit der Volkslieder, es fallen bisher nie gehörte Töne über Liebe, Dichtung, Natur und über den Dichter.

Als Goethe Straßburg verlässt, verlässt er auch die schöne Pfarrerstochter. Später schrieb er darüber: „Hier bin ich zum ersten Mal schuldig geworden."

In den Frankfurter Jahren (1771-1775) hat er weniger als Rechtsanwalt gearbeitet, als vielmehr zahlreiche seiner Dichtungen begonnen und entworfen. Sein Drama *Götz von Berlichingen* (1773) machte ihn in kurzer Zeit berühmt. Götz von Berlichingen ist der große Kerl, das Genie oder wie Goethe ihn beschreibt: Er ist die „Gestalt eines Selbsthelfers in anarchischer Zeit".

Die Einheit des Ortes wird nicht gewahrt. In der ersten Fassung wechselt der Ort 59mal. Ebenso wird auch die Einheit der Zeit nicht eingehalten.

Wie Shakespeare schildert Goethe große Charaktere, und wie Herder hat er ein großes Interesse an der deutschen Geschichte.

Götz ist ein tapferer Kämpfer und ein Kämpfer für das Gute. Er hat Streit mit dem Bischof von Bamberg und rächt sich mit Waffengewalt für die Gefangennahme eines Soldaten. Deshalb wird er bestraft. Die Reichsacht wird über ihn ausgesprochen. Das heißt: Im ganzen Reich genießt er keinen Rechtsschutz mehr. Jeder darf ihn ausrauben oder sogar umbringen. Ein Heer belagert seine Burg. Durch Verrat fällt er in die Hände seiner Feinde, wird aber bald darauf von Franz von Sickingen befreit. Götz lässt sich jetzt von den aufständischen Bauern zum Führer wählen. Die Bauern gehorchen ihm aber nicht mehr, als er versucht, sie von wüsten Ausschreitungen und Übergriffen abzuhalten. Im Kampf mit dem Reichsheer, das den Aufstand bekämpfen soll, wird Götz gefangengenommen. Er stirbt im Gefängnis.

Das Stück machte Goethe berühmt. Es gab Zustimmung und Ablehnung. Lessing war entsetzt über die Formlosigkeit des Stücks. Der preußische König Friedrich II., ein Liebhaber der französischen Kultur und Gegner Shakespeares, meinte, das Stück sei eine „abscheuliche Nachahmung jener schlechten Stücke". Mit den schlechten Stücken meinte er die Dramen Shakespeares. Aber die junge Generation war begeistert. Seit Shakespeare habe niemand Gestalten von solcher Echtheit auf die Bühne gestellt, meinten sie. Die soziale Wirklichkeit des Mittelalters vom Kaiser bis zu den Bauern wurde auf die Bühne gebracht.

Die Sprache von Götz ist volkstümlich direkt, unkompliziert und bildhaft. Die Sprache seiner Gegner ist ein affektiertes, ein künstliches Hochdeutsch. Götz verwendet auch viele Flüche und Kraftausdrücke. Eine der bekanntesten Stellen der deutschen Literatur ist die Antwort Götz von Berlichingens auf die Aufforderung, er solle sich ergeben: „Sag deinem Hauptmann: Vor Ihro Kaiserliche Majestät hab ich, wie immer, schuldigen Respekt. Er aber, sags ihm, er kann mich –". (Die Zuschauer wissen, was zu ergänzen ist: ‚am Arsch lecken'.)

5.3.2. *Friedrich Schiller*

Schiller lebte in Württemberg, zur Zeit als dort der gefürchtete Herzog Carl Eugen von Württemberg regierte. Er musste auf Befehl eine militärisch-medizinische Ausbildung machen und wurde ein schlecht bezahlter Militärarzt. Schiller fing beim Militär an zu schreiben. Als der Herzog erfuhr, dass Schiller zweimal nach Mannheim (Mannheim lag, von Württemberg aus gesehen, im Ausland) zum Theater gefahren war, ließ er ihn zwei Wochen lang einsperren und verbot ihm jede literarische Betätigung. Schiller floh über den Rhein, denn er wollte weiter schreiben. Durch seine Flucht bleibt ihm das Gefängnis erspart. Er führte aber 10 Jahre lang ein unsicheres Leben. Für ihn war die Bühne ein Mittel der direkten politischen Anklage. Da es in den absolutistischen Staaten keine Gerechtigkeit gab, wird die Bühne dazu benutzt, um die Ungerechtigkeiten anzuklagen. Schiller nennt das Theater einen Richterstuhl. In seinen Jugenddramen (*Die Räuber, Die Verschwörung des Fiesco zu Genua, Kabale und Liebe*) gibt es eine radikale Kritik der damaligen Verhältnisse.

Das Drama *Die Räuber* (1781) schildert den Kampf zweier Brüder. Der eine, Karl Moor, ist wie Götz von Berlichingen ein genialischer Selbsthelfer, der gegen die Ungerechtigkeit in der Welt kämpft.

Durch Lügen und Intrigen seines schlechten und verdorbenen Bruders Franz (ein Bösewicht wie Shakespeares Richard III.) kommt es zum Bruch zwischen Karl Moor und seinem Vater. Aus Verzweiflung stellt sich Karl an die Spitze einer Räuberbande. Da sein Vater den Lügen des Bruders glaubt und ihn verstößt, sagt Karl zornig: „Ich habe keinen Vater mehr, ich habe keine Liebe mehr, und Blut und Tod soll mich vergessen lehren, dass mir jemals etwas teuer war!"

Nun begeht aber die Räuberbande Ungerechtigkeiten und Grausamkeiten. Karl Moor hat geschworen, bei der Bande zu bleiben. Er wird mitschuldig und bekennt sich zu seiner Schuld. Zum Schluss stellt er sich selbst den Behörden.

Er meint, dass zwei Menschen wie er „den ganzen Bau der sittlichen Welt zugrunde richten würden."

In dem Drama *Kabale und Liebe* (Uraufführung 1784) steht die Liebe zwischen der Bürgertochter Luise Miller und dem adligen Major Ferdinand im Mittelpunkt. Die Väter sind gegen diese Verbindung. Ferdinands Vater versucht mit einer bösen Intrige, das Glück der beiden Liebenden zu zerstören. Er lässt die Eltern von Luise verhaften. Man erzählt Luise, sie könne die Eltern nur retten, wenn sie einen Liebesbrief an den Hofmarschall von Kalb schreibt. Und sie muss schwören, immer zu sagen, sie habe dies freiwillig getan. Dies führt zur Katastrophe. Man legt den Brief so hin, dass Ferdinand ihn ‚zufällig' findet. Er ist sehr zornig und macht Luise schwere Vorwürfe. Die aber darf nicht sagen, dass sie gezwungen wurde, den falschen Brief zu schreiben, da sie dies geschworen hatte. Der Eid ist für die tief religiöse Luise bindend.

Ferdinand vergiftet sich und seine Freundin. Erst jetzt, im Angesicht des Todes, erzählt Luise ihrem Geliebten die wahre Geschichte - für beide zu spät. Man hat das Stück einmal als „Dolchstoß in das Herz des Absolutismus" bezeichnet. Für diese drastische Formulierung spricht auch die Anklage gegen den Verkauf von jungen Männern an fremde Staaten, die in diesem Stück ausgesprochen wird. Diese Männer mussten in imperialistischen Raubkriegen ihr Leben lassen, damit die Fürsten zu Hause im Luxus leben konnten.

5.3.3. Jakob Michael Reinhold Lenz

Lenz hatte, wie viele deutsche Dichter, ein schweres und abenteuerliches Leben. Es war ein Leben voller Leidenschaft und Freude, aber zusehends war es auch ein Leben voller Leid und Armut.

Der aus Ostpreußen kommende Lenz hat unter anderem bei Immanuel Kant studiert. 1771 geht er nach Straßburg. Dort wird er zum Sturm-und-Drang-Dichter. In kurzer Zeit entstehen seine wichtigsten Werke. Die Begegnung mit Goethe hat Lenz sehr beeindruckt. Unglückliche Liebeswünsche fesseln seine Phantasie. So versuchte er auch, sich der von Goethe verlassenen Friederike Brion zu nähern. Das klappt aber nicht, denn sie kann ihre große Liebe nicht vergessen.

1776 folgt er Goethe nach Weimar, denn er hoffte, Goethe könnte ihm eine Stelle verschaffen. Als er in Weimar ankam, wurde er gleich dem Herzog vorgestellt. Am Anfang fühlte er sich sehr wohl, aber Weimar war nicht Straßburg. In Straßburg lebten einige junge Studenten mit neuen Ideen zusammen. Weimar hatte aber eine aristokratische Gesellschaft mit strengen Sitten und Verhaltensregeln. Das war keine geeignete Umgebung für einen unkonventionellen jungen Dichter. Goethe und Lenz hatten sich menschlich und literarisch unterschiedlich entwickelt. Ein interessantes Dokument dieses Unterschiedes und Gegensatzes ist Lenz' in der Werther-Tradition stehendes Romanfragment *Der Waldbruder. Ein Pendant zu Werthers Leiden* (entstanden 1776).

Bevor er nach Weimar ging, hatte Lenz Goethe verehrt. In Weimar aber änderte er seine Meinung. Er sah in Goethe nun einen Genussmenschen. Er warf dem alten Freund vor, er würde die Menschen und die Umstände zu seinem Vorteil ausnutzen und er wäre ein Egoist.

Goethe war über diese Vorwürfe natürlich nicht begeistert und zog sich immer mehr von Lenz zurück. Es kommt zum Bruch. Über den genauen Anlass weiß man wenig, da alle Beteiligten geschwiegen haben. Lenz hat so schwer gegen die Verhaltensregeln am Hof in Weimar verstoßen (Goethe sagt, er habe eine „Eselei" begangen), dass er das Land verlassen musste.

Aus der Bahn geworfen, irrt er in Süddeutschland und im Elsass umher. Seine Bemühungen um eine feste Anstellung in Königsberg, Petersburg und Moskau scheiterten. 1792 fand man ihn tot in den Straßen von Moskau. Lenz' bekannteste Stücke sind *Der Hofmeister oder die Vorteile der Privaterziehung* und *Die Soldaten.*

Der Hofmeister (1774) ist eine sozialkritische Tragikomödie. Lenz hatte selbst als Hofmeister in Königsberg gearbeitet. Das Stück soll nach Lenz ein Gemälde der menschlichen Gesellschaft liefern. Er sagt: „Daher müssen unsere deutschen Komödiendichter komisch und tragisch zugleich schreiben, weil das Volk, für das sie schreiben [...] ein solcher Mischmasch von Kultur und Rohigkeit, Sittigkeit und Wildheit ist." Eine Tragikomödie ist eine dramatische Gattung mit tragischen und komischen Elementen. Das Drama steht unter dem Einfluss der Shakespeare-Begeisterung. Von Shakespeare übernimmt er die Technik der Kurzszenen. Die Handlung ist überzeugend durch die Wahrhaftigkeit der Charaktere und der Situationen.

Das Drama schildert die Geschichte des Theologiestudenten Läuffer. Er unterrichtet als Hofmeister die Kinder des Majors von Berg. Der Bruder des Majors, ein Liberaler mit Ideen, die in die Zukunft weisen, kritisiert die Unterwürfigkeit der Bürger. Die Tochter des Majors Gustchen fühlt sich einsam und verlassen, und so gelingt es Läuffer, das Herz des Mädchens zu gewinnen. Sie verliebt sich in ihn. Als beide in Schwierigkeiten kommen, als es zum Skandal kommt, fliehen die Verliebten. In einer einsamen Waldhütte bringt Gustchen ein Kind zur Welt. Läuffer findet bei einem alten Lehrer Unterkunft. Gustchen kommt nun mit dem Kind zu Läuffer ins Schulhaus. Er erkennt sein Kind und ist nun voll Reue und Verzweiflung. Dies führt, wie so oft im bürgerlichen Trauerspiel, zur Selbstzerstörung. Er hat nicht die Kraft, die Standesgrenzen zu durchbrechen. Er verstümmelt sich selbst, er kastriert sich. Jetzt erst kann er ein Lehrer sein, wie es gewünscht wird. Gustchen findet noch einen Adligen, der ihr die Jugendsünde verzeiht und sie heiratet, und auch Läuffer findet ein Mädchen aus dem Dorf, das ihn heiratet - also doch noch ein ‚glückliches Ende'.

Goethe wählte in Götz von Berlichingen einen historischen Stoff. Lenz wählt einen Stoff aus seiner Gegenwart. Er beschreibt die schlechte Stellung des Hofmeisters. Dies war ein großes Problem für die junge bürgerliche Intelligenz. Lenz' Kritik richtet sich nicht nur gegen den Adel, sondern auch gegen das Bürgertum. Die Bürger akzeptieren jede Beleidigung und jede Erniedrigung, wenn es ihrer Karriere und ihren Interessen dient. Läuffer ist ein gelehrter Diener, ein geistiger Krüppel, und er wird auch noch ein körperlicher Krüppel. Aber jetzt ist er der ideale Erzieher dieser Zeit. Er kann jetzt Menschen heranziehen, die der herrschenden Klasse gehorchen.

5.4. Der Roman des Sturm und Drangs

Am Anfang des 18. Jahrhunderts war der Roman nicht geachtet und nicht als eigenständige Gattung anerkannt. Das Epos war viel angesehener als der Roman. Noch Lessing klagte über den Mangel an guten deutschen Romanen. Dies änderte sich aber im letzten Drittel des Jahrhunderts. Man kann die Romane jener Zeit in vier Gruppen einteilen: Reiseromane, Wertheriaden, Autobiografien, Ritter- und Räuberromane.

Die Aufklärer erkannten, dass der Roman für ihre Zwecke benutzt werden konnte. Die Romanschreiber sollten sich von ausländischen Vorbildern lösen und Probleme und Themen der eigenen Nation behandeln.

Der erste originale bürgerliche Roman in Deutschland war Goethes *Werther* (1774). Goethe zeigt uns hier den unzufriedenen jungen bürgerlichen Intellektuellen. Werther ist ein Außenseiter, aber er ist kein Revolutionär.

Immer wieder zieht er sich zurück, obwohl er weiß, dass die Einsamkeit sehr schädlich sein kann.

Im Werther finden wir die zentralen Motive des Sturm und Drangs: Leidenschaft und Gefühl, Hinwendung zu den unteren Schichten der Gesellschaft, Kritik der ständischen Gesellschaft und Begeisterung für Homer, Klopstock und Ossian.

Goethe schildert das problematische Verhältnis zwischen Individuum und Gesellschaft und eine empfindsame Liebesgeschichte zwischen Werther und Lotte. Die Geschichte endet tragisch, weil Lotte schon mit einem anderen Mann verlobt ist. Der Roman ist ein Briefroman. Er enthält nur Briefe von Werther.

Es gibt keine Antworten auf Werthers Briefe. Das führt dazu, dass die Sichtweise des Helden verabsolutiert wird. Wir erfahren nur von seinen leidenschaftlichen Erlebnissen, Gefühlen und Meinungen. Man kann sich leicht für den Helden begeistern, und genau das ist damals geschehen. Junge Männer, die unglücklich verliebt waren, zogen die gleichen Kleider an wie Werther. Einige Werther-Fans folgten sogar ihrem Vorbild bis in den Tod. Der Roman löste heftige Reaktionen aus. Sie reichten von begeisterter Zustimmung bis zu heftiger Ablehnung. Einige Theologen sagten, das Buch sei eine Verherrlichung des Selbstmordes und es sei eine Lockspeise des Teufels. In Leipzig wurde das Buch sogar verboten.

Zum Inhalt des Romans: Werther lernt auf einer Tanzveranstaltung Lotte kennen. Man warnt ihn, dass sie schon vergeben sei, aber er verliebt sich in die schöne junge Frau. Es interessiert ihn nicht, dass sie schon mit einem anderen verlobt ist, denn „wo das Herz spricht", da ist alles andere unbedeutend. Die beiden verstehen sich sehr gut, sie fühlen ähnlich, Werther ist sehr glücklich. Das ändert sich aber, als Albert, der Verlobte, zurückkommmt. Albert ist ein ordentlicher und fleißiger Bürger. Werther, der Träumer, und Albert, der realistische Bürger, verstehen sich nicht besonders gut. Um die unerträgliche Lage zu beenden, beschließt Werther, die Stadt zu verlassen. Er sucht sich eine neue Arbeit. Die Dummheit seiner Vorgesetzten und das Karrieredenken seiner Kollegen ärgern ihn. Was ihn am meisten stört, sind die „fatalen bürgerlichen Verhältnisse". Jeder muss sich unterordnen; keiner kann sich frei entfalten. Als er von einer adligen Tischgesellschaft ausgeschlossen wird, weil er ein Bürgerlicher ist, kündigt er.

Es treibt ihn zurück zu Lotte. Der Verlobte von Lotte geht ihm auf die Nerven, denn er ist ein langweiliger Bürger ohne Leidenschaft. Werther fragt sich: „Zieht ihn nicht jedes elende Geschäft mehr an als die teure köstliche Frau?"

Ein letztes Mal besucht Werther seine Lotte. Er umarmt sie, küsst sie und wirft sich vor ihr nieder. Das entsprach nicht den Sitten der damaligen Zeit, denn die Frau war ja schon vergeben. Sie reißt sich los und schließt sich ein. Werther schreibt einen Abschiedsbrief und leiht sich von Albert Pistolen. Er zieht die Kleider an, die er angehabt hatte, als er Lotte zum ersten Mal traf, und erschießt sich.

Der Roman wurde oft nachgeahmt. Einer der interessantesten und erfolgreichsten Werke der Werthertradition ist Ulrich Plenzdorfs Roman *Die Leiden des jungen W.* (1972). Er schildert einen jungen Außenseiter in der DDR.

Ein Leiden ganz anderer Art schildert der Autor Karl Philipp Moritz. Er durchlebte eine schlimme Jugend. Der Vater, ein Anhänger einer christlichen Sekte, terrorisiert die ganze Familie. Vor dem kleinbürgerlichen Sadismus und der neurotischen Frömmigkeit flüchtet sich der junge Moritz zunächst in die Ersatzwelt der Bücher und dann in die andere Ersatzwelt des Theaters.

Diese Kindheits- und Jugenderlebnisse schildert Moritz detailgenau in dem Roman Anton Reiser (1785-1795). Moritz ist weitgehend identisch mit Anton Reiser. Ohne Pathos und Sentimentalität - dies unterscheidet das Werk von vielen anderen seiner Zeit - zeigt der Roman die Ursachen für die psychische Deformation der Hauptfigur, die sich aus der miserablen sozialen Lage und dem religiösen Fundamentalismus ergeben.

5.5. Die Lyrik des Sturm und Drangs

5.5.1. Volkslieder

Auch in der Lyrik gibt es nun neue Formen und Stoffe. Das Wort ‚Volkslied' stammt von Herder. Damit ist auch eine neue Auffassung vom Wesen der Literatur verbunden. Die Literatur ist nicht nur das Produkt von wenigen gebildeten Dichtern, das Volk selbst schreibt oder dichtet oft die schönsten Lieder. Diese Lieder sind nicht geprägt von der verdorbenen Gesellschaft der fürstlichen Höfe. Herder forderte, man solle die zeitgenössischen Lieder, die Lieder der Bauern und Handwerker, sammeln. Er selbst gab auch eine

Sammlung mit dem Titel Volkslieder heraus.

5.5.2. Sesenheimer Lieder

Der junge Goethe kannte Herders Äußerungen zum Volkslied. Goethe verwendet in seinen frühen Gedichten eine einfache Sprache, die auch für das Volkslied typisch ist. Er verliebt sich in die schöne Pfarrerstochter aus Sesenheim. Dieser Liebesbeziehung verdanken wir einige sehr schöne Gedichte. Man nennt diese Gedichte auch Gelegenheitsgedichte. Dies sind Gedichte über eine bestimmte Gelegenheit. Hier ist es eine sehr angenehme Gelegenheit, nämlich die Liebe zwischen Goethe und Friederike.

Auch die Natur wird gefeiert. Der Mensch kann sich in ihr frei bewegen, und er kann entdecken, dass er selbst ein freies Wesen ist.

Neu an diesen Gedichten ist die Bedeutung der Subjektivität des Autors. Der Autor schreibt über seine eigenen Erfahrungen. Das Gedicht dient der Selbsterfahrung und der Selbstdarstellung. Besonders lesenswert sind die beiden Gedichte *Maifest* und *Willkommen und Abschied*. Das zweite Gedicht endet mit den schönen Versen:

> Und doch, welch Glück, geliebt zu werden
> Und lieben, Götter, welch ein Glück!

5.5.3. Gottfried August Bürgers volkstümliche Dichtung

Neben Goethe ist Bürger der Schöpfer der deutschen Kunstballade. Die Ballade ist eine volkstümliche Gedichtform. Bürger lehnt die Literatur, die sich nur an die höheren und gebildeten Schichten der Gesellschaft richtet, ab. Er sagt: Sowohl in Palästen als auch in Hütten müsse der Dichter ein- und ausgehen. Bürger bearbeitet in seinen Balladen volkstümliche (oft sagenhafte) Themen. Oft sind die Balladen sozialkritisch und verurteilen die Willkür des Adels. (*Der wilde Jäger, Der Bauer*). Die politische Radikalität dieser Gedichte findet man in dieser Zeit nur noch bei Schubart.

5.6. Die fortschrittliche Publizistik

Die Französische Revolution war das große Ereignis am Ende des 18. Jahrhunderts. Die deutschen Schriftsteller waren sehr interessiert an den Vorgängen im Nachbarland. Viele begrüßen begeistert die Revolution, vor allem am Anfang (Hegel, Schelling, Hölderlin, Schiller, Klopstock ...). Nach der Herrschaft der Jakobiner, die mit Terror geherrscht hatten, waren viele enttäuscht. Mit dem Sturz der Jakobiner im Jahr 1794 war die stürmische Phase der Revolution beendet. In Deutschland wurden die Französischen Revolutionsheere aber mancherorts noch mit Begeisterung begrüßt. In dieser Zeit gab es in Deutschland eine jakobinische Literatur und Publizistik, welche die fortschrittlichen Ideen der französischen Revolution unterstützte. Der bedeutendste Vertreter dieser Richtung war Georg Forster.

Er war ein vielseitiges Talent und schrieb Bücher zu Naturwissenschaft, Landeskunde, Völkerkunde, Kunstgeschichte und Literatur.

1772-1775 nahm der junge Forster an der zweiten Weltumseglung des englischen Kapitäns James Cook teil. In der Südsee entdeckten die Forschungsreisenden bisher in Europa unbekannte Inseln und Völker. Forster beschrieb Völker, die bis dahin von der europäischen Zivilisation verschont geblieben waren. Er warnt hellsichtig vor den sich abzeichnenden Gefahren des einsetzenden europäischen Kolonialismus für die Völker der Südsee. Über diese Reise schrieb er ein faszinierendes Buch. Er lernte auf dieser Expedition genau zu beobachten und genau zu beschreiben.

Dies trug dazu bei, dass er auch als Schriftsteller die politischen Verhältnisse genauer beobachtete als andere Zeitgenossen. Schon mit 23 Jahren war er in ganz Europa berühmt. In Deutschland wurden seine Schriften viel gelesen.

Als das revolutionäre französische Volksheer auf Mainz zumarschierte, floh er nicht, sondern blieb da. Zunächst hielt er sich zurück, aber dann schrieb er: „[M]an wird Partei ergreifen müssen".

Er trat dem Klub der Jakobiner bei und nimmt an der Neuordnung der Verhältnisse teil. Er arbeitete in der Verwaltung und war Präsident des Jakobinerklubs in Mainz. Schon 1793 eroberten aber die gegenrevolutionären Truppen unter Führung von Preußen die Mainzer Republik. Forster ging als politischer Flüchtling nach Frankreich. Er arbeitete nun im Dienst der französischen Regierung und schrieb ein Buch über die Mainzer Republik. Seine deutschen Freunde wandten sich fast alle von ihm ab.

Christian Friedrich Daniel Schubart war ein Sohn und ein Sänger des Volkes. Er wollte den Menschen dienen und ihren Sinn für das Schöne und das Gute wecken. Außerdem wollte er das Nationalbewusstsein stärken. Seine Zeitschrift, die *Deutsche Chronik*, war ein Forum der politischen Opposition in

Süddeutschland.

Er war in politischer Dichter und kämpfte gegen die politischen Missstände, gegen die Zensur und gegen die nationale Zersplitterung. Wie Schiller war er ein Gegner des Absolutismus und kritisierte den Menschenhandel der deutschen Fürsten. Bald kannte man in ganz Deutschland den furchtlosen Enthüllungsjournalisten. Insbesondere verspottete er den Herzog von Württemberg und seine erotische Vorliebe für außereheliche Beziehungen und Mätressen.

Dafür musste er schwer büßen. 10 Jahre saß er auf dem Asperg, einem Berg in Württemberg, im Gefängnis. Der Herzog Carl Eugen warf ihm vor, es gäbe fast keine gekrönten Häupter und keine Fürsten auf der ganzen Erde, die er nicht schwer beleidigt und angegriffen habe. Der Herzog ließ Schubart nach Württemberg locken, er ließ ihn verhaften und ohne Prozess in der Festung Asperg einsperren. Schubart berichtet darüber folgendes: „Jetzt rasselte die Tür hinter mir zu und ich war allein. Ich stand und starrte vor Entsetzen." Ein Jahr verbrachte er ohne jeden Kontakt zur Außenwelt. Jahrelang durfte er keine Post und keine Besucher empfangen. Religiöse Fanatiker waren die einzigen zugelassenen Gesprächspartner. Als er aus der Haft entlassen wurde, war er ein kranker und gebrochener Mann.

6. Die Weimarer Klassik

Goethe auf der italienischen Reise

Friedrich Schiller
(Gemälde von L. Simanowiz, 1793)

Jean Paul

Schattenriß Hölderlins

Kleists »Phöbus«
(erstes Heft Januar 1808)

,Klassisch' ist ein normativer und ein historischer Begriff. Zum einen bezeichnet man damit etwas Vorbildliches, zeitlos Gültiges. So gelten zum Beispiel die Werke von Shakespeare, Racine, Calderón und Goethe als klassisch.

Zum anderen dient der Begriff auch zur Bezeichnung kultureller Höhepunkte in der Geschichte der Völker:

Zeitalter des Perikles   *(griechische Klassik)*
Zeitalter des Augustus   *(römische Klassik)*
Zeitalter der Königin Elisabeth I.   *(englische Klassik)*
Goethe und Schiller in Weimar   *(Weimarer Klassik)*

Die Weimarer Klassik ist begrenzt durch Goethes Reise nach Italien (1786) und Schillers Tod (1805).

Der Begriff ,Goethezeit' ist umfassender. Diese Zeit beginnt mit dem Zusammentreffen von Goethe und Herder in Straßburg (1770) und endet mit Goethes Tod im Jahr 1832.

Es gibt noch einen dritten Begriff für diese Zeit: ,Kunstperiode'. Er stammt von Heinrich Heine. Er hat den Begriff kurz vor Goethes Tod geprägt. Heine meint, die Literatur zwischen 1780 und 1832 sei von Goethe stark geprägt. Die Literatur dieser Zeit bilde eine Einheit. Mit Goethes Tod sei diese Zeit abgeschlossen.

Im 19. Jahrhundert gab es eine Klassikerverehrung. Das deutsche Nationalgefühl sollte gestärkt werden. Bis 1871 gab es keine politische Einheit der Nation, aber die Klassiker stifteten eine geistige Einheit.

Die Klassik entspricht einem Höhepunkt der Nationalkultur. In Deutschland kam dieser Höhepunkt sehr spät. Warum? Während in anderen europäischen Ländern die Kultur aufblühte, gab es in Deutschland erbitterte Religions- und Machtkämpfe (Dreißigjähriger Krieg). Der zweite Grund: Deutschland war zersplittert. Es war keine einheitliche Nation. Die deutsche Einheit kam erst spät, erst 1871. Deutschland ist eine ,verspätete Nation'. Die Kriege Napoleons führten zu einem Aufleben des Nationalgedankens. Goethe und Schiller wurden zu Nationaldichtern. Weimar wird zum Symbol der deutschen (geistigen) Einheit.

Weil diese Stadt so bedeutend ist, tagte dort 1919 auch die National-Versammlung, welche die erste gesamtdeutsche Republik, die Weimarer

Republik, ins Leben gerufen hatte.

Die Klassik ist eine Synthese aus dem Rationalismus und dem Optimismus der Aufklärung einerseits und dem Individualismus und dem Tatendrang des Sturm und Drangs andererseits. Sie überwindet die Einseitigkeiten dieser Bewegungen. Ihr Ziel war die Harmonie zwischen verschiedenen Kräften.

Für die Weimarer Klassik war die Antike von großer Bedeutung. Die Kunst der Antike galt als zeitlos gültige Norm. Die Werke der deutschen Klassik entstanden in einer sehr bewegten Zeit. Das Heilige Römische Reich Deutscher Nation brach zusammen, und die Französische Revolution hat die Welt verändert. In dieser Zeit der Veränderung wollten die Künstler etwa zeitlos Gültiges schaffen. Die menschlichen Kräfte sollten in eine gebändigte, harmonische Form gebracht werden. Das Extreme sollte vermieden werden (Aufklärung: zu viel Verstand - Sturm und Drang: zu viel Gefühl).

Das Schönheitsideal der Antike war vorbildlich. Der Begründer der modernen Archäologie Winckelmann hatte großen Einfluss auf die Klassiker. Er betonte die Musterhaftigkeit des klassischen Altertums. Die nachahmenswerte Kunst der Griechen vereinigte, so Winckelmann, Schönheit, Harmonie, Ausgewogenheit, Aufhebung des Besonderen im Typischen und Einklang zwischen Leib und Seele.

6.1. Der historische Hintergrund

Das herausragende Ereignis in Europa am Ende des 18. Jahrhunderts war die Französische Revolution. Ihre Forderungen lauteten: Freiheit, Gleichheit, Brüderlichkeit. Viele deutsche Schriftsteller und Philosophen begrüßten leidenschaftlich diese Revolution. Sie sollte dem Absolutismus ein Ende setzen.

Hegel, Schelling und Hölderlin, die alle drei begeisterte Anhänger der Revolution waren, besuchten damals die gleiche Schule in Tübingen. Sie übersetzten die Marseillaise, das Revolutionslied der Franzosen, und pflanzten einen Freiheitsbaum. Während der Herrschaft Robespierres, der auch den Terror als politisches Mittel einsetzte, kehrten viele deutsche Intellektuelle der Französischen Revolution den Rücken. Auch Schiller, der Ehrenbürger der Französischen Republik war, verurteilte nun revolutionäre Veränderungen. Die revolutionäre Diktatur und die Überwindung dieser Diktatur zeigen uns die wichtigsten politischen Grundstrukturen des 19. Jahrhunderts: Nationalismus,

Liberalismus und Imperialismus. Später kam noch der Sozialismus hinzu.

Goethe bleibt ein distanzierter Beobachter des Geschehens. Er ist sich aber klar darüber, dass eine neue Zeit angebrochen ist. So sagt er 1792, vor einer Schlacht in Frankreich (Valmy) zu den Soldaten: „Von hier und heute geht eine neue Epoche der Weltgeschichte aus, und Ihr könnt sagen, ihr seid dabeigewesen." Er glaubt aber nicht, dass das Volk in der Lage sei, sich selbst zu regieren. Er bleibt Royalist.

1799 wird Napoleon durch einen Staatsstreich erster Konsul der Franzosen. Er strebt die französische Vorherrschaft an.

Nach 1803 wird Deutschland neu geordnet: Die meisten geistlichen Fürstentümer, fast alle freien Reichsstädte und die vielen Klein- und Kleinststaaten werden aufgelöst. Im Süden entstehen kraftvolle Mittelstaaten (Bayern, Baden, Württemberg). Diese Neuordnung entsprach den Wünschen Napoleons. Die Südstaaten bildeten den Rheinbund, der mit Napoleon verbündet war, und traten aus dem Reich aus.

1806 legte der Kaiser Franz II. die Krone des Heiligen Römischen Reiches Deutscher Nation nieder. Das war das Ende des alten Kaiserreiches. Seit 1804 nannte er sich schon Kaiser von Österreich.

Die Reformunfreudigkeit der privilegierten städtischen Oligarchien und die politische Unmündigkeit der Landschaften hatten auch in der Schweiz zu einer steigenden Unzufriedenheit mit der alten Ordnung geführt.

1798 griff Napoleon die Schweiz an. Die alte Eidgenossenschaft brach rasch zusammen und Napoleon ordnete auch dieses Gebiet unter Ausnutzung interner Gegensätze nach seinen Vorstellungen.

1805 besiegte Napoleon in der Dreikaiserschlacht Österreich und Russland und 1807 die veraltete Armee des isolierten Preußen.

In den besetzten Gebieten wurden nützliche Reformen durchgeführt. Aber Napoleon zwang viele Männer der unterworfenen Völker, für Frankreich zu kämpfen. Seine Armee raubte zahlreiche Kunstschätze und viel Geld musste an Frankreich bezahlt werden. Deshalb wurden die Kräfte immer stärker, welche die Fremdherrschaft bekämpfen wollten. In Spanien, der Schweiz und in Österreich gab es Aufstände gegen die französische Fremdherrschaft.

Der Russlandfeldzug von 1812 endete in einer Katastrophe für die französische Armee. Österreich, England und Preußen kämpften nun vereint gegen Frankreich. Napoleons Niederlage in Waterloo führte schließlich zur Neuordnung Europas. Das Gleichgewicht in Europa, das durch Napoleon zerstört worden war, wurde wieder hergestellt.

Der Deutsche Bund, eine lockere Verbindung von 39 souveränen Einzelstaaten, wurde geschaffen. Der damalige ‚Bundestag', ein ständiger Gesandtenkongress in Frankfurt, hatte wenig Macht. Die nationalen und demokratischen Bestrebungen wurden kaum berücksichtigt. Die deutsche Einheit war nicht in Sicht, und in vielen deutschen Staaten gab es keine Verfassung. Gegen diese Zustände kämpften dann vor allem die Schriftsteller, die dem Vormärz angehören.

Auf dem Wiener Kongress gelang es der Schweiz, dass die dauernde Neutralität des Landes anerkannt wurde. Durch den Beitritt von drei neuen Kantonen erreichte ihr Territorium den heutigen Bestand. Die alten Zustände wurden zum Teil wieder eingeführt. Erst im Zuge der Verfassungskämpfe von 1831/32 wurden in 10 Kantonen demokratische Verfassungen erlassen.

6.2. Goethe in Weimar

Wir haben Goethe schon als bedeutenden Vertreter des Sturm und Drangs kennen gelernt. Bald nach seiner Übersiedlung nach Weimar entstehen Werke, in denen er eindeutig gegen den Naturenthusiasmus des Sturm und Drangs und gegen die Empfindsamkeit der Werther-Zeit Stellung nimmt.

Sein Gedicht *Grenzen der Menschheit* ist geradezu ein Gegengedicht zu dem übermütigen Gedicht Prometheus, dem typischen Sturm-und-Drang-Gedicht. Jetzt schreibt der Klassiker Goethe: „Denn mit Göttern / Soll sich nicht messen / Irgend ein Mensch".

Das erste Weimarer Jahrzehnt ist das Jahrzehnt der Fragmente. Goethe hatte Schwierigkeiten, sich an das Hofleben anzupassen. Das bestimmte auch seine Existenz als Schriftsteller. Er arbeitete in der Verwaltung, leitete ein kleines Theater und schrieb zahlreiche unterschiedliche Texte. Neben Gelegenheitsdichtung entstanden auch große Werke: *Egmont*, *Torquato Tasso* und *Iphigenie*.

Goethe war mit dem Fürsten des Staates, zu dem Weimar gehörte, befreundet. Die Freundschaft zu dem Herzog Carl August dauerte ein ganzes Leben lang. Als sich die beiden kennen lernten, waren sie noch recht jung und erlebten manches Abenteuer zusammen. Bald gewann Goethe aber Distanz zu dem Herzog. Er sah eine pädagogische Aufgabe. Er wollte, dass der Herzog Gedanken der Aufklärung übernimmt und sein Land nach vernünftigen

Grundsätzen regiert.

Goethe war universal. Es gibt keine literarische Gattung, die für ihn typisch ist. Er beherrschte alle Gattungen und die unterschiedlichsten Stile. Darüber hinaus unternahm er umfangreiche naturwissenschaftliche Studien (Theorie des Lichts, Gesteinskunde, Anatomie ...).

1786 verließ er plötzlich Deutschland, denn der Hof, die Gesellschaft und die vielen Verpflichtungen waren ihm lästig. Er besuchte Italien und schrieb die *Italienische Reise*. Diese Reise war für ihn von großer Bedeutung. In Italien lernte er die Kunst der Römer und die Kunst der Renaissance kennen. Er wurde zum Kunstsammler, und noch heute schmücken viele von ihm gesammelte Kunstwerke sein Haus in Weimar.

Goethe lebte lange Jahre ohne Trauschein mit einer Frau zusammen, die aus einer einfachen Familie kam. Sie war Arbeiterin. Erst 1806 heiratet er Christiane Vulpius, und erst jetzt durfte er seine Frau in die Häuser der Adligen mitnehmen.

Die politischen Tendenzen der Französischen Revolution akzeptierte er nie, denn Goethe war für die Evolution. Die allmähliche Entwicklung, wie man sie in der Natur beobachten kann, ist für Goethe die ideale Form der Veränderung, nicht aber Gewaltsamkeit und Revolution (*Versuch die Metamorphose der Pflanze zu erklären*, 1789). Die Revolution war für ihn eine Katastrophe.

Im Sommer 1794 beginnt die entscheidende Annäherung zwischen Goethe und Schiller. Sie arbeiteten intensiv zusammen. Das kann man nachvollziehen, wenn man ihre Briefe liest. Schiller ermutigt Goethe zur Weiterarbeit am *Faust* und am *Wilhelm Meister*. Sie denken über die literarischen Gattungen nach. In den *Xenien*, einer Sammlung von kurzen Sinngedichten, bekämpfen sie ihre „trivialen und eselhaften" Gegner. Über die deutsche Misere schreiben sie folgendes:

Deutscher Nationalcharakter
Zur Nation euch zu bilden, ihr hofft es, Deutsche, vergebens;
Bildet, ihr könnt es, dafür freier zu Menschen euch aus!

Schiller schreibt seine großen Dramen (*Wallenstein, Maria Stuart, Wilhelm Tell*). Goethe überwindet das Gefühl der Isoliertheit, das er hatte, als er aus Italien zurückgekehrt war. Dankbar schreibt er an Schiller: „Sie haben mir eine zweite

Jugend verschafft und mich wieder zum Dichter gemacht, welches zu sein ich so gut wie aufgehört hatte."

Mit Schillers großen Dramen macht Goethe das Weimarer Theater zum führenden Theater in Deutschland. Nach Schillers Tod, 1805 verlor Weimar weitgehend seine gesellschaftliche Bedeutung. Der berühmte Philosoph Fichte musste das zu Weimar gehörende Jena verlassen. Auch die Romantiker (Jena war Zentrum der Frühromantik) kehrten der Stadt den Rücken.

Goethe griff die Tendenzen seiner Zeit auf und äußerte sich auch zu den Gattungen der Zukunft (z.B. Märchen und Novelle). Eines seiner großen Alterswerke ist im Stil der orientalischen Mode geschrieben (*West-Östlicher Divan*, 1814/1815). Die Poesie des persischen Dichters Hafis hat ihn dazu angeregt.

Als er den Faust vollendet hatte, war Goethe ein einsamer alter Mann. Er starb 1832. Die Überlieferung sagt, seine letzten Worte waren: „Mehr Licht!"

6.2.1. *Goethes klassische Dramen*

Goethe nahm in Weimar Abschied von seiner Sturm-und-Drang-Vergangenheit. Es entstanden die Dramen *Iphigenie auf Tauris*, *Egmont* und *Torquato Tasso*. Die Dramen zeichnen sich durch ihre strenge Form aus. Im Sturm und Drang setzten sich Schiller und Goethe über strenge formale Gesetze hinweg. Ihr Vorbild war Shakespeare. Jetzt entsteht ein neuer Dramentyp, der sich wieder am klassischen französischen Drama orientiert. Dieses Drama hat folgende Eigenschaften:

> Einheit von Ort und Zeit
> wenig handelnde Personen
> strenger Aufbau der Handlung
> Rückkehr zur metrischen Form
>
> Beispiel:
> „Das Lós der Wáffen wéchselt hín und hér
> Kein klúger Stréiter háelt den Féind geríng'"
>
> (Iphigenie)

Die klassischen Dramen stellten hohe Anforderungen an das Publikum. Die Stücke wurden am Weimarer Hoftheater, wo nur wenige Zuschauer anwesend waren, aufgeführt. Sie hatten im Gegensatz zum bürgerlichen Trauerspiel keine breite öffentliche Wirkung. Im 19. und im 20. Jahrhundert wurden diese Dramen dann zum festen Bestandteil des deutschen Kulturerbes.

Goethes Drama *Egmont* (1788) kennzeichnet den Übergang vom Sturm und Drang zur Klassik. Das Drama, ein Charakterdrama, ist teils in Prosa, teils in Jamben geschrieben. Goethe schildert den Charakter des Grafen Egmont.

Der Held tritt erst im zweiten Aufzug auf. Aber schon vorher reden die Leute über ihn, so dass der Zuschauer schon gleich am Anfang vieles über den Charakter dieses Grafen erfährt. Der historische Graf Egmont war eine bedeutende Persönlichkeit im Befreiungskampf der Niederländer gegen die Spanier. Goethes Drama ist keine genaue Wiedergabe der historischen Ereignisse.

Am Anfang wird das Leben der Handwerker und Soldaten gezeigt. Sie sind von Egmont begeistert und loben ihn. Auch die Regentin Margareta von Parma, die das Land für die Spanier verwaltet, ist von Egmont beeindruckt und findet ihn sympathisch. Sie hört aber zu sehr auf die Geistlichen. Egmont ist fröhlich, freiheitsliebend und tolerant. Die Spanier sind misstrauisch. Margareta von Parma schätzt Egmont, tadelt aber seine religiöse Toleranz. Für sie ist das Ketzerei.

Egmont führt ein unbeschwertes Leben. Mit seiner Geliebten Klärchen ist er zufrieden und glücklich. Nun tritt Margareta von Parma zurück; sie weiß, dass sie bald abgesetzt werden soll. Dadurch gerät Egmont in Gefahr, weil ein sehr brutaler und gefürchteter Nachfolger (Alba) kommt. Er verbreitet Furcht und Schrecken. Egmont ist gutmütig und erkennt die Gefahr nicht. Von Alba bekommt er eine Einladung zu einer Beratung. Vor dieser Beratung sagt Alba zu seinen Mitarbeitern ganz klar, dass Egmont gefangen wird, egal was er sagt, denn er ist ein Volksheld, und daher ist er eine Gefahr für die Spanier. In der Beratung vertritt Egmont freimütig und entschieden seine Auffassung von der Freiheit der Niederländer. Er ahnt nicht, wie gefährlich seine Äußerungen sind.

Alba diskutiert mit Andersdenkenden nicht. Er möchte sie vernichten. Der großherzige Egmont ist sehr überrascht, als man ihm erklärt, er sei verhaftet. Er kann das gar nicht begreifen. Auch im Gefängnis begreift er nicht, dass seine Freunde machtlos sind gegen den Tyrannen Alba. Im Gefängnis erfährt er von seinem Todesurteil.

In der Schlussszene träumt er von der Freiheit, die sich letztendlich doch durchsetzen wird. Egmont geht seinen Weg bis zum bitteren Ende, aber sein

Volk wird weitergehen in die Freiheit.

In *Iphigenie auf Tauris* (Uraufführung 1779) bearbeitet Goethe einen Stoff aus dem alten Griechenland. Während in dem antiken Drama von Euripides die Konflikte durch das Eingreifen einer Göttin gelöst werden, wird dies in Goethes Werk durch die freie sittliche Entscheidung der beiden Hauptpersonen Iphigenie und Thoas geleistet. Daher wurde Goethes Version auch als Drama der humanen Freiheit bezeichnet.

Iphigenie dient in der Fremde, in Tauris, als Priesterin der Göttin Diana. Sie sehnt sich aber zurück nach ihrer Heimat Griechenland. Da sie das Heiratsangebot des Königs Thoas ablehnt, ist dieser zornig und möchte zwei Fremde, die das Land betreten hatten, opfern. Da sie Priesterin ist, soll Iphigenie dieses Opfer ausführen. Sie erkennt in einem der Fremden ihren Bruder; der andere ist der Freund des Bruders.

Zunächst beschließen die drei, mit Hilfe einer List zu fliehen und auch noch ein Götterstandbild aus dem Tempel zu rauben.

Iphigenie zögert. Sie will den Kreislauf von Raub, Betrug und Mord, der auf ihrer Familie lastet, durchbrechen. Sie vertraut ganz auf die Humanität und offenbart Thoas den Fluchtplan. Voller Vertrauen bittet sie, er solle alle drei aus freien Stücken ziehen lassen.

Dies geschieht. Die reine Menschlichkeit hat über die uralten Rituale gesiegt. Goethe war sich der Idealität der Handelnden bewusst. Er bezeichnete das Drama als „verteufelt human".

6.2.2. Goethes Lyrik

In der lyrischen Produktion spiegelt sich auch das gewandelte Selbstverständnis des Dichters nach 1789 wieder. In den *Römischen Elegien* (1788/1789) übernimmt er antike Formen. Goethe findet zu einem streng geformten und gesetzmäßigen Stil. Die Elegie ist ein klagendes Gedicht. Oft wird über etwas Verlorenes, Vergängliches geklagt. Goethe benutzt hier ein klassisches Versmaß (Distichon). Er schrieb diese Elegien nach seiner ersten Italienreise. In diesen Gedichten spiegelt sich die Begeisterung der Zeit über die Antike wieder. Themen der Elegien sind die Liebe im modernen Rom und das Problem der Aneignung der römischen Antike durch den neuzeitlichen Dichter. Der Dichter ist ein Fremdling aus dem Norden. Er entdeckt zwei Welten, Rom (it.: Roma) und Amor:

Noch betracht ich Kirch' und Palast, Ruinen und Säulen,
Wie ein bedächtiger Mann schicklich die Reise benutzt.
Doch bald ist es vorbei, dann wird ein einziger Tempel,
Amors Tempel nur sein, der den Geweihten empfängt.
Eine Welt zwar bist du, o Rom; doch ohne die Liebe
Wäre die Welt nicht die Welt, wäre denn Rom auch nicht Rom.

1796 veröffentlicht Goethe die *Venetianischen Epigramme*, eine Sammlung von 103 kurzen Gelegenheitsgedichten, die auf seiner zweiten Italienreise entstanden sind. In einem Schreiben an Herder vom 3. April 1790 bekannte er, er sei nun „intoleranter gegen das Sauleben dieser Nation". Goethe bezeichnet sie als freche Epigramme. Die Themen sind vielfältig: Er schimpft auf Italien, denkt besorgt an die Franzosen, kritisiert den Staat und die Kirche und bedauert die Unzulänglichkeiten der deutschen Sprache und der deutschen Literatur.

Goethe schrieb auch erotische Epigramme, die er aber nicht veröffentlichte, denn sie waren zu freizügig für seine Zeit. Zum Schluss möchte sein lyrisches Ich wieder nach Weimar zurück:

Weit und schön ist die Welt, doch o wie dank ich dem Himmel,
Dass ein Gärtchen beschränkt, zierlich mein eigen gehört.
Bringet mich wieder nach Hause! was hat ein Gärtner zu reisen?
Ehre bringt's ihm und Glück, wenn er sein Gärtchen versorgt.

1797 dichteten Goethe und Schiller Balladen. Balladen sind lange Gedichte, die lyrische, epische und dramatische Elemente in sich vereinigen. Sie berichten von einer entscheidenden schicksalhaften Begebenheit. Die Stoffe stammen meist aus Sage und Geschichte. Schiller nannte das Jahr 1797 das Balladenjahr. Beide Dichter wollen in enger Zusammenarbeit große Kunstwerke schaffen. Aus Goethes Feder stammen: *Der Zauberlehrling, Der Gott und die Bajadere* und *Die Braut von Korinth*.

Es gibt Schriftsteller, die es in einer bestimmten Gedichtart zur Meisterschaft gebracht haben (Bürger: Balladen; Opitz: Sonette; Hölderlin: Elegien; W. Müller: Volkslieder). Goethe war ein universaler Schriftsteller, der so ziemlich alles versucht und von vielen gelernt hat: von den Griechen, den Römern, den Persern (*West-Östlicher Divan*), den Indern (*Der Gott und die Bajadere*) und den Chinesen (*Chinesisch-deutsche Jahres- und Tageszeiten*). Von Goethe gibt es sehr viele und sehr unterschiedliche Gedichte.

Nach Schillers Tod löste sich Goethe von der klassischen Strenge. Die Beschäftigung mit persischen Schriftstellern, vor allem mit Hafis, und die Beziehung zu Marianne von Willemer inspirierten ihn zu dem Gedicht-Zyklus *West-Östlicher Divan* (1819). In dem Abschnitt *Buch Suleika*, einem Liebesdialog in Gedichten, stehen persönliche Erlebnisse in östlichen Bildern und Wendungen.

Im *Buch des Paradieses* begehrt das lyrische Ich, ein Dichter, der sich sowohl in der Liebe als auch in der Literatur Verdienste erworben hat, zuversichtlich Zutritt zu den schönen Paradiesjungfrauen des islamischen Paradieses.

Die späten Gedichte sind mit Symbolen angereichert, von denen Goethe fordert, dass sie anschaulich sind und dass sie eine repräsentative Bedeutung haben. So ist zum Beispiel das Blatt des Ginkgo-Baumes in dem Gedicht *Gingo biloba* ein Symbol für die Spannung von Einheit und Zweiheit, beziehungsweise von Trennung und Vereinigung.

6.2.3. Goethes Prosa

In der Zeit der Aufklärung hat der Roman an Bedeutung gewonnen. Aber erst in der Goethezeit gewinnt der deutsche Roman weltliterarische Geltung. Er tritt jetzt gleichberechtigt neben das Drama. In anderen europäischen Ländern gab es schon vorher Romane und Novellen, die zur Weltliteratur zählen und auch heute noch gerne gelesen werden:

Boccaccio:	*Decamerone, 1348-1353, Italien, (Novellen)*
Rabelais:	*Gargantua und Pantagruel, 1532-1564, Frankreich*
Cervantes:	*Don Quijote, 1605, Spanien*
Defoe:	*Robinson Crusoe, 1719, England*

Goethes *Die Leiden des jungen Werthers* und Wielands *Geschichte des Agathon* waren erste Versuche, die Erfahrungen und die Entwicklung des bürgerlichen Individuums zu erfassen. Werther bietet einen sehr subjektiven Ausschnitt der Gesellschaft. Es wird geschildert, wie die Welt einem verliebten Außenseiter erscheint. ‚Liebe macht blind‘, sagt der Volksmund. Da kann man manches übersehen.

1794-96 schreibt Goethe seinen Roman *Wilhelm Meisters Lehrjahre*. Hier gelang es zum ersten Mal, die deutsche Wirklichkeit des Bürgertums umfassend zu erfassen. Die Epochenerfahrung der bürgerlichen Intelligenz wird thematisiert. *Wilhelm Meisters Lehrjahre* ist ein Bildungsroman bzw. ein Erziehungsroman. Es wird der Werdegang eines Menschen geschildert. Die Reifung der Persönlichkeit wird dargestellt. Goethe zeigt hier ein großes psychologisches Einfühlungsvermögen.

Ein Vierteljahrhundert später schrieb Goethe einen zweiten Teil, *Wilhelm Meisters Wanderjahre* (1821). In diesem Buch wird die Eingliederung Wilhelms in ein sozial verantwortliches Leben dargestellt.

In der ersten Fassung des Meister-Stoffes, dem sogenannten *Urmeister*, hatte Wilhelm die Selbstverwirklichung in der Schauspielkunst gesucht. Er wollte Schauspieler werden. In den Lehrjahren findet Wilhelm Meister keine zufriedenstellende berufliche und gesellschaftliche Perspektive. In den *Wanderjahren* nun wird er Arzt. Er übt eine gesellschaftlich nützliche Tätigkeit aus. Er hat nicht ein unbestimmtes Ideal vor sich, sondern er macht sich nützlich durch ein tätiges Leben. Die Romane von Goethe sind nicht einfach. Die *Wanderjahre* werden oft unterbrochen von Aphorismen, Gedichten, Geschichten und Novellen. Goethes großer Roman wurde zum Vorbild für zahlreiche Bildungs- und Entwicklungsromane. Wilhelm Meister möchte zunächst zum Theater und sich dort verwirklichen, gibt dies aber bald auf. Er wendet sich von der Kunst ab, um ein bürgerlichtätiges Leben als Arzt zu führen. Das haben die Romantiker nicht akzeptiert. Für sie war die Kunst oft wichtiger als die banale Wirklichkeit der Gesellschaft. Der Romantiker Novalis bezeichnete Goethes Buch als ein albernes Buch, das im höchsten Grade undichterisch sei.

Novalis schuf einen Roman, mit dem er Goethe übertreffen wollte (*Heinrich von Ofterdingen*). Er zeigt, wie ein junger Mann zum Künstler heranreift. Das Buch ist eine Verherrlichung und ein Lob der Dichtkunst.

1809 erschien Goethes Roman *Die Wahlverwandtschaften*. Mit ‚Wahlverwandtschaft' bezeichnet man die Eigenschaft chemischer Elemente, ihre alte Beziehung aufzugeben, wenn bestimmte neue Elemente hinzukommen, um sich vorübergehend mit diesen zu vereinen.

Dies überträgt Goethe auf seine vier Romanfiguren (ein Ehepaar, eine Freundin der Frau und ein Freund des Mannes). Goethe überträgt also dieses Kräftespiel von Anziehung und Abstoßung in der Natur auf menschliche Verhältnisse.

In der Literaturgeschichte ist der Ehebruch (und der versuchte Ehebruch) ein beliebtes Motiv (vgl. *Tristan und Isolde, Die Wahlverwandtschaften, Effi Briest,*

Anna Karenina ...).

Die chemischen Elemente folgen einem Naturgesetz. Der Mensch unterliegt aber nicht nur den Naturgesetzen, sondern auch dem, wie man es damals nannte, Sittengesetz. Diesen Konflikt zwischen Natur- und Sittengesetz stellt der Dichter am Modellfall einer zerbrechenden Ehe dar. Beide Ehepartner (Eduard und Charlotte) verlieben sich in ihre Gäste (in den Hauptmann und in Ottilie). Die Ehefrau unterdrückt diese Liebe, weil sie von den heiligen Verpflichtungen der Ehe überzeugt ist. Der Ehemann verhält sich anders. Er möchte sich über die moralischen Grundsätze seiner Zeit hinwegsetzen. Ottilie stimmt zu, falls die Ehefrau in eine Scheidung einwilligt. Sie ist sehr nervös, als sie ihre Zustimmung gibt.

Kurze Zeit später fährt sie in einem Boot mit dem Kind der Eheleute über einen See, um das Kind zu seiner Mutter zu bringen. Sie ist verwirrt, ihr Herz pocht und ihre Füße schwanken. Dies führt zu einem großen Unglück: Das Boot kentert, und das Kind kommt dabei ums Leben. Jetzt wird Ottilie von einem großen Schuldgefühl geplagt. Sie will büßen. Sie sagt kein Wort mehr und rührt kein Essen mehr an. Kurze Zeit später stirbt sie, und auch Eduard, der ohne sie nicht leben will, stirbt kurz nach ihr. Der Versuch, sich über die sittliche Ordnung der Zeit hinwegzusetzen, führt also zum Tod der Liebenden. Es ist ein tragischer Roman. Es gibt keine zufriedenstellende Lösung.

In Weimar schrieb Goethe seine aus vier Teilen bestehende Autobiografie *Aus meinem Leben. Dichtung und Wahrheit.* Sie umfasst die Kindheits- und die Jugendjahre bis zu seiner Übersiedlung nach Weimar. Eine zunächst geplante Fortsetzung unterließ Goethe; er hätte wohl zu viel Rücksicht nehmen müssen auf die kleine Welt von Weimar. Er wählte eine subjektive, eine dichterische Form der Darstellung. Die stufenweise Ausbildung seiner Persönlichkeit unter den Bedingungen seiner Zeit wird nachvollzogen. Dichtung und faktische Wahrheit werden eng miteinander verknüpft.

6.2.4. Goethes Meisterwerk: Faust

Sein ganzes Leben lang hat sich Goethe mit dem Faust beschäftigt. Schon als Kind sah er Puppenspiele über den legendären Doktor Faust. Schon bevor Goethe nach Weimar ging, schrieb er den sogenannten *Urfaust.* Dies war die erste Fassung des Dramas. Erst 1808, nach dem intensiven Meinungsaustausch mit Schiller, erschien *Faust I.* In seinen letzten Lebensjahren wird der Faust sein „Hauptgeschäft". Kurz vor seinem letzten Geburtstag 1832 vollendet er das Drama.

Die tragische Beziehung eines Gelehrten zu seiner Geliebten Gretchen bestimmen den Inhalt des ersten Teils. Mit Hilfe des Teufels gelingt es Faust, das reizende Mädchen für sich zu gewinnen. Aber ihre als unsittlich geltende Beziehung beschwört Unheil herauf. Gretchen endet als Kindsmörderin im Gefängnis und überantwortet sich der Gnade Gottes. Der Himmel verzeiht ihr. Mephisto muss resigniert erkennen: „[Ü]ber die hab' ich keine Gewalt". Faust bricht mit Mephisto, dem Teufel, zu weiteren Abenteuern auf. Im ersten Teil steht Fausts Streben nach Lebensgenuss im Mittelpunkt, im zweiten Teil sein tätiger Zugriff auf die Welt. *Faust II* wird selten gespielt. Wie das traditionelle Drama ist *Faust II* in fünf Akte gegliedert. Der zweite Teil kennt aber kein dramatisches Vorwärtsdrängen, in dem sich ein Teil folgerichtig aus dem anderen ergibt. Goethe hat zu ganz unterschiedlichen Zeiten, nach seinen jeweiligen Vorlieben, Fragmente zum Faust verfasst und sie später miteinander verbunden oder die Verbindung dem Leser anheimgestellt. Einzelszenen dienen der Veranschaulichung unterschiedlichster Themen. Ganze Teile verselbständigen sich zu eigenwertigen Schauspielen (Mummenschanz, Klassische Walpurgisnacht, Begegnung Fausts mit Helena).

Das Nebeneinander von Allegorischem, Symbolischem und unmittelbar Gesagtem verwirrt das Verständnis. Goethe selbst sagte, das Werk sei seinem Inhalt nach „rätselhaft genug". Er fordert seine Leser auf, sich ihren Eindrücken hinzugeben und sich ergötzen zu lassen, nicht aber unvermittelt zu fragen, welche Idee im Faust verkörpert sei.

Der Reichtum an Bildern und metrischen Formen ist unübersehbar. Es gibt wohl kaum ein Werk der Weltliteratur, das sich durch einen solchen Reichtum an metrischen Formen auszeichnet.

Im zweiten Teil kommt Faust an den Hof des Kaisers. Durch die Einführung von Papiergeld beseitigt er dessen finanzielle Schwierigkeiten. Auf einem großen Maskenfest lässt er die Schatten von Helena und Paris erscheinen, zwei Gestalten aus der griechischen Mythologie, deren Schönheit über alle Maßen gerühmt wurde. Faust ist von Helenas Schönheit überwältigt und möchte ihr nun auch in der Wirklichkeit begegnen. Er geht nach Griechenland, zieht durch die Klassische Walpurgisnacht und erbittet bei Persephone, der Herrscherin der Unterwelt, die Freilassung Helenas.

Faust lebt als Heerführer mit Helena in einer mittelalterlichen Burg in

Griechenland zusammen und bekommt einen Sohn von Helena. Beide verliert er wieder.

Nun übermannt ihn ein neuer Tatendrang. Er verhilft dem Kaiser zum Sieg über den Gegenkaiser und bekommt deshalb ein Küstengebiet zum Lehen. Rücksichtslos gegen Mensch und Natur, möchte er nun dem Meer neues Land abgewinnen. Erblindet vernimmt der Hundertjährige das Klappern der Spaten. Er glaubt, es seien die Arbeiter, welche die neue Welt schaffen. Aber er hört die Spaten der Totengräber, die sein Grab schaufeln.

Die Gnade Gottes erlöst den unermüdlichen Faust. Mephisto, der am Anfang mit Gott gewettet hatte, es gelänge ihm, die Seele Fausts für die Hölle zu gewinnen, geht leer aus.

Dieser grob skizzierte Handlungsverlauf des zweiten Teils ist aber angesichts des unermesslichen Reichtums dieser Dichtung von geringer Bedeutung. Er verknüpft die Teile des Dramas und treibt die Geschichte um Faust weiter.

Im zweiten Teil begegnen uns die Repräsentanten der modernen Welt:
- der spekulierende Finanzexperte am Hof der Mächtigen, der auf die Verdrängung der Gebrauchswerte durch die Tauschwerte reagiert;
- der unkontrollierte Forscher, der einen künstlichen Menschen erzeugt;
- der autonome Künstler;
- der imperialistische Politiker;
- der Kolonisator, der rücksichtslos eine neue Gesellschaft aufbaut;
- der Handelsherr, dessen Schiffe die Weltmeere durchsegeln;
- der Unternehmer, der die Arbeit vieler Menschen organisiert.

Das Stück sprengt die drei Einheiten (Ort, Zeit, Handlung). Es umfasst 3 000 Jahre (Antike, Mittelalter, Gegenwart). Der 5. Akt zeigt Faust als modernen Menschen. Die zerstörerische Macht der Technik und die Welt der Arbeit werden dargestellt.

Die Seefahrt, in seefahrenden Nationen ein zentrales Thema der Literatur, kommt bei Faust nur am Rande vor. Der Teufel umreißt ihre Konsequenzen:

> Man hat Gewalt, so hat man recht.
> Man fragt ums Was? und nicht ums Wie?
> Ich müsste keine Seefahrt kennen.
> Krieg, Handel und Piraterie,
> Dreieinig sind sie, nicht zu trennen.

(Verse 11184-11188)

Faust möchte neues Land urbar machen, auch wenn dadurch die Existenz einzelner Menschen vernichtet wird. Goethe nimmt hier Möglichkeiten und Gefahren des technischen Zeitalters vorweg.

6.3. Friedrich Schiller

Der junge Schiller musste aus seiner Heimat Württemberg fliehen. Die Bühne war für ihn ein Mittel der direkten politischen Anklage. Seine Jugenddramen (*Die Verschwörung des Fiesco zu Genua, Die Räuber, Kabale und Liebe*) enthalten eine radikale Kritik der politischen Verhältnisse. Schiller wurde Ehrenbürger der Französischen Republik.

Goethe sah in Schiller noch lange den Sturm-und-Drang-Dichter. Es dauerte, bis die beiden Männer erkannten, dass die Unterschiede zwischen ihnen auch eine ideale Ergänzung sein können. Schiller hat die Geschichte studiert, und er hat sich intensiv mit der Philosophie Immanuel Kants auseinandergesetzt. 1794 begann die Freundschaft zwischen Goethe und Schiller. Aus ihrem Briefwechsel kann man erkennen, wie diese grundverschiedenen Menschen zusammengearbeitet haben. Schiller war 1791 schwer krank und hat sich nie mehr ganz von dieser Krankheit erholt. Trotzdem hat er in wenigen Jahren mit großem Fleiß sehr viel geleistet. Er starb 1805 in Weimar, und niemand traute sich zunächst, diese Nachricht Goethe zu überbringen. Für ihn war der Verlust des Freundes ein schwerer Schock.

6.3.1. Schiller als Historiker

Wie kein anderer Schriftsteller seiner Zeit hat sich Schiller mit der Geschichte auseinandergesetzt. Es entstanden die *Geschichte des Abfalls der Vereinigten Niederlande von der spanischen Regierung* (1788) und die *Geschichte des Dreißigjährigen Krieges* (1793).

Mit tatkräftiger Unterstützung Goethes und aufgrund des Werkes über die Niederlande erhielt Schiller Ende 1788 eine Berufung auf den Lehrstuhl für Geschichte in Jena. Während die erste Abhandlung noch klar Partei ergreift für die niederländischen Rebellen, bemüht sich Schiller im zweiten Werk trotz erkennbarer Sympathie für die Sache der Protestanten um historische Treue und Unparteilichkeit.

Er sieht in der Geschichte eine Gesetzmäßigkeit, die den Gesetzen in der

Natur vergleichbar sei. Ein zentrales Anliegen waren ihm die Darstellung geschichtlicher Leitideen und die Auseinandersetzung der großen Einzelnen (König Philipp II. von Spanien, Graf Egmont, König Gustav Adolf von Schweden, Wallenstein) mit der historischen Zuständen ihrer Zeit.

Von großer Bedeutung war die künstlerische Gestaltung. So schreibt der eigenwillige Historiker Schiller: „Die Geschichte ist überhaupt nur ein Magazin für meine Phantasie, und die Gegenstände müssen sich gefallen lassen was sie unter meinen Händen werden." (Brief v. 10.12.1788 an C. v. Beulwitz).

Die stilistisch meisterhafte Verarbeitung der historischen Quellen und die dramatische Zuspitzung der Reden und Gespräche gehören zu den Glanzpunkten von Schillers Prosa.

6.3.2. Die Weimarer Dramen

In der Zeit der Aufklärung war das Drama sehr geachtet. Im Sturm und Drang wurden neue Dimensionen erschlossen. Es entstanden sozialkritische Dramen. Das bürgerliche Trauerspiel war die bevorzugte Dramenform der Aufklärungszeit. In der Zeit der Klassik hat das bürgerliche Trauerspiel diese Stellung eingebüßt. Dies ist von Bedeutung. Dieser Wechsel hat einen programmatischen Charakter. Die Neuorientierung hängt zusammen mit der Auseinandersetzung der deutschen Intelligenz mit der Französischen Revolution.

Kabale und Liebe war eines der besten bürgerlichen Trauerspiele. Schiller hat das gesellschaftskritische Theater in Deutschland mitbegründet. Der Verlauf der Französischen Revolution führte aber dazu, dass er seine Meinung grundsätzlich änderte. Jetzt sagt er, dass der Dichter „sich aus dem Gebiet der wirklichen Welt zurückziehen" soll und dass er „auf die strengste Separation sein Bestreben richten" soll. Diese Forderung war nicht mehr in Einklang zu bringen mit der Form und dem Anspruch des bürgerlichen Trauerspiels. Dieses wollte ja die deutsche Wirklichkeit künstlerisch erfassen und auf das Publikum einwirken. Dadurch sollte die gesellschaftliche Wirklichkeit verändert werden.

In den Dramen *Die Räuber* und *Kabale und Liebe* hat er die miserable deutsche Wirklichkeit seiner Zeit auf die Bühne gebracht. Nach 1789 greift er in seinen Dramen weit in die Geschichte zurück:

Wallenstein	Deutschland	(17. Jhd.)
Maria Stuart	England	(16. Jhd.)
Die Jungfrau von Orleans	Frankreich	(15. Jhd.)
Wilhelm Tell	Schweiz	(14. Jhd.)

Zugleich wendet er sich von der Form des bürgerlichen Trauerspiels ab. Er greift auf Elemente der klassischen französischen Tragödie zurück, die einige Aufklärer und die Stürmer und Dränger so leidenschaftlich bekämpft hatten. Schiller wollte mit seiner reinen Kunstform einen Beitrag zur ästhetischen Erziehung leisten, da die Menschen nach seiner Überzeugung noch nicht reif seien für weitgehende demokratische Reformen. Dadurch sollten die geistigen Grundlagen für ein freies Staatsgebilde in der Zukunft geschaffen werden.

Schillers Weimarer Dramen über herausragende Persönlichkeiten der Geschichte sind keine historischen Dramen im strengen Sinn. Er entnahm die allgemeine Situation, die Zeit und die Hauptpersonen aus der Geschichte, um dann, wie er an Goethe schrieb, das Übrige poetisch frei zu erfinden.

So verfuhr er auch mit der Geschichte des französischen Bauernmädchens Johanna, das im 100jährigen Krieg gegen England die Truppen von Sieg zu Sieg geführt hatte, um dann den französischen Thronfolger zur Königskrönung zu führen.

Abweichend von dem überlieferten historischen Geschehen verliebt sich Schillers Johanna in einen englischen Feind und schont sein Leben. Dadurch verstößt sie gegen das von ihr vernommene göttliche Gebot: „Nicht Männerliebe darf dein Herz berühren / Mit sündgen Flammen eitler Erdenlust" (Verse 411-412).

Die Humanität siegt über die rigide göttliche Anweisung. Der religiöse Schwung, von dem sie vorher durchdrungen war, verlässt sie und sie gerät in die Hand des Feindes.

Im Gefängnis sammelt sie sich, sie lehnt die Hand des Engländers ab und es gelingt ihr, wiederum entgegen den überlieferten historischen Dokumenten, die Ketten zu zerreißen und ihrem König erneut Hilfe zu leisten. Jetzt fühlt sie sich aber nicht mehr nur als ein Werkzeug Gottes, sondern sie handelt aus eigener Kraft.

Die Franzosen gewinnen die Schlacht und Johanna stirbt den Märtyrertod. In ihrer letzten Vision öffnet sich der Himmel und die Himmelskönigin Maria streckt ihr lächelnd die Arme entgegen.

Die Uraufführung von 1801 war ein Riesenerfolg. Viele Zuschauer entnahmen dem Stück eine politische Botschaft über den gerechten oder gar den heiligen Krieg. („Was ist unschuldig, heilig, menschlich gut, / Wenn es der Kampf nicht ist ums Vaterland?") (Vers 1782-1783).

Noch deutlicher sind die impliziten Verweise auf Schillers Gegenwart in seinem *Wilhelm Tell* aus dem Jahr 1804, das den Freiheitskampf der Schweizer zum Gegenstand hat. Zitate aus diesem Stück wurden zu Sprichwörtern:

> **Die Axt im Haus erspart den Zimmermann.**
> **Früh übt sich, was ein Meister werden will.**

1291 schlossen die drei Kantone Uri, Schwyz und Unterwalden einen Bund gegen die Bedrohung durch die österreichischen Habsburger. Nachdem der deutsche König Albrecht I. aus dem Haus Habsburg, der die Freiheit der Schweizer Gebiete weiter einschränken wollte, ermordet worden war, kam es zu Aufständen, in deren Verlauf die Schweizer einige habsburgische Burgen eroberten und die Vögte vertrieben.

Die nichthabsburgischen deutschen Könige des späten Mittelalters unterstützten die Autonomie-Bewegung der Schweizer, da sie an einem Erstarken der Habsburger-Dynastie kein Interesse hatten.

Berichte über den Kampf der Schweizer verbanden sich in Literatur und Geschichtsschreibung schon früh mit einer aus Nordeuropa stammenden Wandersage über einen Vater, der gezwungen worden war, einen Apfel vom Kopf seines Kinds zu schießen. Dass der Schütze Wilhelm Tell eine historische Persönlichkeit war, wird heute kaum noch angenommen.

Diesen Stoff entnahm Schiller einer Schweizer Chronik. Sein Drama spielt im Mittelalter. Aber der Bezug auf die Zeit zu Beginn des 19. Jahrhunderts in der Schweiz und im Reich wurde deutlich empfunden. Die Form ist volkstümlich, das Volk selbst Handlungsträger. Das Drama ist ein klarer Beitrag zum Problem der Fremdherrschaft und des Nationalbewusstseins. Die Politik Napoleons und seine Eroberungen bedrohten die Souveränität der Schweiz und der Bestand des Reichs. Daher gewann die nationale Frage an Bedeutung.

Im *Tell* geht es nicht um den Gegensatz zwischen Volk und Adel, sondern um den Kampf fürs Vaterland und gegen den gemeinsamen Feind. Der Tyrannenmord wird von allen Gesellschaftsschichten befürwortet. Er ist eine Notwehr des um seine Rechte kämpfenden Volks.

Mit der starken Betonung der Figur des Wilhelm Tell legte Schiller einen

Schwerpunkt seines Dramas auf die moralische Verantwortung des Einzelnen vor den Herausforderungen der Geschichte.

6.3.3. Balladen und Gedankenlyrik

Nach Schiller gilt das hauptsächliche Interesse des Dichters den Ideen und nicht den Phänomenen. Daher schrieb Schiller in seiner Weimarer Zeit vor allem Gedankenlyrik. Schillers Freund, der Sprachwissenschaftler und spätere preußische Minister Willhelm von Humboldt, wies aber darauf hin, dass Schillers Gedichte nicht bloße Gedankengedichte sind, da sein Denken für ihn ein Erlebnis gewesen sei, und die Gedichte daher auch als Erlebnislyrik aufgefasst werden könnten.

Im Balladenjahr 1797 schrieb Schiller seine berühmten Balladen: *Der Taucher, Der Ring des Polycrates* und *Die Kraniche des Ibycus*.

Sie berichten von Menschen in extremen Konfliktsituationen, in denen sie sich bewähren oder aber an denen sie scheitern. Die Balladen verbinden Episches, Dramatisches und Lyrisches und scheinen daher geeignet, Schillers Projekt der ästhetischen Erziehung zu fördern.

In der Ballade *Die Bürgschaft* gelingt diese Erziehung sogar an einem Tyrannen, der von den Idealen der Freundschaft und der Treue, die in diesem Gedicht in dramatischer Zuspitzung entfaltet werden, so überwältigt ist, dass er einem Attentäter, der ihn noch wenige Tage vorher umbringen wollte, die Freundschaft anbietet.

1785 reiste Schiller auf Einladung von zwei Verehrern und zwei Verehrerinnen seiner Kunst nach Leipzig. Die neuen Freunde ermöglichten es ihm, dass er dem sozialen Elend, dem er in Mannheim ausgesetzt war, entkam und sich dank großzügiger Unterstützung ganz der Literatur und der Wissenschaft widmen konnte. In dieser Zeit schrieb er das emphatische, Freude und Freundschaft feiernde Gedicht *An die Freude*. Durch Beethovens Vertonung in der 9. Symphonie wurde dieses Lied weltberühmt.

Schiller hatte sich intensiv mit der Philosophie Immanuel Kants und mit der Welt der Antike auseinandergesetzt. Die daraus resultierenden Ideen finden ihren Niederschlag in zahlreichen Gedichten. Einige entwerfen schillernde Weltbilder: *Die Götter Griechenlands, Der Spaziergang* und *Die Künstler*.

Diese drei Gedichte sind drei große weltgeschichtliche Skizzen, das erste über den Verlauf der Religion von der heiteren Vielfalt der griechischen Götter bis hin zum unsichtbaren christlichen Gott, dessen Priester Angst, Missgunst und Sinnenfeindschaft fördern, das zweite über den Gang der Geschichte von einem harmonischen Naturzustand hin zu dem entfremdeten Leben in der hochkomplexen Vielfalt der modernen Städte, das dritte über die Entwicklung der Kunst von der aus der Natur tretenden „erste[n] Kunst" bis hin zu "[d]es jüngsten Menschenalters Dichterschwung". An die Künstler dieser jüngsten Zeit ergeht die Aufforderung: "Der Menschheit Würde ist in eure Hand gegeben. / Bewahret Sie!"

6.4. Zwischen Klassik und Romantik

6.4.1. *Friedrich Hölderlin*

Einige bedeutende Dichter, die in jener Zeit gelebt haben, zählt man weder zur Klassik noch zur Romantik: Friedrich Hölderlin, Heinrich von Kleist und Jean Paul.

Hölderlin sollte Pfarrer werden. Deshalb besuchte er eine Klosterschule und später das Tübinger Stift. Dies war die führende Schule in Württemberg. Die Ausbildung war sehr streng und die Religion stand im Mittelpunkt. Aber man schrieb das Jahr 1789. Zur Zeit der Französischen Revolution war Hölderlin 19 Jahre alt. Die Jugend war rebellisch. Man pflanzte einen Freiheitsbaum und sang Freiheitslieder. Hölderlin wollte kein Pfarrer mehr werden. Er interessierte sich immer mehr für die Literatur.

Mit Hegel und Schelling besuchte er die gleiche Schule. Ja, sie wohnten damals sogar im gleichen Zimmer. Auch später standen sie in intensivem Gedankenaustausch. Schelling wurde der große Philosoph der Romantik, Hegel der große Staatsphilosoph in Preußen.

Schelling und Hegel haben Hölderlin einige Anregungen zu verdanken. In ihrer Studienzeit hegten sie kühne Gedanken über die Abschaffung des Staates und über die Notwendigkeit einer neuen Mythologie. Diese sollte im Dienst der Ideen stehen; es sollte eine Mythologie der Vernunft sein.

Aber während Schelling und Hegel Karriere machten und ihre philosophischen Systeme entwickelten, verstummte Hölderlin am Anfang des neuen Jahrhunderts.

Nach dem Studium schlägt er sich als Hofmeister durch. Er geht nach Jena, das damals das intellektuelle Zentrum Deutschlands war. Er lernt die Frühromantiker kennen, trifft Schiller und hört Vorlesungen bei dem Philosophen Fichte. Schiller war zunächst Hölderlins großes Vorbild. Er löste sich aber von ihm und schrieb Elegien, Oden und Hymnen in strengen antiken Versmaßen. In den späten Hymnen verzichtet Hölderlin auf feste Metren.

Von 1796 bis 1798 arbeitet er wieder als Hofmeister bei dem reichen Bankier Gontard in Frankfurt und verliebt sich in dessen Frau. Sie erwidert seine Liebe, und dieser Liebe verdanken wir faszinierende Gedichte, so zum Beispiel *Abbitte*:

> **Heilig Wesen! gestört hab' ich die goldene**
> **Götterruhe dir oft, und der geheimeren,**
> **Tiefern Schmerzen des Lebens**
> **Hast du manches gelernt von mir.**
>
> **O vergiss es, vergieb! gleich dem Gewölke dort**
> **Vor dem friedlichen Mond, geh' ich dahin und du**
> **Ruhst und glänzest in deiner**
> **Schöne wieder, du süßes Licht!**

Aber: Der Bankier ist reich und mächtig; der Dichter und Hofmeister ist arm und machtlos. Wir sehen hier einen Konflikt, den es in dieser Zeit oft gab, den Konflikt zwischen geistloser bürgerlicher Macht und machtlosem bürgerlichen Geist.

Und wozu führt das? Hölderlin fühlt sich wie ein Dienstbote behandelt und verlässt umgehend das Haus. Seine Geliebte muss in diesem Haus, das für sie ein Gefängnis ist, zurückbleiben.

Hölderlin gelingt es nicht, sich als Schriftsteller durchzusetzen. Er muss weiter als Hofmeister (Schweiz, Bordeaux) und als Bibliothekar (Homburg) arbeiten. Nach der Auflösung des Kleinstaates Homburg durch Napoleon wird Hölderlin als geistesverwirrt eingestuft und verbringt die nächsten 36 Jahre (nach einem kurzen Aufenthalt in einer Klinik) in einer Turmwohnung in Tübingen.

In Hölderlins Werken ist oft von der Welt der Griechen die Rede. Die Zeit der alten Griechen wird als eine gute Zeit, als eine schöne Zeit geschildert. Die Gegenwart aber ist für Hölderlin eine schlechte Zeit. Er nennt sich einmal „Dichter in dürftiger Zeit".

Bevor er als Hauslehrer nach Bordeaux geht, klagt er: „Denn was hab ich lieberes auf der Welt [als das Vaterland]? Aber sie können mich nicht brauchen?"

Er hofft aber, dass die Zukunft besser werden wird. Diese Dreiteilung: Erinnerung an die schöne Vergangenheit - Leiden an der miserablen Gegenwart - Hoffen auf eine bessere Zukunft, diese Dreiteilung finden wir auch in seinen Elegien. Eine Elegie ist ein Gedicht, das oft in Distichen geschrieben ist. Der Inhalt ist meistens von Klage, Wehmut und Resignation bestimmt. Hölderlins Elegien sind der Höhepunkt der deutschen Elegiendichtung. Er empfindet die Gegenwart als eine finstere Zeit und erinnert an die faszinierende Zeit der Griechen. Dies spendet Trost. Man kann hoffen, dass eine ähnliche Zeit wiederkommt. Seine Elegien sind also nicht nur traurig.

Auch Hölderlins Roman spielt in Griechenland: *Hyperion oder der Eremit in Griechenland*. Der Roman, ein Briefroman, spielt im modernen Griechenland. Die Briefe sind an einen Deutschen (an den Leser) gerichtet. Die Abenteuer, von denen berichtet wird, sind schon vorbei. Hyperion lebt auf einer griechischen Insel, fängt Fische und lebt von den Früchten des Feldes und - er schreibt Briefe. Der Roman enthält eine politische Botschaft: Es muss grundsätzlich anders werden! Hyperion nimmt am Freiheitskampf der Griechen teil. Er meint, ein „gerechter Krieg macht jede Seele lebendig" und beklagt sich über die Stagnation der Geschichte („das kriechende Jahrhundert").

Als Hyperion am Freiheitskampf der Griechen teilnimmt, haben seine eigenen Leute „geplündert, gemordet". Voller Verzweiflung zieht er sich zurück. Er verzichtet darauf, die Welt zu verbessern, denn das hieße nur, zu herrschen mit den Herrschenden der Welt. Er zieht sich zurück und wird Erzieher seines Volkes, denn mit einer Räuberbande könne man keine neue Gesellschaft gründen. Radikale gesellschaftliche Veränderungen können sehr negative Folgen haben. Dies muss auch Hyperion erkennen: „Immerhin hat das den Staat zur Hölle gemacht, dass ihn der Mensch zu seinem Himmel machen wollte".

Vernichtend ist das Urteil des Griechen Hyperion über die Deutschen: „Barbaren von Alters her, durch Fleiß und Wissenschaft durch Religion barbarischer geworden, tiefunfähig jedes göttlichen Gefühls".

Der Roman endet mit den Worten: „Nächstens mehr", Dies ist ein offener Schluss. Das Leben, die Praxis geht weiter. Dichtung bereitet diese Praxis vor.

6.4.2. *Heinrich von Kleist*

Über Kleists Leben wissen wir nicht viel. Er war Offizier im preußischen Heer und studierte dann Philosophie. Von der Philosophie versprach er sich Antworten auf seine Fragen. Er studierte die Philosophie Kants und erkannte erschüttert, dass wir das Wesen der Welt gar nicht erkennen können. Kants ‚Ding an sich' können wir nicht erkennen. Kleist schreibt resigniert: „Der Gedanke, dass wir hienieden von der Wahrheit nichts wissen [...] hat mich in dem Heiligtum meiner Seele erschüttert." Er wendet sich Rousseau zu.

Kleist lebt sehr unstet. Zunächst geht er in die Weltstadt Paris, dann möchte er in der Einsamkeit der Schweizer Berge Bauer werden. Kurze Zeit bekommt er eine bescheidene Staatsstellung in Königsberg, In den Wirren der Napoleonischen Kriege wird er 1807 vor den Toren Berlins verhaftet und nach Frankreich überführt, ohne zu wissen warum. Auch in der mehrmonatigen Gefangenschaft schreibt er weiter. Seine Zeitgenossen akzeptierten seine Dramen nicht. Er gründet zwei kurzlebige Zeitschriften. Sie waren geprägt durch den Aufruf zur Erneuerung Deutschlands im Kampf gegen Napoleon. Aber auch seine Herausgebertätigkeiten und seine journalistischen Versuche scheitern. Misserfolg reiht sich an Misserfolg. Kleist meint, dass ihm „auf Erden nicht zu helfen war". Seine letzte Reise unternimmt er mit der todkranken Henriette Vogel. Er erschießt sie und sich selbst, erst 34 Jahre alt, am Wannsee in Berlin.

Seine Dramen (z.B. *Penthesilea, Der zerbrochene Krug* und *Prinz Friedrich von Homburg*) und seine Novellen (z.B. *Michael Kohlhaas, Die Verlobung in St. Domingo* und *Die Marquise von O...*) gehören zu den bedeutendsten Werken der deutschen Literatur. Die Klassiker strebten nach Harmonie und Ausgewogenheit. Kleist schildert eine andere Welt. Auch die Welt der Griechen ist hier keine Welt der Harmonie.

In dem Drama *Penthesilea* (1808) greifen die Amazonen unter der Führung ihrer Königin Penthesilea in den Kampf um Troja ein. Sie unterstützen keine der kämpfenden Seiten.

Sie möchten nur, entsprechend einem alten Brauch ihres Stammes, Männer gefangen nehmen, mit denen sie Nachkommen zeugen wollen. (Im Land der Amazonen wurden normalerweise nur Frauen geduldet.) Die Männer wurden nach einem kollektiven Liebesfest wieder freigegeben.

Das Gesetz der Amazonen verbietet, dass sich die Frauen einen bestimmten

Mann aussuchen. Dagegen verstößt Penthesilea, denn sie möchte den bekannten Helden Achilles für sich haben. Im Kampf wird sie von ihm besiegt. Sie liegt ihm ohnmächtig zu Füßen. Die Amazone Prothoe überredet Achilles, er solle Penthesilea glauben machen, nicht er, sondern sie habe den Kampf gewonnen.

Inmitten der drohenden Katastrophe kommt es zu einer Liebesidylle zwischen Achilles und der unwissenden Königin. Diese wird jäh abgebrochen, da die Amazonen ihre Königin befreien.

Achilles, der in Penthesilea verliebt ist, möchte noch einmal mit ihr kämpfen, und er möchte ihr freiwillig unterliegen. Penthesilea versteht diese Herausforderung falsch. Sie glaubt, Achilles habe nur sein Spiel mit ihr getrieben und möchte sie erneut demütigen. In rasender Hassliebe stürzt sie sich auf den Wehrlosen und zerfleischt ihn mit ihren eigenen Zähnen. Ihre maßlose Liebe verwandelte sich in maßlosen Hass.

Nachdem sie erfahren hatte, dass alles ein Irrtum war, bringt sie sich selbst um, um im Tod mit dem Geliebten vereint zu sein. Die tragische Zerrissenheit des Individuums und die grausamen Konsequenzen, die sich hieraus ergeben, werden vorgeführt.

Kleist nimmt ein Bild des Griechentums vorweg, das in Deutschland erst am Ende des 19. Jahrhunderts, insbesondere durch Friedrich Nietzsche, popularisiert wurde.

Der zerbrochene Krug (Uraufführung 1808) ist ein Lustspiel, in dem der Dorfrichter Adam über sein eigenes Vergehen zu Gericht sitzen muss. Er war es nämlich, der zu später Stunde die schöne Nachbarin Eve zu unsittlichem Tun verführen wollte und dabei den Krug zerbrochen hatte. Nun soll er, in Anwesenheit eines überraschend gekommenen Vorgesetzten, den Schuldigen finden. Wortspiele, Andeutungen und zweideutige Reden beleben das Stück.

Erst ganz zum Schluss klären sich die Zusammenhänge auf, da Eve aufgrund der Drohungen des Richters lange nicht gewagt hat, die ganze Wahrheit zu bekennen.

7. Die Romantik

Novalis

Brentano

Eichendorff

Chamisso

Die Romantik ist eine geistige, künstlerische und insbesondere literarische Bewegung in Europa zwischen 1790 und 1850. Die maßgeblichen romantischen Werke der Literatur in deutscher Sprache entstanden im letzten Jahrzehnt des 18. und in den ersten drei Jahrzehnten des 19. Jahrhunderts.

Die Romantik hat eine Vorliebe für das Gefühlvolle, Nächtliche, für das Wunderbare, Schaurige, Märchenhafte und Phantastische. Viele Werke zeigen die Schönheit der Natur und die Welt des Mittelalters.

Zentrum der Klassik war ein Ort, Weimar, daher spricht man ja auch von der ‚Weimarer Klassik'. Die Romantik hatte verschiedene Zentren. Sie kann in drei Phasen unterteilt werden:

Jenaer Romantik (Frühromantik): Novalis, A. W. Schlegel, F. Schlegel, Tieck

Heidelberger Romantik (Hochromantik): v. Arnim, Brentano, Eichendorff, Gebrüder Grimm

Berliner Romantik (Spätromantik): Chamisso, Hoffmann

Drei Begriffe sind für die Zeit der Romantik von großer Bedeutung:

1. Schauerromantik: Sie hat mit dem Schreck, dem Erschrecken zu tun. Oft wird hier eine mittelalterliche Welt mit schaurigen Elementen geschildert: Burgen, Ruinen, Gefängnisse, unerklärliche Verbrechen und Gespenster.

Die Helden sind oft unheimlich; sie sind zerrissen, ihr Bewusstsein ist gespalten. Sie sind abhängig von fremden Mächten, die sie nicht begreifen. Sigmund Freuds Psychoanalyse beschreibt viel später solche Abhängigkeiten. Stimmungen des Grauens, der Angst und der Melancholie befallen den Menschen, machen ihn willenlos und treiben ihn in den Wahnsinn oder gar in den Tod.

2. Progressive Universalpoesie: Friedrich Schlegel bezeichnete die romantische Poesie als ‚progressive Universalpoesie'. ‚Universal' bedeutet ‚umfassend', die verschiedensten Bereiche einschließend (universales Wissen, universales Genie). Schlegel wollte die getrennten Gattungen der Poesie vereinigen; er wollte die Literatur mit der Philosophie und mit der Rhetorik vereinigen. Die Literatur sollte lebendig und gesellig und sie sollte ein wichtiger Bestandteil des täglichen Lebens sein. Er wollte das tägliche Leben und die Gesellschaft poetisch machen.

‚Progressiv' bedeutet ‚fortschrittlich', ‚fortschreitend', ‚sich steigernd'. „Die romantische Dichtart ist noch im Werden", sagt Schlegel. Sie könne gar nicht vollendet werden, denn sie entwickle sich immer weiter fort. Es gebe auch keine Theorie, die sie restlos erfassen oder begreifen kann. Die Schöpferkraft des Dichters dulde keine strengen Gesetze über sich.

3. Romantische Ironie: Die Ironie der Rhetorik ist eine Schilderung, die das Gegenteil von dem zu verstehen gibt, was sie ausspricht. So wird zum Beispiel durch ein übertriebenes Lob ein unüberhörbarer Tadel formuliert. Die Romantiker benutzten oft diese Form der Ironie. Die romantische Ironie unterscheidet sich aber von der gewöhnlichen Ironie der Rhetorik. Sie verwirft nicht eines der Glieder, um das andere in den Rang eines Geltenden einzusetzen. Beide Glieder relativieren sich gegenseitig.

In einem romantischen Musikstück können sich zum Beispiel Text und Musik widersprechen, das heißt, die Musik drückt etwas ganz anderes aus als der Text. Dadurch entsteht eine faszinierende Unbestimmtheit.

In der Vertonung des Schlafliedes („Ruhe, Süßliebchen im Schatten / Der grünen dämmernden Nacht") aus der *Liebesgeschichte der schönen Magelone und des Grafen Peter* von Provence von Ludwig Tieck durch Johannes Brahms gibt es dazu eine schöne Stelle. Ein Schlaflied dient ja dazu, jemanden in den Schlaf zu wiegen. Aber Brahms Musik wird von Strophe zu Strophe unruhiger, leidenschaftlicher und aufgeregter.

Ein Blick in das Volksbuch von der schönen Magelone bringt Licht in diesen Gegensatz. Im Volksbuch wird das erwachende erotische Begehren des Grafen Peter offen ausgesprochen. Er öffnet die Kleidung von Magelone und „und ihr weißer Busen trat aus den verhüllenden Gewändern hervor". Er ist entzückt, weidet seine Augen und berauscht sich an dem Glanz der entblößten Geliebten. Was der Liedtext verschweigt, bringt die Musik zu Gehör.

7.1. Die Frühromantik

Neben Weimar war Jena ein geistiges Zentrum Deutschlands am Ende des 18. Jahrhunderts. Dort lebten Friedrich und August Wilhelm von Schlegel, Dorothea Veit (später Dorothea von Schlegel), Caroline von Schlegel und die Philosophen Fichte und Schelling. Friedrich von Hardenberg (Novalis) lebte im nahen Wießenfels und kam oft zu Besuch. Die Gruppe um die Brüder Schlegel stand in engem Kontakt zu Ludwig Tieck und zu dem Theologen und Philosophen Schleiermacher.

Mittelpunkt der Jenaer Bewegung ist die Zeitschrift *Athenäum*. In dieser

Zeitschrift veröffentlichten die Romantiker ihre Ideen und Gedanken. Insbesondere Novalis und die Gebrüder Schlegel veröffentlichten viele Fragmente. Das Fragment ist eine typische literarische Form der Zeit.

Die Frühromantiker waren nicht nur Schriftsteller, sondern auch hervorragende Theoretiker. Darin unterscheidet sich die deutsche Romantik von anderen Formen der Romantik in Europa. In anderen europäischen Nationen trat die Romantik vorwiegend in den literarischen Werken in Erscheinung. In Deutschland waren theoretische Reflexion und dichterisches Schaffen eng miteinander verbunden.

In theoretischer Hinsicht sind die Fragmente von F. Schlegel und Novalis, die Schriften zur Hermeneutik von Schleiermacher und Schellings vielseitige Philosophie von großer Bedeutung.

Die Jenaer entwarfen das Programm einer neuen, universalen Poesie. Sie verstanden darunter zunächst eine Weiterentwicklung der Weimarer Klassik. Die Romantiker waren zunächst begeisterte Anhänger von Goethe, gingen aber dann auf Distanz zu ihm.

Über Schillers traditionelle Wertvorstellungen machten sie sich lustig. Caroline von Schlegel berichtet, sie seien beim Lesen von Schillers Gedicht *Die Glocke* vor Lachen fast von den Stühlen gefallen. Die Idealisierung der damaligen bürgerlichen Wirklichkeit akzeptierten sie nicht.

Friedrich von Schlegel war einer der wichtigsten Vertreter der Frühromantik. Von ihm stammt der Begriff ‚Progressive Universalpoesie‘. Er versucht, Literatur und Philosophie miteinander zu verbinden. So fordert er: „Philosophie und Poesie sollen vereinigt sein.“

Schlegel schreibt viele Aphorismen und Essays. Er äußert sich zu den großen Fragen des ausgehenden 18. Jahrhunderts. Nach Schlegel ist die moderne Dichtung gekennzeichnet durch einen Mangel an Einheit und Kontinuität. Der moderne Dichter könne sich nicht mehr auf eine verbindliche Tradition beziehen. Der Künstler sei vereinzelt. Es gebe nicht mehr die natürliche Verbindung zwischen Publikum und Schriftsteller wie in der Antike. Er distanziert sich von der Literatur der Klassik: „Alle klassischen Dichtungen in ihrer strengen Reinheit sind jetzt lächerlich.“

Bekannt geworden ist Schlegels Roman *Lucinde* (1799). Dieser Roman verursachte einen literarischen Skandal. Schlegel bezeichnete in diesem Roman Lust, Sinnlichkeit und Erotik als die „heiligsten Wunder der Natur“. Damit waren die Sittenrichter in jener Zeit natürlich nicht einverstanden.

In dem Roman wird eine freie Liebesgemeinschaft als eine echte Ehe bezeichnet. Ein Paar lebt, auch ohne verheiratet zu sein, zusammen. Das widersprach den Vorschriften der Kirche, und so wurden ablehnende Artikel über dieses Buch veröffentlicht.

Schlegel hat mit diesem Roman versucht, seine modernen Auffassungen vom Wesen des Romans zu verwirklichen. Er versuchte in diesem Roman, Literatur und Philosophie zu vereinigen. So ist auch die Form sehr uneinheitlich: Erzählungen, Briefe, Überlegungen und verschiedene Sehweisen bilden zusammen ein Ganzes. Schlegels Roman ist ein Vorläufer der modernen Literatur.

Diese moderne Form des Romans bezeichnet man auch als offene Form, im Gegensatz zur geschlossenen. Bei der geschlossenen Form wird eine strenge Einheit angestrebt. Die einzelnen Elemente müssen sich dieser strengen Einheit unterordnen. Die offene Form lehnt einen strengen gesetzmäßigen Aufbau ab. Die offene Form wird in Epochen bevorzugt, die in Opposition zu klassischen Formen und normativen Poetiken stehen (Sturm und Drang, Romantik, Expressionismus).

Außer Friedrich Schlegel war Novalis ein Schriftsteller, der die Dichtung der Moderne mit vorbereitet hat.

Er ist schon mit 29 Jahren gestorben, daher ist sein schriftstellerisches Werk nicht sehr umfangreich. Daneben hinterließ er aber eine umfangreiche Sammlung von Aphorismen, Fragmenten und philosophischen Schriften, die zum Besten gehört, was in jener Zeit geschrieben wurde.

Novalis forderte, die Welt müsse romantisiert werden. Er sagt: „Indem ich dem Gemeinen einen hohen Sinn, dem Gewöhnlichen ein geheimnisvolles Ansehn, dem Bekannten die Würde des Unbekannten, dem Endlichen einen unendlichen Schein gebe so romantisiere ich es".

Bei Novalis ist der Dichter dem Denker in vielem überlegen. Es gibt vieles, was der Denker bzw. der Wissenschaftler mit seinen Zahlen und seinen Reflexionen nicht darstellen kann. Der „Dichter ist nur der höchste Grad des Denkers".

Die Kunst und insbesondere die Poesie ist nach Novalis in der Lage das Undarstellbare darzustellen, eine Aufgabe, die die Reflexion nicht leisten kann. Dies geschieht so, dass die Undarstellbarkeit als solche zum Ausdruck gebracht wird. Die unausdeutbare Sinnfülle des Kunstwerks kann zeigen, was sich nicht definitiv in Wissen auflösen lässt.

Das Poetische, so Novalis, hat einen höheren Wahrheitsanspruch als das Philosophische. So lautet eines seiner bekanntesten Fragmente: „Die Poesie ist das echt absolut Reelle. Dies ist der Kern meiner Philosophie. Je poetischer, je wahrer."

Ein beliebtes Thema der Romantik ist die Liebe: „[D]ie Kunst zu lieben ist immer romantisch gewesen."

Die strengen formalen Regeln der Klassik gelten für den Romantiker Novalis nicht mehr: „Wir sind aus der Zeit der allgemeingeltenden *Formen* heraus." Einig Gedanken weisen weit in die Zukunft So betont Novalis den Vorrang der Verworrenheit vor der Ordnung und bezeichnet die Poesie als „absichtliche Zufallsproduktion" und er macht sich Gedanken über das Poetische der Unordnung.

Am bekanntesten ist sein Roman *Heinrich von Ofterdingen* (1802). Novalis wollte Goethe übertreffen. Er wollte einen Künstlerroman schaffen, der besser sein sollte als Goethes großer Roman *Willhelm Meister*. Auch Novalis' Roman blieb, wie so vieles in der Zeit der Romantik, Fragment. Der Roman zeigt den Werdegang eines jungen Mannes. Er zeigt, wie dieser junge Mann, Heinrich von Ofterdingen, zum Künstler wird. Am Beginn erscheint Heinrich im Traum eine blaue Blume. In diesem Traum verwandelt sich die blaue Blume in ein Gebilde aus Blumenblättern, die aussehen wie ein Kragen. In der Mitte der Blumenblätter erscheint ein zartes Frauengesicht.

Mensch und Blume bilden eine Einheit. Die Einheit von Geist und Natur wird sichtbar. Diese blaue Blume ist ein Symbol für die Einheit von Mensch und Natur.

Der Roman spielt im Mittelalter. Das Mittelalter wird positiv dargestellt; es erscheint als ein Ideal. Nun wollte aber Novalis nicht zurück zum Mittelalter. Er hat das Bild des idealen Mittelalters benutzt, um - implizit - seine Gegenwart zu kritisieren. Deutschland war zerrissen und uneinig, der Nationalismus breitete sich aus, und die beginnende kapitalistische Wirtschaftsordnung zerstörte jahrhundertealte Formen des Zusammenlebens.

Der Roman ist ein Entwicklungsroman. Es wird gezeigt, wie sich die Persönlichkeit entwickelt. In zahlreichen Gesprächen, Erzählungen und Gedichten lernt Heinrich die Welt des Handels, die Zeit der Kreuzzüge, das Elend der Unterdrückten, aber auch die Geheimnisse des Bergbaus und der Geschichte kennen.

Schließlich kommt er nach Augsburg und trifft dort den Dichter Klingsohr und dessen Tochter Mathilde. Der Vater macht Heinrich mit den Geheimnissen der Poesie vertraut und die Tochter mit den Geheimnissen der Liebe.

Träumend wird ihm klar, dass das Mädchengesicht, das er am Anfang gesehen hatte, das Gesicht von Mathilde war. Damit endet der erste Teil. Vom zweiten Teil sind nur wenige Fragmente erhalten, so dass nicht klar ist, wie der Roman weitergehen sollte.

Ein beliebtes Motiv der Romantik ist die Nacht. In Novalis Gedichtzyklus *Hymnen an die Nacht* (1800) ist die Nacht das eigentliche Element des Menschen.

Die Nacht und auch der Tod sind hier nichts Schreckliches. Novalis schwebt ein mystischer Übergang zu einer höheren Existenz vor Augen. Dort findet die Vereinigung mit dem Göttlichen statt, und dort finden auch die durch den Tod Getrennten – Novalis' Braut starb noch vor der Hochzeit im Alter von 15 Jahren - wieder zusammen:

> Hinunter zu der süßen Braut,
> Zu Jesus, dem Geliebten –
> Getrost, die Abenddämmrung graut
> Den Liebenden, Betrübten.
> Ein Traum bricht unsre Banden los
> Und senkt uns in des Vaters Schoß.

Ludwig Tieck stand mit den Romantikern in Jena in enger Verbindung. Die Frühromantik war seine produktivste Zeit. Es entstanden unter anderem die ironischsatirischen Märchenspiele *Der gestiefelte Kater* (1797) und *Ritter Blaubart* (1797) sowie die Erzählungen *Der blonde Eckbert* (1797) und *Der Runenberg* (1804).

Alte Volksbücher und Märchen gestaltete Tieck entsprechend seinen ästhetischen Intentionen um. Nie waren seine Texte wirklich populär, aber der freie Umgang mit Syntax und Metrum und der atemraubende Wechsel der Stimmungen in seiner Lyrik einerseits und seine vielschichtigen Theaterstücke andererseits wurden zukunftsweisend für die Entwicklung der deutschen Literatur. Ein Kenner der Romantik meinte, man könne behaupten, dass Tieck der bedeutendste deutsche dramatische Autor sei, der je die Bühne nicht erreicht hat.

7.2. Die Hoch-Romantik

Heidelberg war kurze Zeit ein weiteres Zentrum der deutschen Romantik. Dort wirkten Achim von Arnim, Clemens Brentano, Joseph von Eichendorff und Johann Joseph von Görres. Die ersten beiden standen in engem Kontakt zu den Brüdern Jacob und Wilhelm Grimm.

Napoleon hatte die Vormacht in Europa errungen. Österreich und Preußen waren besiegt. Joseph von Eichendorff und Achim von Arnim beteiligten sich aktiv am Kampf gegen Napoleon.

Die Hochromantik interessierte sich sehr für die Dichtung des einfachen Volkes. Die Frühromantik war eine Bewegung der Gebildeten und der Philosophen. Sie wollten eine neue Mythologie schaffen, eine Mythologie der Vernunft, die für alle verbindlich sein sollte.

Jacob und Wilhelm Grimm entdeckten nun, dass auch in der Volksdichtung mythische Elemente enthalten sind, die dazu beitragen können, eine nationale Mythologie mit zu begründen. Die Begeisterung für die Volksdichtung verbindet sich mit der Vorstellung eines unermüdlich wirkenden Volksgeistes.

Die Heidelberger Romantiker waren konservativer, volkstümlicher und heimatverbundener als ihre Vorgänger.

Die leidenschaftliche Opposition gegen die Klassik fehlt bei ihnen. Im Mittelpunkt ihres Denken steht nicht Erneuerung und Universalität. Sie wenden sich der Vergangenheit zu.

Während Ludwig Tieck und August Wilhelm von Schlegel durch hervorragende Übersetzungen (Cervantes, Calderón, Dante, Petrarca, Shakespeare u.a.) und wissenschaftliche Arbeiten der europäischen Literatur seit dem Mittelalter im deutschen Sprachraum mehr Geltung verschafften, wandten sich v. Arnim, Brentano und die Brüder Grimm der alten deutschen Literatur zu. Es entstanden ausgezeichnete Editionen vormals nahezu unbekannter Werke.

Jacob Grimms *Deutsche Mythologie* (1835), *Deutsche Grammatik* (1819/1837) und *Geschichte der deutschen Sprache* und das von beiden angefangene Deutsche Wörterbuch, das erst 1961 vorläufig abgeschlossen wurde, gehören zu den Fundamenten der Germanistik. Die Brüder sind die bedeutendsten Wegbereiter dieser damals neuen akademischen Disziplin.

Volkslieder, Volksmärchen und Sagen wurden fleißig gesammelt (Brentano und v. Arnim: Des Knaben Wunderhorn; Gebrüder Grimm: *Kinder- und*

Hausmärchen, Deutsche Sagen).

Nach Luthers Bibelübersetzung wurden die Märchen der Gebrüder Grimm zum meistgedruckten Buch in deutscher Sprache. Es ist auch das am meisten übersetzte Buch deutscher Sprache. Millionen von Kindern in aller Welt sind mit den Märchenfiguren der Brüder Grimm (Rotkäppchen, Schneewittchen, Frau Holle, Hänsel und Gretel u.a.) aufgewachsen. Einige Märchenfiguren sind vielen Kindern vertrauter als die Minister ihrer jeweiligen Länder. Wilhelm Grimm, der von der zweiten Auflage an die Überarbeitung übernommen hatte, wurde durch diese Bearbeitung der Märchen zum Dichter. Damit die Märchen im Kreis der Familie problemlos vorgelesen oder erzählt werden konnten, wurde Erotisches zugedeckt und pädagogisch Erbauliches betont.

Das Phantastische ist ein Grundzug der Romantik. Es geschieht viel Phantastisches: Ein Mensch verkauft seinen Schatten, ein anderer tauscht sein Herz gegen einen Stein, ein hässlicher Frosch wird von einer Prinzessin an die Wand geschmissen und verwandelt sich in einen wunderschönen Prinzen.

Viele Märchen haben ein glückliches Ende. Man kann die Guten (Prinzessin, Fee, der gute König) und die Bösen (Räuber, Zauberer, Hexe) klar unterscheiden. Sprechende Tiere, Zwerge, Riesen und Verwandlungen von Menschen in Tiere und umgekehrt sind eine Selbstverständlichkeit.

Die Märchen wurden gerne erzählt. Man saß an langen Winterabenden zusammen und hörte den Märchenerzählern zu.

Des Knaben Wunderhorn ist eine Sammlung von alten deutschen Liedern. Viele Lieder daraus haben in Schul- und in Liederbüchern Eingang gefunden (z. B.: *Wenn ich ein Vöglein wär*).

Musik, Malerei und Literatur haben diese Lieder und Motive daraus aufgegriffen und neue Kunstwerke gestaltet.

Die Quellen für die Sammlung waren literarische Werke und Flugschriften der Vergangenheit und, in geringerem Ausmaß, die mündliche Überlieferung. Brentano und v. Arnim haben aber nicht nur gesammelt, sondern das vorgefundene Material nach eigenem Ermessen umgedichtet. Bei den Beiträgen aus der Schweiz wurde der Klang der dortigen Mundart weitgehend beibehalten (z. B. *Schweizerlied*).

Über die Volksliedersammlung von Brentano und v. Arnim schreibt der Vormärzdichter Heinrich Heine: „Dieses Buch kann ich nicht genug rühmen; es enthält die holdseligsten Blüten des deutschen Geistes, und wer das deutsche Volk von einer liebenswürdigen Seite kennen lernen will, der lese diese Volkslieder."

Schon Herder sagte, die Volkslieder seien die bedeutendsten Grundgesänge einer Nation. Die Volkslieder sind oft schon alt und wurden seit langer Zeit gesungen. Oft weiß man nicht, wer sie geschrieben hat. Im Laufe der Zeit verändern sich auch Text und Melodie.

Selbst die UNESCO machte sich Gedanken darüber, was Volkslieder eigentlich sind und stellte drei Kriterien auf:

1. Die Weitergabe von Sänger zu Sänger, von Generation zu Generation, von Landschaft zu Landschaft erfolgt meistens mündlich.

2. Texte und Melodien sind veränderlich. Sie werden neuen Situationen angepasst.

3. Die Volkslieder sind in die Gesellschaft integriert. Sie sind gebunden an Brauchtum und Kult.

Die Romantiker sammelten aber nicht nur, sondern schrieben auch selbst Märchen und Lieder. Man nennt sie Kunstmärchen und Kunstlieder. Bekannte Komponisten (Schubert, Brahms) schufen Melodien zu den Texten der Romantiker.

Einige Lieder sind bekannte und noch heute oft gesungene Volkslieder (Wilhelm Müller: *Das Wandern ist des Müllers Lust,* Joseph von Eichendorff: *In einem kühlen Grunde, Abschied*).

Eichendorff ist nach Goethe der am meisten vertonte deutsche Dichter. Er ist in einem Schloss in Schlesien aufgewachsen. Die Familie hatte aber Schulden und musste das Schloss verlassen.

Unverlierbar bleibt ihm die Landschaft seiner Jugend, die er in seinen Gedichten zu einer romantischen Ideallandschaft stilisiert. Oft denkt er traurig an das verlorene Schloss zurück. Die Heimatverbundenheit ist ein Schlüssel zu seinem Werk.

Bestimmte Bilder und Situationen, die man späterhin als typisch romantisch ansehen wird, kehren immer wieder: rauschende Wälder, wogende Felder, glänzende Mondnacht, ein Waldhorn in der Ferne, wandernde Gesellen, ein kühler Grund, singende Nachtigallen und jubilierende Lerchen).

1816 beginnt seine glücklose Beamtenlaufbahn in Breslau. Später kommt er nach Berlin. Die Perspektivlosigkeit seines Berufes steigern die poetische Verklärung seiner Jugend.

Bei keinen deutschen Dichter sind einschränkende Wendungen wie ‚als ob' oder ‚als wär' so verbreitet. Die gute, alte Zeit aber ist für immer verloren. Trost und Zuversicht findet Eichendorff im katholischen Glauben. Auch der vagabundierende Clemens Brentano und der einst so avantgardistische Friedrich Schlegel flüchten sich in die Arme der katholischen Kirche. Dafür bekommt Schlegel vom Papst den Christusorden und der österreichische Kanzler Metternich ernennt ihn zum kaiserlichköniglichen Legationsrat.

Brentano schreibt populäre religiöse Schriften, so zum Beispiel das *Leben der heiligen Jungfrau Maria* (1852), ein Buch über die Visonen einer katholischen Nonne, das bald in viele europäische Sprachen übersetzt wurde.

Viel bewundert wird Eichendorffs Gedicht Mondnacht:

Mondnacht

Es war als hätt' der Himmel
Die Erde still geküsst,
Dass sie im Blütenschimmer
Von ihm nur träumen müsst'.

Die Luft ging durch die Felder,
Die Ähren wogten sacht,
Es rauschten leis die Wälder,
So sternklar war die Nacht.

Und meine Seele spannte
Weit ihre Flügel aus,
Flog durch die stillen Lande,
Als flöge sie nach Haus.

In seiner Dichtung flieht Eichendorff vor dem tristen Beamtendasein. Die Erzählung *Das Marmorbild* (1818) nennt er „einen Spaziergang ins Freie hinaus". Sein Held in der Novelle *Aus dem Leben eines Taugenichts* (1826) ist ein erklärter Anti-Philister. Den Vaganten, Spielleuten und Taugenichtsen, deren Ungebundenheit Eichendorff bewundert, gehört die Sympathie seiner literarischen Werke. Die Novelle verherrlicht die Wanderschaft als romantische Lebensform und den Einklang des Menschen mit sich selbst und mit der Natur. Mit einem lustigen Lied auf den Lippen zieht der Taugenichts in die Welt, um sein Glück zu suchen. Zwei vornehme junge Damen nehmen ihn nach Wien mit und verschaffen ihm eine Arbeitsstelle. Seine Neigung zu der jüngeren der Damen scheint aussichtslos, und so treibt ihn der Liebesschmerz und die Unzufriedenheit mit der Sesshaftigkeit wieder hinaus. Er zieht nach Italien und wird in seltsame Abenteuer verwickelt, die mit den Damen in Wien zusammenzuhängen scheinen. Er hofft, die von ihm verehrte Frau in Rom zu finden, aber dies gelingt ihm nicht, und er verlässt enttäuscht das „falsche Italien".

Er kehrt nach Wien zurück, wo sich alles aufklärt. Unwissend war er in ein Entführungsabenteuer verwickelt gewesen. Seine verehrte Dame ist keine unerreichbare Gräfin, wie er glaubte, sondern ein angenommenes Waisenkind. Sie erwidert seine Liebe, und der Hochzeit steht nichts mehr im Wege.

7.3. Die Spätromantik

Die im Vergleich zu anderen Metropolen Europas relativ junge Stadt Berlin gewann im 19. Jahrhundert zusehends an Bedeutung. Wiederholt bildeten sich dort nach 1800 romantische Guppierungen. Die Brüder Schlegel, Ludwig Tieck, Bettina und Achim von Arnim, Brentano, Chamisso, Eichendorff, E. T. A. Hoffmann und die Brüder Grimm lebten zeitweise in Berlin.

E. T. A. Hoffmann war der vielseitigste Künstler der Spätromantik. Er war Jurist, Musiker, Komponist, Operndirektor, Dichter, Maler und Karikaturist.

Über sein Leben schreibt er folgendes: „Die Wochentage bin ich Jurist und höchstens etwas Musiker. Sonntags am Tage wird gezeichnet und abends bin ich ein sehr witziger Autor bis in die tiefe Nacht."

Er war zunächst im Staatsdienst, wurde dann aber strafversetzt und schließlich, nach dem Einmarsch der Franzosen, entlassen. Bis er wieder eingestellt wurde, musste er sich als Dichter und Musiker durchschlagen.

Seine letzten Jahre waren überschattet durch seinen Widerstand gegen die reaktionäre Politik Preußens. In der Erzählung *Meister Floh* macht sich Hoffmann über die preußische Justiz, der er heillose Willkür und Nichtachtung der Gesetze unterstellt, lustig. Die Erzählung konnte nur zensiert erscheinen. Gegen den Autor wurde ein Verfahren eingeleitet.

Hoffmanns Märchennovellen gelten als Meisterwerke der phantastischen Literatur Er ist der Dichter des Unheimlichen. Man nannte ihn deshalb auch ‚Gespenster-Hoffmann'. Seine phantastischen Werke haben der Musik und der Literatur, insbesondere in Frankreich, nachhaltige Anregungen gegeben (z.B. die phantastische Oper von Jacques Offenbach *Hoffmanns Erzählungen*).

Einer seiner bekanntesten Märchennovellen ist *Der goldene Topf* (1814). In diesem Märchen wird der bürgerliche Alltag vermischt mit einer Phantasiewelt. Ganz realistisch werden Personen, Ort und Zeit geschildert. Aber zu den nüchternen Schilderungen des Alltags gesellen sich bald Andeutungen auf Seltsames und auf Phantastisches. Einerseits wird die phantasielose Welt des Konrektors Paulmann und seiner poesiefeindlichen und karrieresüchtigen Tochter Veronika geschildert und andererseits die Welt des Archivarius Lindhorst und seiner verzauberten Tochter Serpentina.

Zwischen diesen Welten steht der Student Anselmus. Bei der ersten Begegnung mit der verzauberten Serpetina verspürt er ein glühendes Verlangen nach ihr. Serpentina erscheint als kleine grüne Schlange mit menschlicher Stimme und wunderschönen Augen. Anselmus ist verwirrt und er weiß nicht, ob er betrunken oder gar wahnsinnig ist. Im Haus des Archivars begegnet er der geliebten Serpentina wieder. Von ihr erfährt er, dass ihr Vater eigentlich ein Elementargeist ist, der wegen eines lang zurückliegenden Fehlers in der Gestalt eines Archivarius leben muss. Er kann erst erlöst werden, wenn seine drei Töchter mit drei jungen Männern verheiratet sind, die ein poetisches Gemüt haben.

Anselmus schwört Serpentina ewige Liebe und möchte sie erlösen. Aber eine feindliche Macht, das Apfelweib, versucht das zu verhindern. Es kommt zu einem Kampf der Geister. In diesem Kampf überwindet der gute Elementargeist, der Archivarius Lindhorst, das böse Apfelweib. Anselmus und Serpentina finden zueinander und leben glücklich auf einem Rittergut.

Hoffmann verbindet die Schilderung der wirklichen Welt eng mit Schilderungen einer phantastischen Welt. Das phantastische Zauberreich und mit ihm die Poesie soll als der schönere Teil des Lebens erscheinen.

Adelbert von Chamisso (Louis Charles Adelaide de Chamisso) war Franzose, nannte sich später aber stolz einen „Dichter Deutschlands". Seine Familie kommt während der Französischen Revolution nach Deutschland, und erst mit fünfzehn erlernt der Junge die deutsche Sprache. Als seiner Familie unter Napoleon die Rückkehr erlaubt wird, bleibt er in Berlin. In den Wirren der Befreiungskriege von 1813 schreibt er *Peter Schlemih's wundersame Geschichte* (1814), eine der meistgelesensten Novellen der deutschen Literatur. Finanzieller Vorteile wegen verkauft Peter Schlemihl seinen Schatten an einen Mann, der über geheimnisvolle Zauberkräfte verfügt. Schlemihl ist nun unermesslich reich, doch er kann sich nicht an seinem Reichtum erfreuen, da er aufgrund seiner Schattenlosigkeit aus der menschlichen Gemeinschaft ausgeschlossen wird. Niemand möchte mit einem Schattenlosen zusammen sein.

Er könnte seinen Schatten zurückbekommen, wenn er dem seltsamen Mann im grauen Frack seine Seele verkaufen würde. Dann wäre er aber endgültig und für immer in der Hand des Teufels. Dieses Angebot lehnt Schlemihl ab.

Auf dem Höhepunkt der Erzählung verliert er wegen seiner Schattenlosigkeit auch das Mädchen, das er liebt. Sie wendet sich, obwohl sie Peter Schlemihl sehr liebt, verzweifelt von ihm ab, nachdem ihr seine Schattenlosigkeit bekannt geworden ist. Lange Zeit hatte sich der unglückliche Held immer nur in Häusern und im Schatten aufgehalten, so dass man gar nicht feststellen konnte, ob er selbst einen Schatten hat oder nicht. Durch Verrat erfuhr aber seine Umwelt von seinem Schicksal.

Einsam und zurückgezogen widmet er sich nun der Erforschung der Natur. Zum Nutzen der Menschheit schreibt er seine einzigartigen Beobachtungen und Ergebnisse auf.

In dieser Erzählung werden alte Sagen- und Märchenmotive (Siebenmeilenstiefel, Teufelsbund) geschickt verbunden mit relativ neuen Motiven, dem Reisen als Mittel globaler Welterfahrung und dem Geld als universalem Zahlungsmittel.

In dieser Novelle wird das Phantastische dargestellt, als ob es das Natürlichste auf der Welt sei. Vielleicht ist dies einer der Gründe für ihren großen Erfolg.

7.4. Die schwäbische oder süddeutsche Romantik

Zur süddeutschen oder schwäbischen Romantik gehören Ludwig Uhland, Justinus Kerner, Gustav Schwab und Wilhelm Hauff.

Diese Strömung der Romantik hatte eine Vorliebe für volkstümliche Lieder, Balladen und Sagen und schenkte den Themen ihrer lokalen Umgebung große Beachtung.

Gustav Schwabs Editionen der deutschen Volksbücher und der Sagen des klassischen Altertums haben bis in die Gegenwart zahlreiche Neuauflagen erlebt.

Obwohl Hauff schon mit 25 Jahren gestorben ist, gehört er mit seinen Märchen (z.B.: *Die Geschichte von Kalif Storch, Die Geschichte von dem kleinen Muck,* und *Das kalte Herz*) zu den wenigen wirklich populären großen Schriftstellern der deutschen Literatur.

Eine seiner bekanntesten Erzählungen ist *Das kalte Herz*, ein Märchen aus dem Schwarzwald. Der arme Peter Munk sehnt sich nach Ansehen und Reichtum. Er bittet den Holländer Michel, eine Gestalt, die übermenschliche Kräfte besitzt und über einen sagenhaften Reichtum verfügt, um Hilfe. Dieser verspricht ihm großen Reichtum, wenn er bereit ist, sein Herz gegen ein Herz aus Stein auszutauschen.

Angesichts der klingenden Taler ist der arme Peter Munk bald einverstanden. Er bekommt ein Herz aus Stein und sehr viel Geld. Mit dem neuen Herzen ist er gefühllos; er kennt kein Mitleid. Er möchte nur sein Geld vermehren und beutet die Leute rücksichtslos aus. Wenn die Bauern ihre Schulden nicht bezahlen können, müssen sie Haus und Hof verlassen und im Elend leben.

Hier spiegeln sich die negativen Begleiterscheinungen wider, welche die Verbreitung der kapitalistischen Produktionsweise mit sich brachte. So spricht auch der Sozialist Wilhelm Weitling 1838 vom „steinernen Herzen" der Kreditgeber, Wucherer, Händler und Kapitalisten. Die dichterische Phantasie Wilhelm Hauffs hat auf diese negativen Züge der historischen Entwicklung reagiert.

Der hartherzige Peter Munk ist wirtschaftlich sehr erfolgreich. Er wird steinreich, aber sein steinernes Herz empfindet nichts. Es kennt keine Freude, kein schönes Gefühl. Deshalb ist Peter Munk unzufrieden, und er möchte wieder sein altes Herz haben. Mit Hilfe eines gutmütigen Geistes, des Glasmännleins, gelingt es ihm, sein altes Herz durch eine List wiederzubekommen. Nun ist er erst zufrieden und lebt glücklich von dem Ertrag ehrlicher Arbeit.

7.5. Frauen der Romantik

In der Romantik war der unmittelbare Dialog im Freundeskreis sehr wichtig. Diese Dialoge wurden oft in von Frauen geführten Salons geführt. Menschen unterschiedlichster Herkunft (Hochadel, Bürger, Diplomaten, Schauspieler ...) trafen dort zusammen. Gefragt war Geist, Witz und Ideenreichtum.

Bedeutend waren die Salons von Rahel Varnhagen von Ense (geb. Levin) Dorothea v. Schlegel (geb. Veit) und Caroline von Schlegel (geb. Michaelis). Caroline war zunächst mit A. W. v. Schlegel und dann mit Schelling verheiratet. Einige Frauen der Romantik sprachen sich für das Recht der Frauen auf Selbstbestimmung aus und wehrten sich gegen die frauenfeindlichen Konventionen ihrer Zeit. Studium und anspruchsvolle Berufsarbeit waren den Frauen weitgehend verwehrt. Die Möglichkeiten der weiblichen Lebenserfahrung waren sehr eingeschränkt. Nicht selten haben die Frauen männliche Pseudonyme benutzt oder ihre Werke unter dem Namen ihres Ehemanns publiziert.

Verwundert über die schreibenden Frauen reagierte der Klassiker Schiller. Am 30. Juni 1797 schreibt er an Goethe: „Ich muss mich doch wirklich drüber wundern, wie unsere Weiber jetzt, auf bloß dilettantischem Wege, eine gewisse Schreibgeschicklichkeit sich zu verschaffen wissen, die der Kunst nahe kommt."

Der Brief war eine, besonders bei den Frauen, bevorzugte Gattung der Romantik. Rahel Varnhagen von Ense und Caroline von Schlegel beschränkten ihre schriftstellerische Tätigkeit weitgehend auf das Verfassen von Briefen.

Bettina von Arnim (geb. Brentano) überarbeitete ihren Briefwechsel mit Karoline von Günderrode, Clemens Brentano und Goethe und schuf daraus drei Briefbücher, in denen auch nicht wenige frei erfundene Briefe und Briefausschnitte Platz fanden.

Eine der stärksten schriftstellerischen Begabungen unter den schreibenden Frauen der Romantik war Karoline von Günderrode. Ihre unglücklich verlaufende Beziehung zu einem verheirateten Philologen aus Heidelberg war mit Ursache ihres dramatischen Selbstmordes. Sie erdolchte sich, erst 26 Jahre alt, an den Ufern des Rheins.

Die Mythen der Germanen und die Welt des Orients (Ägypten, Arabien, Persien, Indien) prägen viele ihrer Werke. Sie wagte sich auch auf das stark von Männern dominierte Gebiet der Dramatik. In dem Drama *Mahomed, der Prophet von Mekka* gestaltet sie die Flucht und die siegreiche Rückkehr des berühmten Propheten. Chöre kommentieren das Geschehen.

In dem Dramenfragment *Hildegund* möchte die Tochter eines germanischen Fürsten sich zum Schein mit dem Hunnenkönig Attila vermählen, um ihn dann ermorden zu können:

Schon zuckt mein Dolch, bald wird das große Opfer bluten,
Das, der Herrscher der Welt, ein schwaches Weib besiegt.

Bettina von Arnim, die Schwester von Clemens Brentano und Gattin von Achim von Arnim, faszinierte ihre Zeitgenossen. Sie führte schon als

Jugendliche ein unkonventionelles Leben und setzte ihre Umwelt immer wieder mit ihrem Temperament in Erstaunen. In Frankfurt am Main war Bettina oft im Haus von Goethes Mutter zu Gast und lauschte den Erzählungen der lebenslustigen Frau.

Als Schriftstellerin wurde sie mit dem Werk *Goethes Briefwechsel mit einem Kinde* (1835) bekannt. In diesem Buch bearbeitet sie sehr freizügig ihre Korrespondenz und ergänzt sie mit eigenen Erfindungen. Goethe und Bettina schrieben sich viele Briefe. Goethe arbeitete an seiner Autobiografie *Dichtung und Wahrheit* und bat Bettina um Material. Der Briefwechsel dauerte von 1807 bis 1811. Bettinas Mutter war mit Goethe befreundet, und sie hatte ihrer Tochter viel über diese Zeit erzählt.

Nachdem Bettina von Arnim 1811 einen heftigen Streit mit Goethes Frau hatte - sie soll seine Frau als „dicke Blutwurst" bezeichnet haben - wies sie Goethe aus dem Haus und mied fernerhin ihren Umgang. In einem späteren Brief charakterisiert sie sich selbst: „Ich fühl es jetzt wohl, dass es nicht leicht war, mich in meiner Leidenschaftlichkeit zu ertragen, ja ich ertrage mich selbst nicht". Ihre Verehrung für Goethe hielt ungebrochen an, und das Buch ist ein Zeugnis davon.

1843 veröffentlichte sie ein dem König von Preußen gewidmetes Buch: *Dies Buch gehört dem König*. In ihrer metaphernreichen und assoziierenden Sprache schreibt sie über die Missstände in Preußen. Sie glaubte, der König könne sich an die Spitze einer Reformbewegung stellen und die bedrückenden Zustände verändern.

Als 1844 der Weberaufstand ausbrach, wird sie vom preußischen Innenminister direkt kritisiert; er wirft ihr vor, „die Leute gehetzt, ihnen Hoffnung geweckt" zu haben. Sie kannte das Elend in Preußen, schon 1831 hatte sie Cholerakranke in den Berliner Elendsvierteln gepflegt.

Ihr Buch wurde von den Schriftstellern des Vormärz bewundert. Sie lässt sich nicht einschüchtern, hilft weiterhin Leuten, die in Not geraten sind, und unterstützt politisch Verfolgte. In ihrem Haus trafen sich demokratische Oppositionelle.

8. Biedermeier und Vormärz

1848: Sieg der Reaktion in Europa

Heinrich Heine

Käthe Kollwitz: Ein Weberaufstand [1844]. Blatt 4: Weberzug (1893–97)

In der Zeit zwischen 1814 und 1850 gab es unterschiedliche, sich zum Teil widersprechende literarische Strömungen (Spätromantik, Biedermeier, Vormärz).

Der Name ‚Biedermeier' stammt aus einer in München herausgegebenen humoristischen Zeitschrift. Mit der Gestalt des Gottlieb Biedermeier wurde die unpolitische Haltung der Kleinbürger und damit auch die Schwächen der Zeit parodiert. Der Name bürgerte sich ein für den Lebensstil, die Wohnkultur, die Mode und für einen Teil der Literatur vom Ende der Napoleonischen Kriege bis zur Märzrevolution von 1848. Grundzüge der Lebenshaltung sind unpolitische Resignation und Anpassung ans Gegebene.

Mit ‚Vormärz' bezeichnet man die zur Revolution von 1848 hinführende Epoche und ihre auf Überwindung des Alten drängende Literatur.

Im März 1848 fanden in einigen Ländern und Städten in Europa, so auch in Berlin, Revolutionen statt. Die literarische Bewegung, die vor dem März 1848 in Deutschland für die demokratischen Ziele dieser Revolution gekämpft hatte, nennt man Vormärz. Mit dem Scheitern dieser Revolution fand diese Bewegung ihr Ende.

Einige Schriftsteller des Vormärz gehörten zum sogenannten Jungen Deutschland. Der Begriff stammt von dem Schriftsteller Ludolf Wienbarg. Er schrieb in seinem Buch *Ästhetische Feldzüge* (1834): „Dem jungen Deutschland, nicht dem alten widme ich diese Reden." 1835 wurden die Schriften des Jungen Deutschlands verboten. Ihnen wurde vorgeworfen, sie seien staatsgefährdend. Seit diesem Verbot heißt die literarische Bewegung von Heinrich Heine, Karl Gutzkow, Ludolf Wienbarg und anderen das Junge Deutschland. Der Bundestag warf den Schriftstellern vor, sie seien gegen die christliche Religion und gegen die bestehende soziale Ordnung. Sie würden die gesetzliche Ordnung untergraben und Zucht und Sittlichkeit zerstören.

Die genannten Schriftsteller bildeten keine Schule. Sie lehnten jeden Dogmatismus ab, insbesondere die gesellschaftliche Ordnung der Restaurationszeit. Sie sind gegen die Vorrechte des Adels und gegen die enge Verbindung von Kirche und Staat. Viele sind für die republikanische Staatsform und für demokratische Verhältnisse (Pressefreiheit, Meinungsfreiheit, Emanzipation der Frau).

Nach dem Verbot verstummten einige Schriftsteller, andere hielten sich zurück. Neue Autoren wie Georg Herwegh, Ferdinand Freiligrath, Georg Ludwig Weerth und August Heinrich Hoffmann von Fallersleben publizierten explizit politische Gedichte, die zum Teil hohe Popularität erreichten.

8.1. Der historische Hintergrund

1807 hat Frankreich Preußen besetzt. Die süddeutschen Staaten waren von Napoleon abhängig. Die Gebiete westlich des Rheins waren französisch. 1812 wollte Napoleon Russland erobern und scheiterte. Dies führte dazu, dass nun auch die Deutschen gegen Napoleon kämpften. Napoleon verlor die Völkerschlacht bei Leipzig und seine Herrschaft brach zusammen. Endgültig wurde Napoleon bei Waterloo besiegt.

Auf dem Wiener Kongress wurde Europa neu geordnet. Die Wünsche vieler Deutscher, die in den Befreiungskriegen gekämpft hatten, gingen nicht in Erfüllung. Die deutsche Einheit und verfassungsmäßig garantierte demokratische Rechte blieben weiterhin ein Wunsch. Es folgte ein Zeitalter der Restauration.

Der neu geschaffen Deutsche Bund war ein lockerer Staatenbund von weitgehend selbständigen Staaten. Auch England, Dänemark und die Niederlande gehörten dazu, weil Teile Deutschlands unter ihrer Herrschaft standen.

Die Monarchen von Russland, Österreich und Preußen schlossen ein Bündnis, die Heilige Allianz, das den auf dem Wiener Kongress erreichten Zustand absichern sollte. Dieses christlich-konservative Bündnis hat das Zeitalter der Restauration geprägt und demokratische Reformen und Bewegungen unterdrückt. Gegner der Heiligen Allianz wurden als Demagogen bezeichnet und verfolgt.

Die Organisationen der Studenten (Burschenschaften) wurden verboten. Für gedruckte Schriften gab es eine strenge Zensur. In zwei denkwürdigen Veranstaltungen, auf der Wartburg (1817) und auf dem Hambacher Schloss (1832), protestierten Tausende von demokratisch gesinnten Bürgern gegen die Missstände im Deutschen Bund. Unruhen führten dazu, dass 1830/31 in einigen deutschen Staaten Verfassungen eingeführt wurden. In der Schweiz wurden in 12 Kantonen die Verfassungen nach demokratischen Gesichtspunkten ausgebaut. In den Kantonen Uri, Unterwalden und Wallis blieben die alten Verhältnisse bestehen. Die Gegensätze zwischen der liberalen und der konservativ-katholischen Partei führten 1847 zu einer militärischen Konfrontation, in der sich die überlegene liberale Partei rasch durchsetzen konnte. 1848 wurde eine liberale bundesstaatliche Verfassung angenommen.

In der ersten Hälfte des 19. Jahrhunderts setzte in Deutschland die Industrialisierung ein. Die unteren Schichten waren für Jahrzehnte abhängig von Kapitalisten und Grundherren. Sie hatten fast keine Rechte. Es gab keine Gewerkschaften und keine soziale Absicherung. Besonders schlecht ging es den Webern. Sie waren oft Heimarbeiter. Die Weber bekamen von einem Fabrikanten die Rohstoffe und lieferten die fertige Ware ab. Die überlegene englische Konkurrenz führte dazu, dass die Arbeitsbedingungen in Deutschland immer schlechter wurden: Lohnverfall, Arbeitszeitverlängerung und Kinderarbeit prägten das Leben der Weberfamilien. Dies führte zum Weberaufstand von 1844, der vom Militär niedergeschlagen wurde. Gerhart Hauptmann schrieb später über diese Ereignisse sein bekanntes Drama Die Weber.

Die Verelendung der Unterschicht führte zu Massenauswanderungen. Zwischen 1846 und 1855 sind 1,1 Millionen Deutsche ausgewandert. 1848 brach in Paris eine Revolution aus. Der König muss abdanken. Auch in Deutschland kam es zu Demonstrationen, Versammlungen und Straßenkämpfen.

Die Donau-Monarchie Österreich-Ungarn wurde 1848 von mehreren Aufständen erschüttert. Der bis dahin so mächtige Staatskanzler Fürst Metternich floh nach England. Der Hof versprach eine Verfassung, die aber allgemein abgelehnt wurde.

Der kranke und wenig begabte Kaiser Ferdinand I. wurde abgelöst durch seinen Neffen Franz Joseph I., der bis 1916 regieren sollte. Das Militär und russische Hilfe retteten die angeschlagene Monarchie. Im März 1849 wurde eine zentralistische Verfassung aufoktroyiert (aufoktroyieren = aufzwingen).

In Berlin fand am 18. März eine Großversammlung vor dem Berliner Schloss statt. Plötzlich fielen Schüsse. Es entstand eine Panik. Barrikaden wurden gebildet, und die Bewohner Berlins kämpften gegen das Militär. Die Kämpfe forderten 254 Opfer. Am 19. März ordnete der König den Abzug der Truppen an und wandte sich in einem Aufruf an das Volk. Er grüßte die Toten und bewilligte eine verfassungsgebende Nationalversammlung. Er sagte: „Preußen geht fortan in Deutschland auf."

In Frankfurt in der Paulskirche trat das erste gesamtdeutsche Parlament zusammen. Auch die Schriftsteller Ernst Moritz Arndt, Jacob Grimm, Anastasius Grün und Ludwig Uhland gehörten zu den Abgeordneten. Es waren vor allem die Bürger vertreten. Die Abgeordneten (Demokraten,

Liberale und Konservative) waren zerstritten. Sie diskutierten lange, ob die kleindeutsche (ohne Österreich) oder die großdeutsche (mit Österreich) Lösung verwirklicht werden sollte.

Schließlich bot man dem König von Preußen die Kaiserkrone an. Dieser lehnte es ab, die Krone aus der Hand von Revolutionären entgegenzunehmen. Die Ablehnung der Kaiserkrone durch den preußischen König ließ das ganze Verfassungswerk scheitern.

Es folgte wieder eine Zeit der Reaktion. Bismarck festigte die Vorherrschaft Preußens in Deutschland, und er verwirklichte nach drei Kriegen die Einigung Deutschlands. Diesmal bekam der König von Preußen seine Kaiserkrone von den Fürsten, und er war damit einverstanden.

8.2. Der geistesgeschichtliche Hintergrund

Heinrich Heine schrieb ein Buch über die Geschichte der Religion und der Philosophie in Deutschland. Darin schreibt er: „Unsere philosophische Revolution ist beendet. Hegel hat ihren großen Kreis geschlossen." Und weiter: „Die deutsche Philosophie ist eine wichtige das ganze Menschengeschlecht betreffende Angelegenheit [...]. Mich dünkt, ein methodisches Volk wie wir, musste mit der Reformation beginnen, konnte erst hierauf sich mit der Philosophie beschäftigen und durfte nur nach deren Vollendung zur politischen Revolution übergehen. [...] Der Gedanke geht der Tat voraus wie der Blitz dem Donner."

Hegel hatte ein umfassendes philosophisches System geschaffen (Logik, Recht, Ästhetik, Philosophie der Geschichte, Geschichte der Philosophie u.a.). Er versöhnte (scheinbar) die in der Wirklichkeit existierenden Gegensätze in seinem System. Bald nach seinem Tod zerstritten sich seine Schüler. Es entstanden zwei Gruppen, die Althegelianer und die Junghegelianer.

Die Althegelianer lehrten an den Universitäten und verteidigten das von Hegel geschaffene System. Sie schrieben u.a. dicke Bücher über die Geschichte der Philosophie. Interessanter sind die Junghegelianer (Arnold Ruge, Bruno Bauer, Moses Heß, Karl Marx, Friedrich Engels, Ludwig Feuerbach, Max Stirner), eine Gruppe von meist jungen Intellektuellen, von denen sich einige in Berlin trafen und heftig diskutierten. Sie forderten mit den Worten Arnold Ruges: „Das Ende der theoretischen Befreiung ist die praktische."

Die Junghegelianer entdeckten zwei Seiten bei Hegel - eine konservativreaktionäre (das System) und eine revolutionär-kritische (die Dialektik). Die geschichtliche Wirklichkeit in Deutschland war bedrückend und miserabel. Die Junghegelianer wollten eine Verwirklichung der Philosophie. Die Praxis gewinnt an Bedeutung. Sie wollten eine Philosophie der Tat und eine radikale „kritische Kritik" (Bauer). Die Junghegelianer konnten aber das Volk nicht erreichen. Nach der gescheiterten Revolution von 1848 verstummen sie zusehends oder entwickeln sich, wie Marx und Engels, zu konsequenten Materialisten, die sich nun intensiv mit der Ökonomie auseinandersetzen.

In den *Deutsch-Französischen Jahrbüchern* veröffentlichte Marx 1844 seine ökonomisch-philosophischen Manuskripte. Eine Kritik der Religion genügt ihm nicht. Er entwirft keine Utopie wie die Frühsozialisten, sondern fordert eine radikale Kritik des Bestehenden: „Ist die Konstruktion der Zukunft und das Fertigwerden für alle Zeiten nicht unsere Sache, so ist desto gewisser, was wir gegenwärtig zu vollbringen haben, ich meine die rücksichtslose Kritik alles Bestehenden".

In seinen frühen Schriften bezeichnet Marx die Religion als Opium des Volkes. Er möchte das Volk über seine eigene Lage aufklären, um es zu einer Veränderung seiner Lage (zu einer Revolution) zu ermutigen. Deutschland war zu jener Zeit ein zurückgebliebenes Land. Es war, wie Marx schrieb, unter dem Niveau der Geschichte.

Statt einer Kritik des Himmels fordert er eine Kritik der Erde. Also, nicht die Religion soll kritisiert werden, sondern die politischen und die ökonomischen Verhältnisse. Die Kritik ist eine Waffe in der politischen Auseinandersetzung. Um Erfolg zu haben, muss sich die Kritik mit materiellen Interessen verbinden.

Der Mensch ist von den ökonomischen Verhältnissen abhängig. Er hat diese Verhältnisse geschaffen, und er kann sie folglich auch verändern. Der Kopf dieser revolutionären Veränderung, so Marx, ist die Philosophie, das Herz ist das Proletariat.

Das Bedürfnis des Geldes ist das einzige, das die bürgerliche Ökonomie anerkennt. Im wirklichen Leben gibt es Liebe gegen Liebe, Kunst für den Kunstverständigen, Nahrung für den Hungrigen. In der Welt der bürgerlichen Ökonomie ist das Geld das universale Mittel, für das man (fast) alles kaufen kann.

Einen großen Einfluss auf die Schriftsteller hatten auch die Frühsozialisten oder die utopischen Sozialisten. Zeitlich erstreckt sich ihr Wirken vom Ende der Französischen Revolution (1794) bis zum Revolutionsjahr 1848. Bekannt sind vor allem drei: Saint-Simon, Robert Owen und Charles Fourier.

8.3. Biedermeier

In der Restaurationszeit betonten viele Schriftsteller das Familien- und Privatleben. Resigniert und enttäuscht nahmen sie Abstand vom politischen Geschehen. Diese komplexe literarische Strömung zwischen Romantik und Realismus wird auch als Biedermeier bezeichnet. Die Biedermeierliteratur gestaltet die sittlichen Wertvorstellungen der Zeit: Selbstbescheidung, Innerlichkeit, Unterordnung unter das Schicksal, Unterdrückung der Leidenschaften. Das kleine Glück und die Liebe zu den Dingen und der Natur wird gesucht. Durch Auswahl des Positiven wird eine heile poetische Welt gestaltet.

Die Landschaftsgebundenheit ist ein wichtiges Merkmal dieser Dichtung: Adalbert Stifter (Österreich), Jeremias Gotthelf (Berner Land), Eduard Mörike (Schwaben), Annette von Droste-Hülshoff (Westfalen).

Ihren Niederschlag fanden diese Vorstellungen auch in der Malerei (Ludwig Richter, Carl Spitzweg) und in der Musik (Franz Schubert).

Eine der wichtigsten Leistungen der Biedermeierzeit ist die Weiterentwicklung der Volkslustspiele. Das Wiener Volkstheater mit den Autoren Ferdinand Raimund und Johann Nepomuk Nestroy war besonders produktiv. Die ersten Werke dieser Autoren enthalten noch zahlreiche zauberische Elemente; dann aber trat zusehends das Besserungsstück an die Stelle des Zauberstücks.

In Raimunds bedeutendstem Lustspiel *Der Alpenkönig und der Menschenfeind* (1828) wird gezeigt, wie sich der bis zum Grotesken bösartige Menschenfeind verwandelt und schließlich mit Frau und Tochter in Eintracht lebt.

Auch soziale Aspekte werden angesprochen. In Nestroys Stück *Zu ebener Erd und erster Stock* (1835) sind die sozialen Gegensätze von Armen und Reichen durch den Bühnenaufbau sichtbar gemacht: Oben leben die Reichen im Überfluss; unten hungern die Armen. Ein biedermeierliches Happy-End beschließt das Lustspiel: Der reich gewordene Arme aus dem Erdgeschoss heiratet die Tochter des arm gewordenen Reichen aus dem ersten Stock.

Das Wiener Burgtheater (hier wurden vor allem die ‚ernsten' Stücke gespielt, z.B. Shakespeare, Calderón, Goethe, Schiller, Grillparzer) war nach 1814 das führende deutschsprachige Theater. Fast alle Dramen von Franz Grillparzer wurden hier aufgeführt. Grillparzer übernimmt Elemente der Weimarer Klassik, des spanischen Barocktheaters und des Wiener Volkstheaters. Sein vielseitiges Werk umfasst Künstlerdrama, Besserungsstück, Trauerspiel, Liebestragödie und Geschichtsdrama.

In mehreren Werken dramatisiert er, wie Schiller relativ frei im Umgang mit dem historischen Geschehen, Episoden aus der Geschichte des Hauses Habsburg.

Ein Bruderzwist im Haus Habsburg (1848 beendet) thematisiert die Zeit unmittelbar vor Ausbruch des Dreißigjährigen Krieges. Der Kaiser Rudolf II., ein Liebhaber der Wissenschaften und der Kunst, residiert in Prag. Seine vermeintliche Einsicht in die moralische Fragwürdigkeit politischer Handlungen hindert ihn, politisch aktiv zu werden. Der Mensch Rudolf möchte nicht handeln, um sich nicht in Schuld zu verstricken; der Kaiser Rudolf müsste aber handeln, um die bestehende Ordnung zu bewahren. Sein Bruder Mathias erhebt sich gegen ihn. Der Kaiser verliert fast alle politische Macht und lebt isoliert, wie ein Gefangener, auf seinem Schloss. Mathias wird der nächste Kaiser, aber das Reich versinkt im Chaos des Dreißigjährigen Krieges.

In diesem Drama artikuliert Grillparzer implizit auch seine Befürchtungen um die Zukunft des habsburgischen Vielvölkerstaates seiner Zeit.

Die Länder der Habsburgermonarchie sind auch der Schauplatz der Romane und Erzählungen von Adalbert Stifter. Misstrauisch gegen die historischen Tendenzen seiner Zeit (Industrialisierung, demokratische und nationale Bewegungen, Säkularisierung) orientiert er sich an den Leitbildern des Christentums und der Weimarer Klassik. Nur die Bildung, so schreibt er, könne zur Freiheit führen. Viele Passagen seines Werkes gelten der Schilderung der Natur, die er bis ins kleinste Detail ausführt. Die Natur ist für ihn das Bleibende, die gesellschaftlichen und politischen Bewegungen das Flüchtige und Verschwindende.

Seine Erzählungen *Der Hochwald*, *Bergkristall* und *Brigitta* entfalten eindrucksvolle landschaftliche Panoramen des Hochwalds in Böhmen (*Der Hochwald*), der Eis- und Schneeregion der Alpen (*Bergkristall*) und der ungarischen Steppenlandschaft (*Brigitta*).

Stifters Helden sind oft Außenseiter, Sonderlinge, Heilige und Kinder, auch Menschen, die zurückgezogen leben. Abseits der Gesellschaft und der Städte wird ein Leben in Übereinstimmung mit der Natur gesucht. Familie und

Christentum sind die Institutionen, die Geborgenheit bieten können. So spielt sein Roman *Der Nachsommer* (1857) in der strengen Abgeschiedenheit eines entlegenen Alpenguts.

In der Erzählung *Bergkristall* möchten zwei Kinder über einen kleinen Berg ins nächste Dorf gehen. Sie verirren sich aber und gelangen in die Fels- und Eisregion der Alpengletscher. Nach langem Herumirren finden sie endlich ein aus mächtigen Felsblöcken gebildetes, gegen Wind und Schnee schützendes „Häuschen". Dort verbringen sie die Nacht; der ältere Bruder schützt sein Schwesterchen und bewahrt es vor dem Einschlafen, dem sicheren Tod in dieser Region. Am nächsten Morgen finden die Bewohner der Dörfer die Kinder. Der Vater dankt Gott für die windstille Nacht, die ihr Überleben ermöglicht hatte. Sie kehren zurück in die Geborgenheit der Familie, die sich wiederum in der Geborgenheit des Dorfes aufgehoben weiß.

8.4. Vormärz

Mit ‚Vormärz' bezeichnet man die zur Revolution von 1848 hinführende Epoche und ihre auf Überwindung des Alten drängende Literatur.

8.4.1. Heinrich Heine

Heinrich Heine bezeichnete sich einmal als den „letzten abgedankten Fabelkönig der Romantik". Er knüpft an den englischen Schriftsteller Lord Byron an. Byron ist ein Vertreter der liberalen westeuropäischen Romantik. Bei Byron finden wir eine Haltung, die sich in den 20er Jahren des 19. Jahrhunderts über ganz Europa verbreitet hatte. Man bezeichnet diese literarische Haltung als Weltschmerz. Dies ist eine Bezeichnung für einen existenziellen Pessimismus. Die Schriftsteller leiden an der Welt und erkennen keinen Sinn in der Geschichte (z.B. Nikolaus Lenau). Man findet diese Haltung nach großen, aber enttäuschenden Veränderungsversuchen, so insbesondere in der Restaurationszeit zwischen 1815 und 1848.

Auch die Musik (Richard Wagner) und die Philosophie (Arthur Schopenhauer) sind davon beeinflusst.

Eng verwandt mit dem Weltschmerz ist die Zerrissenheit. Die oppositionellen Intellektuellen waren oft mit sich selbst unzufrieden. Sie resignierten und revoltierten zugleich. Großen Erfolg hatte Heine mit seinem *Buch der Lieder* (1827). Diese Lieder stehen in der Tradition der Romantik. Thema der volksliedhaften

Gedichte ist oft die unglückliche Liebe. Die Musikalität der Verse forderte die Komponisten zu Vertonungen (Schumann, Schubert, Brahms) heraus.

Seine Lieder, wie zum Beispiel das bekannte Lied über die Loreley (*Die Heimkehr*), werden von den Gesangvereinen gerne gesungen.

Heine blieb aber nicht beim Weltschmerz stehen. Er wurde zu einem der schärfsten Kritiker der Romantik (*Die romantische Schule,* 1836). Er bezeichnete diese Schule als eine „Schule der Ohnmacht".

Sein Buch über die Romantik ist keine strenge systematische Darstellung, sondern eine Sammlung verschiedener Essays. Die Hinwendung einiger Romantiker zum Mittelalter und zum Katholizismus lehnte Heine entschieden ab. „Heuchelei und Religion sind Zwillingsschwestern", so lautete sein vernichtendes Urteil. Auch die Betonung des Mystischen und des Phantastischen lehnte er ab.

1831 ging er nach Paris. Diese Stadt war in jenen Zeiten ein Treffpunkt oppositioneller Intellektueller. Dort lernte Heine einige Frühsozialisten und Kommunisten kennen. Die Ideen Saint-Simons begeisterten ihn. Er schrieb Bücher in französischer Sprache über Deutschland und Bücher in deutscher Sprache über Frankreich. Sehr lesenswert ist sein Buch *Zur Geschichte der Religion und Philosophie in Deutschland* (entstanden 1834).

Von ihm stammt der Begriff „Kunstperiode". Diese Periode ging mit Goethe zu Ende. Heine bewunderte Goethe und bezeichnete ihn gar als den „König unserer Literatur"; er kritisierte aber auch dessen politische Gleichgültigkeit.

Nun begann nach Heine eine neue Zeit für die Literatur. Sie sollte sich mit der gesellschaftlichen Realität, der Praxis auseinandersetzen. Konsequent widmete sich Heine dem kritischen Journalismus.

In den 40er Jahren schrieb er satirische Zeitgedichte und die bedeutendste Satire des 19. Jahrhunderts in deutscher Sprache: *Deutschland. Ein Wintermärchen* (1844). Dieses Werk entstand nach einer Deutschlandreise im Jahre 1843.

Er kommt als Deutscher aus dem Exil in seine alte Heimat zurück. In seinem Herzen trägt er den Traum und die Erinnerung an das gute und schöne Deutschland. Aber jetzt trifft er auf „das alte, offizielle Deutschland".

Heine schrieb eine vernichtende Deutschland-Kritik. Die deutschen Nationalisten waren sehr erzürnt über Heine. Sie sagten, er sei unmoralisch, atheistisch, jüdisch, ichbezogen und außerdem gar kein richtiger Deutscher, sondern eigentlich ein Franzose. Bis heute haben die Deutschen immer wieder Schwierigkeiten gehabt, diesen großen Dichter zu würdigen.

So schreibt zum Beispiel Volker Braun über die Lage der Schriftsteller in der DDR: „Ich bin mir der Ironie bewusst, die in dem Fakt liegt, dass wir in jedem Dezember einen Heinrich-Heine-Preis verleihen und dabei mancher die Empfänger furchtsam anschaut, ob sie nicht etwa mit diesem Erbe ernst machen." Das alte Deutschland, das Deutschland der Vergangenheit erscheint bei Heine in verschiedenen Gestalten: Preußen, Kaiser, Militär, Nationalismus, Kirche, Romantik und Mittelalter.

Heine wollte neue Lieder, er wollte bessere Lieder singen:

> **Ein neues Lied, ein besseres Lied,**
> **O Freunde, will ich Euch dichten!**
> **Wir wollen hier auf Erden schon**
> **Das Himmelreich errichten.**

Heine entwickelte eine den Verhältnissen entsprechende kunstvolle Mischung von publizistischer volkstümlicher Lyrik, Satire, Ironie und Utopie.

Er war Teil der Bewegung, welche die Restauration beseitigen wollte. In Frankreich wurde Heine zum Inbegriff des deutschen Dichters. In Deutschland war er oft ein Ärgernis. Er war der erste bedeutende Zeitgenosse, der die Bedeutung des jungen Marx erkannt hatte. Er wurde aber nie Kommunist. In Paris las er Marx oft seine Gedichte vor und beklagte sich bitter über seine Kritiker. Marx' Frau Jenny musste ihn dann trösten.

Seine Haltung zum Kommunismus ist zwiespältig und ambivalent.

Der Künstler Heine lehnt die zukünftige Herrschaft des Proletariats ab. Er fürchtet, dass kein Platz mehr bleibt für seine Poesie.

Der Sozialkritiker Heine bejaht aber die Notwendigkeit einer sozialen Umgestaltung. Heine schreibt: „mich beklemmt vielmehr die geheime Angst des Künstlers und des Gelehrten, die wir unsere ganze moderne Zivilisation die mühseligen Errungenschaften so vieler Jahrhunderte, die Frucht der edelsten Arbeiten unserer Vorgänger, durch den Sieg des Kommunismus bedroht sehen. Fortgerissen von der Strömung großmütiger Gesinnung mögen wir immerhin die Interessen der Kunst und Wissenschaft, ja alle Partikularinteressen dem Gesamtinteresse des leidenden und unterdrückten Volkes aufopfern".

Heine schloss sich der kommunistischen Bewegung nicht an. Sie hatten aber einen gemeinsamen Gegner. Es war, so Heine, ein „Bündnis aus gemeinsamer Negation".

8.4.2. *Georg Büchner*

Nach Georg Büchner ist der bedeutendste Literaturpreis der Bundesrepublik benannt. Dieser vielversprechende Autor starb schon mit 23 Jahren, so dass er nur wenige Werke hinterlassen hat. Büchner schrieb seine Werke in der aktivsten Zeit des Jungen Deutschlands. Er war aber wesentlich radikaler als die liberalen Wortführer dieser Bewegung. So sagt er: „Es ist in meinen Augen bei weitem nicht so betrübend, dass dieser oder jener Liberale seine Gedanken nicht drucken darf, als dass viele tausend Familien nicht imstande sind, ihre Kartoffeln zu schmelzen." Diese Familien haben also kein Butterschmalz oder keine Schmelzbutter, um ihre Kartoffeln zu braten. Sie sind sehr arm, viele Speisen (Fleisch, Wurst, Kuchen ...) können sich diese Familien nicht kaufen.

Büchner hatte ein kurzes, aber abenteuerliches Leben. Er ist in Hessen geboren und studierte in Straßburg und in Gießen. In Straßburg war er Mitglied der Gesellschaft für Menschen- und Bürgerrechte. Dies war eine jakobinische, eine radikal-revolutionäre Vereinigung.

Er studierte Medizin und verlobte sich in Straßburg auch heimlich mit der Tochter des Pfarrers, bei dem er wohnte.

1833 versuchten einige Studenten in Frankfurt einen bewaffneten Aufstand. Büchner nahm nicht daran teil. Er war überzeugt, dass zum damaligen Zeitpunkt jede revolutionäre Bewegung in Deutschland vergeblich sei. Die Verhältnisse bzw. das deutsche Volk waren nicht reif für eine Revolution. Deshalb musste auch der Aufstand in Frankfurt scheitern.

Er lernte den führenden Kopf der liberal-demokratischen Opposition in Oberhessen Ludwig Weidig kennen, studierte gründlich die Geschichte der Französischen Revolution von 1789 und gründete eine geheime Gesellschaft für Menschenrechte, in denen demokratische und frühkommunistische Gesellschaftstheorien diskutiert wurden. Es entstand die radikale politische Flugschrift *Der Hessische Landbote*.

1834 geht Büchner nach Darmstadt und reorganisiert die Darmstädter Gesellschaft für Menschenrechte. Die Polizei verdächtigte Büchner. Gegen ihn liefen Ermittlungen. Er wurde aber rechtzeitig gewarnt, so dass er vor seiner beabsichtigten Verhaftung mit einem gefälschten Pass nach Frankreich fliehen konnte.

1836 ging er als politischer Flüchtling nach Zürich und wurde dort Privatdozent. Viele politische Flüchtlinge gingen in die relativ liberale Schweiz.

Der bekannteste unter ihnen war Lenin, der später in der gleichen Straße wohnte, wo auch Georg Büchner gewohnt hatte.

Von der unermüdlichen Arbeit war Büchners Körper geschwächt. 1837 starb er an Typhus.

Welche Weltanschauung vertrat Büchner? Es gibt Ähnlichkeiten zu den Saint-Simonisten. Aber Büchner war kein Saint-Simonist. Er war gegen die phantastischen und reformistischen Illusionen dieser Leute. Büchner gehört zu den revolutionären Frühkommunisten (Babeuf, Buonarotti). Diese Bewegung entstand in den überbevölkerten Vorstädten von Paris während der Revolution von 1789. Ihre Ideen wurden in Geheimgesellschaften diskutiert.

Büchner forderte die soziale Revolution: „Das Verhältnis zwischen Armen und Reichen ist das einzige revolutionäre Element in der Welt".

Er glaubte, dass unter bestimmten Umständen die gewaltsame Veränderung der Gesellschaft notwendig ist: „[W]enn in unserer Zeit etwas helfen soll, so ist es Gewalt."

8.4.2.1. Dantons Tod

Als Büchner von den hessischen Behörden bedroht war, hatte er das Drama in weniger als fünf Wochen geschrieben. Er sagte: „Die Darmstädter Polizeidiener waren meine Musen." Das Drama bietet ein wirklichkeitsnahes Bild der Situation von 1794. Es ist kein Drama der revolutionären Begeisterung; Büchner zeigt die Probleme und die Grenzen der bürgerlichen Revolution. Die Revolution fordert Gleichheit. Sie ändert aber nicht die Grundlage der Unfreiheit, die bürgerlichen Eigentumsverhältnisse.

Büchner lehnt eine Idealisierung der Welt ab: „Wenn man mir übrigens noch sagen wollte, der Dichter müsse die Welt nicht zeigen, wie sie ist, sondern wie sie sein sollte, so antworte ich, dass ich es nicht besser machen will wie der liebe Gott, der die Welt gewiss gemacht hat, wie sie sein soll."

Er möchte aus den Männern der Revolution keine idealen und heroischen Helden machen. Er möchte die Geschichte nicht verfälschen. Er sagt, dass er „der Geschichte treu bleiben und die Männer der Revolution geben musste, wie sie waren: blutig, liederlich, energisch und zynisch."

Das Drama spielt in der Spätphase der Revolution. Die junge Republik wird von der Diktatur des Wohlfahrtsausschusses beherrscht. Zwei Revolutionäre, Robespierre und Danton, werden zu Gegnern.

Büchner übernimmt Ausschnitte aus Reden von Robespierre, Saint-Just und

Danton. Er sieht seine Aufgabe darin, der Geschichte, wie sie wirklich war, möglichst nahe zu kommen.

Danton, der einst die Revolution entschieden verteidigt und vorangetrieben hatte, gehört jetzt zu den Gemäßigten. Politisch ist er nicht mehr sehr aktiv. Er ist ein Skeptiker, aber seine Anhänger sind noch begeistert von dem früheren Danton, dem leidenschaftlichen Redner und Revolutionär. Er soll die Revolution weiterführen. Aber Danton lehnt desillusioniert ab.

Robespierre wirft Danton und seinen Anhängern vor, sie seien lasterhaft, sie seien so schlecht wie die Aristokraten. Im Mittelpunkt des ersten Aktes steht die Auseinandersetzung zwischen Danton und Robespierre. Robespierre kritisiert Danton: Er sei ein Genussmensch, und in revolutionären Zeiten sei dies Hochverrat.

Danton bezeichnet Robespierre als Kleinbürger, der nur das elende Vergnügen kennt, andere schlechter zu finden als sich selbst. Danton bleibt untätig. Er glaubt, die Anhänger Robespierres würden es nicht wagen, ihn – den Helden der Revolution – anzugreifen.

Für Robespierre gibt es innere Feinde der Republik. Sie bestehen aus zwei Gruppen. Die erste Gruppe ist gegen Gott und das Eigentum. Sie hätte die Republik ins Chaos gestürzt und die Könige begünstigt. Die zweite Gruppe möchte die Waffen aus der Hand legen. Diese Gruppe möchte die Gegner der Republik, die Adligen, schonen. Robespierre aber fordert Härte und Terror: „Die Waffe der Republik ist der Schrecken, die Kraft der Republik ist die Tugend." „Die Revolutionsregierung ist der Despotismus der Freiheit gegen die Tyrannei." Auch das Laster sei ein Verbrechen.

Danton möchte den Terror beenden: „Wo die Notwehr aufhört, fängt der Mord an; ich sehe keinen Grund, der uns weiter zum Töten zwänge."

Robespierre entgegnet: „Die soziale Revolution ist noch nicht fertig; wer eine Revolution zur Hälfte vollendet, gräbt sich selber sein Grab. [...] Das Laster muss bestraft werden, die Tugend muss durch den Schrecken herrschen." Danton zögert. Ein Anhänger wirft ihm vor, dass er sich durch Zögern ins Verderben stürzen wird. Aber Danton möchte keine Menschen mehr umbringen.

Danton wird verhaftet. Die Gerichtsverhandlung ist nicht einfach, denn das Volk steht auf Dantons Seite. Es wird behauptet, die Gefangenen hätten im Gefängnis eine Verschwörung gemacht. Sie werden vom Prozess ausgeschlossen und zum Tod verurteilt.

Büchner möchte die Geschichte zum zweiten Mal erschaffen, damit die Leute daraus lernen. In der Revolution stößt die menschliche Praxis an die Grenzen ihrer historischen Möglichkeiten. Eine Wissenschaft, die Antwort geben könnte, existiert nicht. In dieser Lage kann Literatur von den neuen Bedürfnissen und Wünschen sprechen.

8.4.2.2. Woyzeck

Büchner konnte dieses Drama nicht mehr fertig schreiben. Es existieren vier schwer entzifferbare Handschriften davon. Erst hundert Jahre nach Büchners Geburt wurde es zum ersten Mal aufgeführt. Das Drama führt die Szenentechnik des Sturm und Drangs weiter. In Deutschland war es der Beginn des sozialen Dramas. Ein neuer Menschentyp, das Proletariat, betritt die Bühne.

Den Stoff zu diesem Drama fand Büchner in Gerichtsgutachten aus Leipzig. Ein Mann, der aus der untersten Klasse der Gesellschaft kam, hatte seine Geliebte umgebracht. In der Wissenschaft löste dieser Fall einen heftigen Streit über die Zurechnungsfähigkeit des Täters aus.

Büchners Woyzeck ist ein betrogener Liebhaber, ein ausgebeuteter Mensch, und er wird zum Mörder. Er leistet einen harten Militärdienst, und er dient einem Arzt als Versuchskaninchen. Das einzige, was ihm ein bisschen Freude bereitet, ist seine Freundin Marie. Als er erfährt, dass sie ihn mit einem Offizier betrogen hat, bringt er sie um.

Woyzeck ist die Tragödie eines Mannes, der nichts zu verlieren hat als seine Ketten. Das Stück zeigt das Leben der Proletarier in der ersten Hälfte des 19. Jahrhunderts. Woyzecks Leben ist geprägt durch Armut und Ausbeutung und durch den Drill beim Militär. Der Arzt, dem er als Versuchskaninchen dient, gibt ihm ein extrem einseitiges Essen, weil er feststellen wollte, wie der Körper darauf reagiert.

Trotz seines harten Lebens akzeptiert Woyzeck die herrschenden Moral- und Tugendvorstellungen. Aber er meint, er könne diese Tugend nicht befolgen, weil er zu arm sei.

Die religiöse Zuversicht auf ein besseres Leben im Jenseits fehlt Woyzeck: „Ich glaub, wenn wir in Himmel kämen, so müssten wir donnern helfen."

Die herrschende Ideologie ist verkörpert im Hauptmann und im Doktor. Der Hauptmann ist ein dummer und eitler Schwätzer und der Doktor ein Technokrat, dessen mit lateinischen und philosophischen Begriffen gesättigte

Sprache für die einfachen Leute unverständlich bleibt.

8.4.2.3. Der Hessische Landbote

Der Hessische Landbote ist eine politische Flugschrift. Sie sollte die Bauern über ihre Situation aufklären und sie zum Widerstand auffordern. Aber die Bauern waren passiv. Sie gaben die Flugschriften bei der Obrigkeit ab. Büchner beklagte die Passivität der Deutschen: „[D]ie deutsche Indifferenz ist wirklich von der Art, dass sie alle Berechnungen zu Schanden macht."

Die Flugschrift ist ein Beispiel für Büchners brillante Formulierungskunst; schon in der Überschrift heißt es: „Friede den Hütten! Krieg den Palästen!"

Gerechtigkeit suche man in Deutschland vergebens: „Die Justiz ist in Deutschland seit Jahrhunderten die Hure der deutschen Fürsten."

Immer wieder wird in der Flugschrift der krasse Unterschied zwischen den besitzenden und den ausgebeuteten Klassen betont.

8.4.3. *Politische Lyrik*

8.4.3.1. Anastasius Grün

Der Österreicher Anton Alexander Graf von Auersperg veröffentlichte seine Werke unter dem Pseudonym Anastasius Grün. Sein Lyrikband *Spaziergänge eines Wiener Poeten* (1831) war eines der viel beachteten Werke der politischen Dichtung vor 1848. Durch Wien schlendernd, entdeckt der Spaziergänger überall Anzeichen der Unterdrückung durch das Metternich-System: Bürokratie, Zensur, Klerikalismus und die allgegenwärtigen Polizeispitzel.

Grün übersetzt slowenische Volkslieder und englische Balladen und schreibt für die Freiheit der Polen, der Griechen und der Italiener.

Gewaltsame Veränderungen lehnt er ab: „Das Licht, nicht der Brand! Die Bewegung, nicht der Sturm! Der Bau, nicht die Zerstörung!"

8.4.3.2. August Heinrich Hoffmann von Fallersleben

Hoffmann von Fallersleben war Professor für deutsche Sprache und Literatur in Breslau, das damals zu Preußen gehörte. Aufgrund seiner Unpolitischen Lieder (1840/41), die alles andere als unpolitisch waren, erhielt er Berufsverbot. Vor seinen Richtern verteidigt er sich: „[I]ch habe nur die Stimmung der Zeit und des Volkes wiedergegeben, denen ich, nun einmal angehöre".

Der Schriftsteller galt als Rebell. Vor der Revolution von 1848 wurde er wiederholt aus deutschem Ländern ausgewiesen. Auch nach 48 erhielt er keinen Lehrstuhl und arbeitet als Redakteur und als Bibliothekar. Nicht nur politische Lieder, auch einige der noch heute populärsten Kinderlieder stammen von ihm (Kuckuck, Kuckuck ruft aus dem Wald oder Ein Männlein steht Walde).

1841 schrieb er auf der Insel Helgoland das Lied der Deutschen. Die dritte Strophe dieses Liedes ist heute die Nationalhymne Deutschlands:

> Einigkeit und Recht und Freiheit
> Für das deutsche Vaterland!
> Danach lasst uns alle streben
> Brüderlich mit Herz und Hand!
> Einigkeit und Recht und Freiheit
> Sind des Glückes Unterpfand -
> Blüh' im Glanze dieses Glückes,
> Blühe deutsches Vaterland!

9. Der Realismus

Theodor Storm

Theodor Fontane

Adalbert Stifter

Gottfried Keller

Die Zeit zwischen 1850 und 1880 ist in Deutschland die Zeit des Realismus. Zeitgenossen, die betonten, der Realismus habe nicht einfach die alltägliche Wirklichkeit wiederzugeben, sondern er müsse eine tiefere, poetische, dem Schönheitsgefühl verpflichtete Wahrheit aufzeigen, sprachen vom ‚poetischen Realismus'.

Zur Abgrenzung von späteren Formen (kritischer Realismus, sozialistischer Realismus) wird in späterer Zeit auch der Begriff ‚bürgerlicher Realismus' gebraucht.

Der Realismus ist ein gesamteuropäisches Phänomen zwischen 1830 und 1880. In Deutschland fängt er später an. Führend in Theorie und Praxis war Frankreich. Honoré de Balzac war der bedeutendste Realist in Frankreich.

In Deutschland wurde der Realismus erst nach der Revolution von 1848 zur wichtigsten Stilrichtung. Er unterscheidet sich vom Realismus anderer Länder, denn der Realismus in Deutschland ist weniger sozialkritisch. Er neigt zu Idylle und Resignation. Die wichtigsten Vertreter in Deutschland waren Fontane, Storm und Freytag, in Österreich Stifter und in der Schweiz Keller.

9.1. Der historische Hintergrund

Im Februar 1848 kam es in Frankreich zu einer Revolution. Der König musste abdanken, und es wurde eine Republik ausgerufen. Auch in Deutschland wurden Veränderungen gefordert. Überall fanden Volksversammlungen und Demonstrationen statt.

In der Paulskirche in Frankfurt diskutierten die Abgeordneten heftig über die Verfassung. Man bot schließlich dem König von Preußen die deutsche Kaiserkrone an.

Da der König von Preußen die Kaiserkrone ablehnte, waren die Pläne der Nationalversammlung gescheitert. Aufstände in der Pfalz und in Baden wurden von preußischen Truppen blutig niedergeschlagen. Damit begann wieder einer Zeit der Reaktion.

Der Kampf um die Freiheit und die deutsche Einheit war gescheitert. Die Demokraten wurden verfolgt. Auch das liberale Bürgertum erlitt eine schwere Niederlage. Bei einem Teil des Bürgertums führte dies nicht zur Resignation. Sie waren pragmatisch, und sie waren zur Zusammenarbeit mit den alten Mächten bereit. Dies führte zu einer Spaltung des Bürgertums.

Die Wirklichkeit in Deutschland nach 1848 war sehr widersprüchlich. Obwohl das Bürgertum politisch verloren hatte, war es in der Wirtschaft und in der Wissenschaft Träger des Fortschritts. Gleichzeitig entstand auch das moderne Proletariat, das die privilegierte Stellung des Bürgertums bedrohte. Die schlechten Lebensbedingungen des Proletariats widerlegten die optimistische Ideologie des Bürgertums (ökonomisch-technischer Fortschritt nutze allen, eine humane Selbstverwirklichung sei möglich).

Das ist für den bürgerlichen Realismus in Deutschland sehr wichtig. Dieser Realismus wollte die Wirklichkeit nicht so abbilden, wie sie wirklich war. Viele Problemen wurden einfach übersehen, man schrieb nicht darüber. Zwischen 1850 und 1880 gab es kaum bedeutende literarische Werke über die ökonomischen und sozialen Bedingungen des Proletariats. Dies änderte sich erst mit dem Naturalismus.

In den fünfziger Jahren bestimmten in Preußen die Konservativen weitgehend alleine die Politik. Erst 1862 errang eine liberale Partei im preußischen Abgeordnetenhaus die Mehrheit. Der Widerstand des Parlaments gegen die Heeresreform führte zum Verfassungskonflikt und zur Berufung Bismarcks, der die Verwirklichung der Einheit von oben einleitete. Nach Bismarcks Kriegen gegen Dänemark (1864) und Österreich (1866) brach die Opposition im Abgeordnetenhaus auseinander.

1870 erklärte Frankreich Preußen den Krieg; an dessen Ende stand die deutsche Einigung. Durch eine kluge Außenpolitik gelang es Bismarck, das neue Land in der Mitte Europas zu sichern und den alten Feind Frankreich zu isolieren. Er sicherte das Deutsche Reich durch ein kompliziertes Bündnissystem ab.

Innenpolitisch war er weniger erfolgreich. Er bekämpfte die Arbeiterbewegung (Sozialistengesetze) und den politischen Katholizismus (Kulturkampf). Als der junge und eigenwillige Kaiser Wilhelm II. den erfahrenen Staatsmann entließ, sagte man, der Lotse geht von Bord.

Frankreich verlor den Krieg vom 1870/71 und musste Elsass-Lothringen abgeben und außerdem fünf Milliarden Francs Kriegsentschädigung zahlen. Das viele Geld führte zu einer stürmischen wirtschaftlichen Entwicklung im Deutschen Reich.

Nach dem verlorenen Krieg von 1866 wurde Österreich aus Deutschland und aus Italien hinausgedrängt. Der Deutsche Bund war aufgelöst. Luxemburg, das bis dahin dem Deutschen Bund angehört hatte, wurde selbstständig. Die Politik der Habsburgermonarchie konzentrierte sich nun auf seine östlichen

Gebietsteile und auf den Balkan.

Nach der Revolution von 1848 wurde die zunächst erfolgreiche ungarische Freiheitsbewegung mit Hilfe Russlands besiegt. Nach 1866 suchte Österreich nun einen Ausgleich mit den Ungarn. Kaiser Franz Joseph 1. einigte sich mit führenden Vertretern Ungarns über deren Forderungen. Ungarn erhielt einen eigenen Reichstag und eine weitgehende Autonomie; Kaiser Franz Joseph I. wurde nun auch zum König von Ungarn gekrönt. Der Staat nannte sich jetzt Österreichisch-Ungarische Monarchie.

Die slawischen Völker der Doppelmonarchie hatte man bei dem Ausgleich nicht berücksichtigt. Die Nationalitätenfrage wurde zu einem immer größeren Problem und konnte im Rahmen der Habsburgermonarchie nicht mehr gelöst werden. Am Ende des Ersten Weltkriegs zerfiel der Vielvölkerstaat in unabhängige Nationen.

Die industrielle Revolution verschärfte die sozialen Probleme, zur Lösung der Probleme wurden unterschiedliche Vorschläge und Theorien entwickelt (Marx, Engels, Lassalle, Bakunin).

Seit der Aufklärung war die bürgerliche Literatur und Kultur begleitet von einer lebhaften Theoriebildung. Die Philosophie erlebte eine Blütezeit. Auch Schriftsteller haben bedeutende Beiträge zur Entwicklung der Philosophie geleistet. Nun verdrängten die Naturwissenschaften zusehends Theologie und Philosophie.

Ludwig Feuerbach und Karl Marx überwanden die idealistische Philosophie. Marx zeigte, dass Ideen, Recht, Religion, Staat, usw. von den ökonomischen Bedingungen abhängen. Deshalb analysierte er die ökonomischen Verhältnisse seiner Zeit. In seinem umfassenden Hauptwerk *Das Kapital* untersucht er den Produktionsprozess des Kapitals, den Zirkulationsprozess des Kapitals und den Gesamtprozess der kapitalistischen Produktion.

Marx zeigte, dass die Forderungen des Bürgertums (Freiheit, Gleichheit, Brüderlichkeit) ideologisch waren. Solange die Eigentumsverhältnisse nicht geändert werden, kann es nach Marx keine Freiheit, keine Gleichheit und auch keine Brüderlichkeit geben. In den Revolutionen und Aufständen dieser Zeit (Weberaufstand, 1844; Revolution von 1848; Pariser Kommune, 1870/71) zeigten sich die neuen Widersprüche zwischen dem Bürgertum, das seine Privilegien ausbauen und verteidigen wollte, und dem Proletariat. In Deutschland führte diese Entwicklung zu einer Zusammenarbeit eines Teils des Bürgertums (Nationalliberale) mit den alten Mächten.

In der Schweiz verschaffte das geltende Mehrheitswahlrecht der Bundesverfassung von 1848 der Parteiengruppierung von Radikalen und Liberalen siebzig Jahre lang sichere Mehrheiten in beiden gesetzgebenden Kammern. Durch die Verfassungsreform von 1874 wurden weitgehende Volksabstimmungen ermöglicht. Zahlreiche politisch Verfolgte (z.B. Richard Wagner, W. I. Lenin, Rosa Luxemburg) aus den umliegenden autoritären Monarchien fanden Zuflucht in der Schweizer Demokratie.

Die Auseinandersetzungen mit der katholischen Kirche, die ihren politischen Einfluss bewahren wollte, erreichten ihren Höhepunkt mit der Absetzung des Bischofs von Basel im Jahr 1873.

9.2. Grundzüge des Realismus

Das Interesse des Bürgertums an der Literatur ging zurück. Trivialliteratur war sehr beliebt. Es wurden Autoren gelesen, die man heute kaum noch kennt (Paul Heyse, Gustav Freytag, Ernst von Wildenbruch). Die Literatur dieser Zeit ging den großen Problemen dieser Zeit aus dem Weg, so dass es aus dieser Zeit keine großen Werke gibt, welche die Lebenssituation der Arbeiter schildern. In Frankreich und England war dies ganz anders (vgl.: Charles Dickens).

Das demokratisch gesinnte Bürgertum hatte 1848 eine schwere Niederlage erlitten, woran es nicht ganz schuldlos war. Fontane, einer der interessantesten deutschsprachigen Realisten, sagte dazu: „Die Welt besteht nun einmal nicht aus lauter Helden, und die bürgerliche Welt ist zu freiwilliger Übernahme dieser Rolle besonders unlustig". Die Machtlosigkeit des Bürgertums nach 1848 zeigte sich auch in der Literatur. Im beginnenden Zeitalter der Massenliteratur diente die Literatur vor allem der Unterhaltung. Die Massen sollten mit Massenliteratur unterhalten werden.

Die Grundformen des bürgerlichen Realismus kamen dieser Entwicklung entgegen: formale und stoffliche Einfachheit, Objektivität, keine drastischen Stilmittel, ruhige, mittlere Stillage. Bevorzugt wurden Romane und Novellen. Oft wurde, noch ehe die Handlung anfängt, die Landschaft sorgfältig geschildert. Es gab noch keinen Film und kein Fernsehen. Man schilderte die Landschaft mit Worten. Viele Dichter schilderten liebevoll die Landschaft ihrer Heimat:

Theodor Storm:	*Norddeutschland*
Theodor Fontane:	*Brandenburg*
Adalbert Stifter:	*Österreich*
Gottfried Keller:	*Schweiz*

Nach 1848 fanden auch Geschichten und Romane über das Leben der Bauern und über das Dorf Zustimmung. Seit dem Mittelalter waren das Dorf und die Bauern Gegenstand des Spotts und der Satire. Die Bauern galten als Leute, die keine Kultur hatten und die sich nicht zu benehmen wussten. Dies änderte sich nun, denn jetzt wurde die gesunde Welt des Dorfes der Verdorbenheit der Stadt gegenübergestellt. Die Geschichten sind realistisch im Detail, sie neigen aber zu einer Idealisierung des Lebens auf dem Dorf.

Ein Beispiel für diese Literatur ist Berthold Auerbachs vielgelesener Roman *Barfüßele* (1856) über ein armes Mädchen aus dem Schwarzwald. In der Kindheit hütet es barfüßig die Gänse des Dorfes, arbeitet dann als Magd und heiratet schließlich einen reichen Bauern, der, wie auch seine Eltern, von dem offenen und ehrlichen Wesen der mittellosen Frau begeistert ist.

Während der Epoche des Realismus waren historische Stoffe sehr beliebt. Eine Verlegung der Handlung in die Vergangenheit kann man in der deutschen Literatur immer wieder beobachten, besonders dann, wenn die freie Meinungsäußerung schwierig ist oder wenn die Öffentlichkeit die Meinung der Schriftsteller nicht schätzt und diese sich dann zurückziehen.

Die realistische Schilderung verzichtet auf die ausführliche Mitteilung von leidenschaftlichen Gefühlen und auf eine direkte Kritik der gesellschaftlichen Verhältnisse. Die Welt soll möglichst unparteiisch dargestellt werden. Kritik und Widerstand wurden nur indirekt formuliert. Es gab keine Aufrufe zu politischer Aktivität oder gar zum Umsturz, wie z.B. bei Büchner, und auch keine Utopien.

Es ist bezeichnend, dass der Realismus eine Epoche der älteren Dichter ist. Der ‚Sturm und Drang' hingegen ist eine Epoche der jungen Schriftsteller, die gegen alte Traditionen und gesellschaftliche Missstände rebellieren. Die Realisten sind ältere Dichter; Jugendwerke gibt es kaum.

9.3. Die Prosa des Realismus

9.3.1. Der Roman des Realismus

9.3.1.1. Gustav Freytag

Die Romane von Gustav Freytag repräsentieren den materiellen Optimismus der neuen Zeit. Theodor Fontane nannte Freytags Roman Soll und Haben (1855) „die erste Blüte des modernen Realismus". Freytag verband seine maßvoll kritische Einstellung zur Gesellschaft mit der Anpassung an ihre Bedingungen. Er zeigt das Volk da, wo es am tüchtigsten ist, bei der Arbeit. Er schildert aber nicht die industrielle Arbeit. Davor scheut er zurück. Er schildert die Arbeit der Händler. Freytag kommt aus Schlesien und hat die Weberaufstände erlebt. Er hat das Proletariat „drohend und unbändig" auf der Straße gesehen. Aber - darüber schreibt er nicht.

Im Mittelpunkt von Freytags Roman stehen die Tugenden des Bürgers. Diese Tugenden sollen alle Schichten (Klassen) erfassen und sie zu einem einheitlichen Volk verbinden. Freytag zeigt Adlige, die einen bürgerlichen Beruf erlernen, und Arbeiter, die genauso tugendhaft sind wie die Bürger. Er verzichtet auf eine Kritik der Adelsherrschaft und vernachlässigt die sozialen Spannungen in den fünfziger Jahren. So kann er seine harmonischen Ideen entfalten. Freytag lobt den deutschen Kaufmannsstand mit seinem Fleiß und seinem Arbeitseifer. Er ist überzeugt, dass das Bürgertum Grundlage des neuen Staates werden soll. Da seine Romane leicht verständlich und lebendig sind, wurde er zum Lieblingsautor des Bürgertums in der zweiten Hälfte des 19. Jahrhunderts.

9.3.1.2. Theodor Fontane

Die Gründung des Deutschen Reiches und die Zahlungen der Franzosen führten zu einem wirtschaftlichen Aufschwung. Ein Teil des Bürgertums profitierte davon, auch die unteren Schichten des Bürgertums bekamen langsam bessere Lebensbedingungen. Das Proletariat, dessen Lebensbedingungen unvermindert hart waren, war von diesem Aufschwung zunächst ausgeschlossen.

Dies war aber für Fontane kein Thema. Er erklärt sehr deutlich, was man nicht unter Realismus versteht: „Vor allen Dingen verstehen wir nicht darunter das nackte Wiedergeben alltäglichen Lebens, am wenigsten seines

Elends und seiner Schattenseiten." Auch in der Malerei verwechsle man Elend mit Realismus. So ist, nach Fontane, die „Darstellung eines sterbenden Proletariers, den hungernde Kinder umstehen", noch lange kein Realismus. Fontane vergleicht das Leben mit einem „Marmorsteinbruch, der den Stoff zu unendlichen Bildwerken in sich trägt". Erst die gestaltende Hand des Künstlers mache aus diesem Stoff ein realistisches Kunstwerk.

Den pathetischen Stil der Vormärzdichter - samt ihren Weltverbesserungsplänen - und der sog. Tendenzdichter (eine oft abwertende Bezeichnung für Dichter, die eine bestimmte politische Tendenz propagieren) lehnt er ab (so zum Beispiel den Freiheitssänger aus der Herweghschen Schule, der „sich blind zu sein wünscht, um nicht die Knechtschaft dieser Welt tagtäglich mit Augen sehen zu müssen").

Fontane meint, der Realismus sei so alt wie die Kunst selbst. Ja, er sagt sogar: „Er ist die Kunst." Alles andere sei „blühender Unsinn", „unnatürliche Geschraubtheit" und „verlogene Sentimentalität". Dies ist sein Urteil über die Biedermeierdichter, die Weltschmerzpoeten und die Spätromantiker.

Diese Gedanken prägen Fontanes Romane. In einigen Romanen Fontanes stehen Einzelpersonen im Mittelpunkt, nach denen der Roman benannt ist (*Effi Briest, Frau Jenny Treibel, Der Stechlin, Schach von Wuthenow*). Diese Romane sind Gesellschaftsromane, in denen das Typische der Gesellschaft am Schicksal des Helden dargestellt wird.

So wie Balzac die Gesellschaft von Paris, Dickens die Gesellschaft von London und Tolstoi die von Moskau beleuchten, so bietet Fontane ein Bild der preußisch geprägten Gesellschaft in Berlin. Im Aufzeigen der Widersprüche ist er aber wesentlich zurückhaltender als seine europäischen Kollegen.

In Fontanes Romanen treffen unterschiedliche Weltanschauungen und Charaktere aufeinander. In langen Gesprächen entfalten sie ihre Ansichten, Meinungen und Überzeugungen. Die Ehe ist ein bevorzugtes Motiv von Fontane. Er benutzt diese Institution, um Verkrustungen und soziale Schäden sichtbar zu machen. Hier befindet er sich in guter Gesellschaft: Leo N. Tolstoi (*Anna Karenina, Krieg und Frieden*), Gustave Flaubert: *Madame Bovary*).

Seine Kritik an der preußischen Gesellschaft wird oft sehr deutlich, aber viele seiner Gestalten sind nicht in der Lage, sich von der alten preußischen Gesellschaft zu distanzieren. So sagt Instetten in *Effi Briest*: „[U]nser Ehrenkultus ist ein Götzendienst, aber wir müssen uns ihm unterwerfen, solange der Götze gilt".

Fontane kommt auch zu der Einsicht: „Die neue, bessere Welt fängt erst beim vierten Stand an". In seinem literarischen Werk kommt der vierte Stand, die Arbeiter, aber nur am Rande vor. Effi Briest soll einen 20 Jahre älteren Mann heiraten. Er ist Landrat und hat eine vielversprechende Karriere vor sich. Ihre Mutter meint: „Er ist [...] ein Mann von Charakter, von Stellung und guten Sitten, und wenn du nicht nein sagst, was ich mir von meiner klugen Effi kaum denken kann, so stehst du mit zwanzig Jahren da, wo andere mit vierzig stehen. Du wirst deine Mutter weit überholen."

Die jugendliche Effi folgt dem Landrat in sein Haus, ohne rechte Vorstellungen von der Ehe zu haben. Sie liebt ihren Mann auch nicht besonders. Da Instetten seine Frau vernachlässigt, ist sie oft allein und langweilt sich („Instetten war lieb und gut, aber ein Liebhaber war er nicht"). Effi bekommt ein Kind, aber auch das kann sie nicht aus ihrer Einsamkeit befreien.

Aus dieser Situation heraus, aus Langeweile, fast gegen ihren Willen, entwickelt sich eine Liebesbeziehung zwischen Effi und dem neu angekommenen Offizier Crampas. Crampas ist ein Damenmann, ein Schürzenjäger, ein Draufgänger ...

Das Verhältnis ist ohne Leidenschaft, denn das Verbotene und Heimliche gefällt Effi nicht. So ist sie froh, als Crampas nach Berlin versetzt wird und die Beziehung zu Ende ist. Das Ehepaar verlebt später ruhige und harmonische Jahre in Berlin. Als Instetten durch Zufall alte Briefe, die Crampas an Effi geschrieben hatte, findet, ist er schwer beleidigt und fordert den ehemaligen Liebhaber seiner Frau zum Duell, obwohl er weiß, dass das fragwürdig ist und sein Glück zerstören wird.

Es kommt zur Scheidung, und die Mutter wird von ihrem Kind getrennt. Eine Rückkehr zu den Eltern ist nicht möglich, so lebt Effi in bescheidenen Verhältnissen in Berlin. Nach einem Wiedersehen mit ihrer zehnjährigen Tochter, die von dem Vater zu einem herzlosen Papagei erzogen worden war, bricht Effi zusammen. Erst jetzt sind die Eltern bereit, ihre Tochter wieder aufzunehmen. Instetten lebt vereinsamt und freudlos dahin. Die beiden können sich den Verhältnissen, in denen sie leben, nicht entziehen.

Der Roman *Frau Jenny Treibel oder „wo sich Herz zum Herzen find't"* (1892) Roman zeigt die Berliner Gesellschaft des Kaiserreichs. Fontane will „das Hohle, Phrasenhafte, Lügnerische des Bourgeoisiestandpunktes [...] zeigen". Jenny

Treibel ist eine Aufsteigerin, eine Neureiche, die fürs Romantische, Ideale, Poetische und Ästhetische schwärmt.

Aber materielle Sicherheit ist der einzige wirkliche Wertmaßstab, den sie anerkennt. Corinna, ein lebhaftes und kluges Mädchen, möchte den Sohn der reichen Treibel erobern. Bei einem Spaziergang entlockt Corinna Leopold ein Liebesgeständnis und verlobt sich gleich mit ihm. Frau Treibel ist sehr zornig darüber und möchte die Heirat verhindern, weil Corinna zu arm ist. Frau Treibel möchte ihren Sohn nun mit der Tochter eines reichen Hamburger Holzhändlers verheiraten.

Leopold schreibt viele Briefe, in denen er sagt, dass er Corinna liebt. Er ist aber zu weich, um sich gegen den Willen der strengen Mutter durchzusetzen. Corinna ist enttäuscht und gelangweilt von dem willensschwachen Leopold und heiratet schließlich einen Intellektuellen. Er gehört der gleichen Schicht an wie sie. Leopold wird mit der reichen Holzhändlertochter verheiratet. Die Spielregeln, nach denen die bürgerliche Gesellschaft funktioniert, haben gesiegt.

Fontanes Roman *Vor dem Sturm* (1878) schildert die Auseinandersetzung mit Napoleons Soldaten im Winter 1812/13 in Preußen. Es ist ein historischer Roman. Das Leben wird in epischer Breite geschildert. Fontane wollte dem Realismus gegen eine falsche Romantik zum Sieg verhelfen. Er wollte die Welt des Adels, der Bürger und der Bauern während der Befreiungskriege darstellen. Viele Personen treten in diesem Roman auf. Er zeigt die Vielschichtigkeit der preußischen Gesellschaft.

Im Mittelpunkt steht ein Gut in Preußen. Dort beginnt der Roman. Man diskutiert über das Schicksal Napoleons nach seiner Niederlage in Russland. Wie soll Preußen reagieren (offener, vom König geführter Befreiungskampf oder Guerilla-Krieg)? Das Gut, die Umgebung des Guts und das Leben im Dorf werden ausführlich geschildert. Die Leute bereiten eine Volkserhebung vor, aber der König und Hardenberg, der preußische Reformer, verhalten sich abwartend, nicht so der selbstsichere Landadel und die kampfbereite Landbevölkerung.

Sie überfallen die französische Besatzung in Frankfurt/Oder, aber die russische Hilfe bleibt aus. Der Aufstand scheitert nach schweren Verlusten.

Das Buch ist sehr umfangreich, enthält auch abgegriffene romantische Elemente und allzu lange Charakteranalysen. Wie auch in Tolstois großem Roman Krieg und Frieden sind die historischen Ereignisse mit leidenschaftlichen

Liebesgeschichten der Hauptfiguren verwoben.

9.3.1.3. Der Realismus in der Schweiz und in Österreich

Aus der Schweiz kommen Gottfried Keller, Conrad Ferdinand Meyer und Jeremias Gotthelf. Gottfried Keller, der bedeutendste von ihnen, kommt aus einfachen Verhältnissen. Er wächst in der Welt der kleinen Leute auf und kennt sie sehr genau. Schriftsteller hatten es auch in der Schweiz nicht einfach und sie hatten, wie viele ihrer deutschen Kollegen, oft kein Geld. Keller bekam ein Stipendium von der Kantonalsregierung, und er wurde bis zu seinem 42. Lebensjahr von seiner Mutter unterstützt. So kann er in Heidelberg, wo er sich mit der materialistischen Philosophie Feuerbachs auseinandersetzt, studieren und mehrere Jahre in Berlin verbringen. Nach seiner Rückkehr in die Schweiz war er immer noch abhängig von seiner Mutter und keine Frau wollte ihn haben. Häufige Wirtshausbesuche und Depressionen bestimmten sein Leben.

Für alle überraschend, bekam er aber mit 42 Jahren eine gutbezahlte Stelle als Staatsschreiber. Die Rückkehr in die Schweiz war keine Flucht in die Idylle, denn die Schweizer Demokratie erlaubte politisches Handeln und öffentliche Auseinandersetzungen. Keller beteiligt sich an den Auseinandersetzungen als Journalist. Da das Schweizer Bürgertum von der Niederlage von 1848 und ihren Folgen verschont blieb, musste sich dort das Bürgertum nicht aus der Politik zurückziehen und dem Adel den Vortritt lassen. In der Schweiz hatten die Ideale des Bürgertums eine höhere Geltung als in Deutschland.

In seinem persönlichen Leben war Keller vereinzelt, nicht aber in der Gesellschaft. Er war tätiger Bürger seines Gemeinwesens. Seine Hauptwerke sind: *Der grüne Heinrich und Die Leute von Seldwyla.*

Der grüne Heinrich (1854/55) ist der bedeutendste Entwicklungsroman des bürgerlichen Realismus. Den Stoff entnahm Keller seiner Kindheit und Jugendzeit. Ein junger Mann möchte Künstler werden und stößt dabei auf alle möglichen Probleme. Seinen Namen verdankt er seiner grünen Jacke. Der grüne Heinrich fliegt von der Schule und wird zum Autodidakten, der sich besonders für Goethe interessiert. Dabei lernt er, dass nicht das Unmögliche, Unbegreifliche und Abenteuerliche poetisch ist, sondern die „hingebende Liebe an alles Gewordene und Bestehende". Im Roman wird oft über die Problematik der realistischen Darstellung gesprochen.

Der Held des Romans schwankt dauernd zwischen Phantasie und Wirklichkeit.

Deshalb verliebt er sich gleich in zwei Frauen: in die zarte und blasse Anna für den besseren und geistigen Teil und in die kräftige und stolze Judith für den sinnlichen Teil. Judith verwirrt und verführt ihn. An Anna schreibt er Briefe. Nach Annas Tod reißt er sich von beiden los.

Er geht nach München und möchte als Maler leben, was ihm aber nicht gelingt. Danach kehrt er zur Mutter zurück und nimmt ein Amt im Staatsdienst an. Judith kehrt schließlich zu ihm zurück. Die zweite Fassung unterscheidet sich von der ersten. Sie ist milder, denn Keller verzichtet hier auf allzu freche Urteile über Schule, Staat und Kirche.

Jeremias Gotthelf stammt aus einer alten, wohlhabenden Familie. Sein Vater war Pfarrer, und auch Gotthelf studierte Theologie. Wie Keller unternahm er ausgedehnte Bildungsreisen und hielt sich zu Studienzwecken in Deutschland auf. Schließlich arbeitete er als Pfarrer in Emmental.

Keller sagt von Gotthelf, er sei der „vortreffliche Maler des Volkslebens, der Bauerndiplomatik, der Dorfintrigen, des Familienglücks und Familienleids". Er steht mit seinem literarischen Schaffen und seinem politischen Engagement in der Tradition der Schweizer Volksaufklärung. Er kämpft gegen die Not der Armen, gegen Alkoholismus und Aberglauben, und er setzt sich für die Alphabetisierung, die Verbesserung der Lehrerausbildung und den Ausbau der Volksschulen ein. Plötzliche Veränderungen in der Gesellschaft lehnt er ab: „In jeder Gemeinschaft muss Zucht und Ordnung aufrecht erhalten werden, sonst zerfällt sie, und in keiner Gemeinschaft duldet man die, welche öffentlich Umsturz, Auflösung dieser Ordnung predigen. In jeder Gemeinschaft sind solche, welche über Aufrechterhaltung der Ordnung wachen und für fortdauerndes stetiges Reformieren, dass Revolution nie nötig werde; denn nur da entsteht Revolution, wo man das Reformieren vergisst".

Beim späten Gotthelf begegnen wir konservativen Tendenzen. Er schimpft über den Zeitgeist, da dieser die Lebensverhältnisse der Stände, die Familie und die christliche Religion bedrohe.

Er ist nicht gegen das Neue, aber gegen rücksichtslosen Egoismus und Besitzgier, was durch den Liberalismus begünstigt werden kann.

Deutschland war eine ‚verspätete Nation'. Österreich war im 19. Jahrhundert, vor allem in wirtschaftlicher Hinsicht, noch rückständiger. Das Staatsgebilde Österreich-Ungarn war ein instabiler Staat, ein Vielvölkerstaat mit vielen inneren Spannungen und ungelösten Problemen.

Ludwig Anzengruber beschreibt die bäuerliche Welt Österreichs. Er meint, der Schriftsteller dürfe auch die dunklen Punkte, auf die er stößt, nicht umgehen. Er dürfe die Wirklichkeit nicht verklären oder sie gar zur Idylle machen. Anzengruber versteht sich als Volksschriftsteller, der dem Publikum zu kritischer Selbsterkenntnis verhelfen will. Wie auch Keller war er von Feuerbachs materialistischer Philosophie geprägt. Anzengruber war nicht auf dem Dorf aufgewachsen, sondern in Wien, aber er schreibt über das Leben auf den Dörfern und auf den Bauernhöfen, weil er glaubt, dass die Menschen dort ursprünglicher sind als in den Städten. In der Stadt, so Anzengruber, seien die Menschen zu stark von gesellschaftlichen Konventionen geprägt. Anzengrubers Menschen sind oft beherrscht von einem blinden Willen zur Selbstbehauptung. Da sie um ihre soziale Stellung kämpfen müssen, bleiben Moral und Menschlichkeit dabei oft auf der Strecke.

In dem Roman *Der Sternsteinhof* (1885) wird eine Frau geschildert, die aus armen Verhältnissen stammt und sich mit Hilfe ihrer Schönheit nach oben kämpft. Ihr Aufstieg ist ein rücksichtsloser Kampf um Macht und Besitz.

Peter Rosegger stammt aus dem kleinbäuerlichen Milieu der Voralpen und hat den Kampf ums wirtschaftliche Überleben in seiner Jugend miterlebt. Auch wenn seine Erfahrungen authentisch sind, neigt er zu einem verklärenden Rückblick auf die Jugend. Manchmal idealisiert das Leben der Bauern. In dem Roman Jakob der Letzte (1888) schildert er den Kampf der Bergbauern ums wirtschaftliche Überleben.

9.3.2. Die Novelle des Realismus

Die Novelle ist eine Erzählung in Prosa. Die Ereignisse beruhen auf einem zentralen Konflikt. Oft wird ein Gegensatz von Außergewöhnlichem oder Neuartigem mit Normalem, Hergebrachtem dargestellt. Die Handlung ist klar, Höhepunkte und Wendepunkte werden betont. Der Konflikt wird bis zur Entscheidung entfaltet. Die Novelle hat eine Tendenz zur geschlossenen Form. Äußere Umstände und psychische Zustände werden nicht ausführlich geschildert. Novellen werden oft zu einem Zyklus zusammengestellt.

Viele Novellen haben eine Rahmen- und eine Binnenhandlung. Die Rahmenhandlung bildet oft einen gesellschaftlichen und zeitnahen Bezugsrahmen. Durch die konsequente Ausformulierung des zentralen Konflikts und die Tendenz zur geschlossenen Form unterscheidet sich die Novelle von der Kurzgeschichte. Durch die Konzentration auf das Ereignis und den Konflikt unterscheidet sie sich vom Roman.

Im bürgerlichen Realismus wurden viele Novellen geschrieben, denn seit den dreißiger Jahren war ein Markt für Novellen entstanden. Sie wurden zur Massenware. Im Vormärz schrieb man Novellen, um eine politische Wirkung zu erzielen. Bei den Schriftstellern des Jungen Deutschlands war sie ein Ersatz für Zeitungsartikel. Die Zeitschriften brauchten Novellen, und so hielten die Schriftsteller diese bereit oder schrieben sie in kurzer Zeit, wenn sie darum gebeten wurden. Manche Schriftsteller, wie z.B. Wilhelm Raabe, waren von der Presse abhängig. Die Novelle prägte sowohl das literarische Leben der Zeit als auch die Werturteile, die Verhaltensweisen und den Geschmack der Leser.

Bei dem italienischen Novellendichter Boccaccio, bekannt für seine erotischen Novellen, diente die Novelle als Aufmunterung in Zeiten der Krise. Bei Goethe gibt sie einen Rückhalt in Zeiten des Umbruchs und der Unsicherheit. Nach 1848 ist die bürgerliche Stube der Mittelpunkt für viele Novellen. Die bürgerlichen Wertvorstellungen werden akzeptiert. Der Rückzug aus der Politik führt zu einer Beschränkung auf die Familie.

Die realistische Novelle soll einen klaren Handlungsverlauf und einen strengen Aufbau haben. Der Konflikt soll sich deutlich zuspitzen und die Wendepunkte sollen klar erkennbar sein.

Theodor Storm schreibt, die Novelle verlange einen „im Mittelpunkt stehenden Konflikt", und die „Ausscheidung alles Unwesentlichen". Sie könne auch den bedeutendsten Inhalt aufnehmen. „Die heutige Novelle ist die Schwester des Dramas und die strengste Form der Prosadichtung."

Künstlerische Autonomie trat an die Stelle von außerästhetischen Zielen. Die Vormärz-Schriftsteller schrieben über aktuelle Probleme, denn sie wollten unmittelbare Wirkungen erzielen. Jetzt aber wollte man kunstvolle Novellen dichten.

Einige realistische Schriftsteller entwickelten ihren eigenen, unverwechselbaren Stil.

Theodor Storm veränderte mit der Zeit den Stil und auch die bevorzugte Thematik seiner Novellen (*Immensee*: lyrische Frühnovelle; *Aquis submersus*: tragische Novelle, der Titel ist einer alten lateinischen Inschrift entnommen und bedeutet ‚im Wasser ertrunken'; *Hans und Heinz Kirch*: sozialkritische Novelle).

9.3.2.1. Theodor Storm

Storm ist der Dichter Norddeutschlands, der Dichter Schleswigs mit seinen vorindustriellen sozialen Verhältnissen. Nach dem Studium arbeitete er als Anwalt. Politischer Bezugspunkt für ihn war nicht die Revolution von 1848, sondern die Volksbewegung gegen die Dänen, denn Schleswig gehörte damals zu Dänemark. Er schrieb patriotisch-politische Gedichte, erhielt 1852 Berufsverbot und ging ins preußische Exil. Erst nach dem Abzug der Dänen konnte er in seine geliebte Heimat zurückkehren.

Er lebte am Rande Deutschlands und hatte eine Vorliebe für die Provinz. Dazu sagte er: „Ich bedarf äußerlich der Enge, um innerlich ins Weite zu gehen". Er schrieb auch Gedichte, aber ab Ende der 60er Jahre überwogen die novellistischen Arbeiten. Seine Gedichte, sowohl seine politischen Gedichte als auch seine Liebesgedichte, sind bestimmten Situationen verpflichtet. In einigen Gedichten stellt er idyllische Zustände dar, die vergangen oder aber bedroht sind.

Seine frühen Novellen haben einen lyrisch-stimmungshaften Ton. Sie sind bestimmt von den Spannungsverhältnissen zwischen Vergangenheit und Gegenwart einerseits und Idylle und Wirklichkeit andererseits. Einige Novellen haben eine antifeudale und eine antiklerikale Tendenz.

Immensee: Ein unverheirateter älterer Mann erinnert sich an einem dunklen Herbstabend an seine Jugend. Er denkt an die Vergangenheit und an die Vergeblichkeit des Daseins. Einst verlor er seine Jugendfreundin Elisabeth an seinen Schulkameraden Erich. Sie hat auf Drängen der Mutter den anderen, den reichen Gutsbesitzer (eben diesen Erich) geheiratet und nicht gewartet, bis ihr Freund mit dem Studium fertig war.

Nach dieser Heirat treffen die beiden nach langer Trennung auf Gut Immensee zusammen. Sie erkennen, dass sie sich immer noch lieben, dass sie eigentlich zusammengehören. Aber Elisabeth ist jetzt mit dem anderen verheiratet. Reinhard, so heißt der traurige Held, der zu spät kam, entschließt sich zum endgültigen Entsagen.

Die Novelle vereinigt eine spätromantische Stimmung, volksliedhafte Motive und romantische Waldpoesie. Die Grundhaltung der Biedermeierzeit prägt die Novelle: gemütliche Enge der menschlichen Verhältnisse, Resignation und Gefühle, die nicht frei von Sentimentalität sind.

Hans und Heinz Kirch: Hans Kirch, ein wohlhabender Kapitän und

Schiffsbesitzer, erzieht seinen Sohn mit großer Härte, denn er glaubt, das sei das beste für den Sohn, damit er in die führende Schicht der kleinen Ostsee-Stadt aufgenommen werden kann. Da der Vater ehrgeizige Pläne für die Zukunft des Sohnes hat, zerstört er auch die Liebe des Sohnes zu einem mittellosen Mädchen. Dies wirft den Sohn aus der Bahn und zerstört sein Glück.

Er fährt zur See und kehrt lange Zeit nicht zurück. Nach Jahren kommt ein Brief, aber der hartherzige Vater weigert sich, ihn entgegenzunehmen, da er nicht frankiert ist. Nach 15 Jahren hört er ein Gerücht, dass sein Sohn in Hamburg sei. Er holt ihn zurück, aber er hat einen schwermütigen und schweigsamen Menschen vor sich, so dass er zweifelt, ob dieser wirklich sein Sohn ist. Er möchte ihm Geld geben und ihn loswerden.

Nachdem Heinz Kirch seine Jugendliebe wieder getroffen hat und erkennt, dass er zu spät gekommen ist, verschwindet er, ohne das Geld zu nehmen, und er wurde nie mehr gesehen.

Der Schimmelreiter. In diesem Meisterwerk, Storms letzter großer Novelle, bildet die Nordseeküste mit Deich und Meer den Hintergrund. Ein Bauernjunge, der schon in jugendlichem Alter eine Idee hatte, wie man Deiche besser bauen könnte, gewinnt die Tochter des Deichgrafen. Er wird nach dessen Tod selber Deichgraf und führt jetzt einen zähen Kampf gegen die abergläubischen und rückständigen Bauern und für seine neue Technik.

Es wird ein neuer Deich gebaut und Neuland gewonnen. Einmal aber resigniert er vor dem Widerstand seiner Gegner und verzichtet darauf, einen anderen neuen Deich zu bauen. Er lässt nur den alten notdürftig reparieren.

Eine Sturmflut zerstört den Deich. Er sieht seine Frau und sein Kind in den Fluten versinken. Daraufhin stürzt er sich mit seinem Schimmel in die Fluten. Seitdem berichtet die Sage von einem Gespenst, das die Gegend heimsucht.

9.3.2.2. Gottfried Keller

Eine der bekanntesten Novellensammlungen des Realismus stammt von dem Schweizer Gottfried Keller. Die Sammlung besteht aus 10 Geschichten. Sie spielen alle in dem fiktiven Ort Seldwyla. Dies ist ein von Keller erfundener schöner und sonnier Ort, irgendwo in der Schweiz. Die Bürger des Ortes zeichnen sich aus durch Leichtlebigkeit und Müßiggang. Sie gehen lieber ins Wirtshaus als zur Arbeit. Gemütlichkeit schätzen sie über alles, und sie kümmern sich wenig um die politische Fragen. Der Seldwyler Bürger ist ein lebensfroher Mensch. In diesem Milieu spielen Kellers Geschichten. Sie gehen von den zeitgenössischen Verhältnissen aus und haben auch zeitkritische Tendenzen. Unzulänglichkeiten des sozialen Verhaltens werden an konkreten Beispielen gezeigt.

Kellers Novellensammlung ist ein klassisches Werk der humoristischen Literatur. Eine der bekanntesten Novellen ist *Kleider machen Leute*.

Der Schneidergeselle Wenzel Strapinski kommt in ein kleines Städtchen. Er besitzt nur ein paar vornehme Kleider, und deshalb halten die Leute ihn für einen polnischen Grafen. Sie schmeicheln ihm und geben ihm jeden Tag leckeres Essen. Das Leben gefällt ihm, und er gewinnt auch die Tochter des Amtsrats zur Braut.

Beim Verlobungsfest kommen die Seldwyler und entlarven den falschen Grafen. Der ‚Graf wider Willen‘ ist tief gedemütigt und fühlt sich verstoßen. Die Seldwyler entlarvten ihn mit einem kleinen Theaterspiel ‚Leute machen Kleider - Kleider machen Leute‘: Alle wussten jetzt, dass er nur ein Mann war, der Kleider macht, also ein Schneidergeselle.

Verzweifelt flieht er in den Wald, aber seine Verlobte, die ihn aufrichtig liebt, folgt ihm. Sie setzt gegen den Willen des Vaters die Hochzeit durch. Das Mädchen verkörpert Kellers Ideal praktischer Humanität. Der Schneider rechtfertigt das in ihn gesetzte Vertrauen und wird ein angesehener Tuchhändler.

In den *Züricher Novellen* (1877) setzte er seiner Vaterstadt ein literarisches Denkmal. Er schildert, eingebettet in unterhaltsame Handlungen, Sitten und Gebräuche aus Zürichs Geschichte, markante historische Ereignisse und immer wieder die religiösen Auseinandersetzungen in der seit der Reformation streng protestantischen Stadt. Für diese Novellen erhielt er als Dank das Ehrenbürgerrecht von Zürich.

9.3.2.3. Conrad Ferdinand Meyer

Meyer entnahm die Stoffe zu seinen Novellen der Geschichte. Sein besonderes Interesse galt dem Zeitalter der Renaissance und der Reformation und hier besonders den großen Gestalten der protestantischen Bewegung: dem Reformator Martin Luther, dem Humanisten Ulrich von Hutten, dem militärischen Führer König Gustaf II. Adolf von Schweden und den Führern der französischen Hugenotten Coligny und Rohan.

Die heuchlerische Frömmigkeit und den Wunderglauben in der katholischen

Kirche am Vorabend der Reformation verspottet Meyer in der heiterironischen Novelle *Plautus im Nonnenkloster* (1882).

Hintergrund der Novelle *Das Amulett* (1873) ist der tausendfache Mord an den Hugenotten in Frankreich im Jahr 1572, sowie der Militärdienst der Schweizer im Ausland. Ein protestantischer Deutsch-Schweizer namens Schandau erzählt rückblickend, wie sein Jugendfreund, der katholische Boccard mittels eines Amuletts mit dem Bildnis der Jungfrau Maria, das er ihm vor einem Zweikampf unter die Kleidung geschoben hatte, ihm das Leben rettete. Schandau ist Sekretär bei dem Admiral Coligny, dem Führer der Hugenotten. Boccard tut Dienst bei den Schweizer Garden des katholischen Königs.

Während des Pogroms an den Protestanten rettet Boccard seinem Freund abermals, indem er ihm eine Uniform der Garde des Königs verschafft. Er selbst fällt aber einer Kugel zum Opfer, die eigentlich Schandau gegolten hatte. Das Amulett mit dem Bildnis Marias konnte seinen Besitzer nicht beschützen.

9.4. Das Drama des Realismus

Zwischen 1848 und 1880 wurden zahlreiche Geschichtsdramen geschrieben. Diese Dramen sind heute meistens vergessen. Schon in der Zeit des Realismus stießen sie auf wenig Interesse (Otto Ludwig, Paul Heyse, Friedrich Halm).

In der Zeit des Realismus, insbesondere nach der Reichsgründung, wurden viele Theater gebaut. Es waren repräsentative Gebäude. Neben dem Hof- und dem Nationaltheater entstand das Stadttheater.

Das Programm der Theater wurde kontrolliert, daher bezeichnete man sie auch als ‚Polizeianstalt'. Im Interesse von ‚Ruhe und Ordnung' wurde eine Zensur ausgeübt, der sich die Theatermacher fügen mussten. Erst gegen Ende des Jahrhunderts wurde das Theater wieder politisch aktiver und große Konflikte waren die Folge (z. B.: Hauptmanns Drama *Die Weber*).

Der interessanteste Dramatiker dieser Zeit ist der aus einfachen Verhältnissen kommende Friedrich Hebbel. Sein Vater war Maurer, und daher musste er auf eine sorgfältige Ausbildung verzichten. Er arbeitete als Schreiber und Laufbursche und erwarb sich dabei durch ständiges Lesen ein umfangreiches Wissen. 1848 trat er als Journalist für eine konstitutionelle Monarchie auf demokratischer Grundlage ein. Hebbel war mehr Zeitgenosse als Vertreter der realistischen Literatur.

Sein beeindruckendstes Trauerspiel und sein einziges bedeutendes Drama mit zeitgenössischer Handlung heißt *Maria Magdalena* (1844). Klara, die Hauptfigur, geht in einer Welt der kleinbürgerlichen Vorurteile und der unmenschlichen Moralbegriffe zugrunde. Der tyrannische Vater und die ängstliche Mutter drängen die Tochter zu einer Ehe mit einem nichtgeliebten Mann. Da kommt ihr Jugendfreund zurück. Sie lieben sich immer noch. Als der Jugendfreund aber erfährt, dass Klara schwanger ist, weil sie mit dem anderen Mann zusammen war, urteilt er: „Darüber kann kein Mann weg". Er hat nicht die Kraft, sich von den bestehenden Moralvorstellungen freizumachen.

Klaras Bräutigam, von dem sie ein Kind erwartet, verlässt sie, als er erfährt, dass sein Schwiegervater sein Vermögen eingebüßt hat und dass er eine andere, reiche Frau heiraten könne.

Außerdem behauptet er, die Familie habe ihre Ehre verloren, weil Klaras Bruder verhaftet worden war. Der Anlass für diese Verhaftung ist ein angeblicher Diebstahl des Bruders. Er ist aber unschuldig. Der Jugendfreund fordert den untreuen Bräutigam zum Duell und erschießt ihn. Die von allen isolierte Klara ertränkt sich in einem Brunnen, da sie weiß, dass ihr Vater sie nie verstehen würde. Nach dem Tod der Tochter ahnt der Alte, dass mit dieser Welt etwas nicht in Ordnung ist. Er sagt: „Ich verstehe die Welt nicht mehr!"

Stoffe zu weiteren bedeutenden Dramen entnahm Hebbel der Bibel und der Geschichte des Mittelalters.

Ludwig Anzengruber entwickelte das Wiener Volkstheater weiter. Statt den Kleinbürgern brachte er nun die Bauern auf die Bühne. Es gelang ihm, die Charaktere psychologisch zu vertiefen und mit dem Milieu, aus dem sie kommen, zu verbinden. Unter dem Eindruck von Feuerbachs diesseitiger Sozialethik, vertrat er einen antikatholischen Liberalismus.

9.5. Die Lyrik des Realismus

Die progressive politische Lyrik des Vormärz war nach 1850 verstummt. Mit der Entstehung der Arbeiterbewegung entstanden nun sozialistische Parteilieder.

Schriftsteller, die in ihren Werken schon vorhandene Vorbilder verwenden oder im Stil nachahmen, ohne selbst schöpferisch und stilbildend zu sein, hatten großen Erfolg. Man nennt solche Schriftsteller Epigonen. Besonders erfolgreich war Emanuel Geibel. Sein erster Band Gedichte erreichte zu seinen Lebzeiten 100 Auflagen! Seine nationalen Töne verhalfen ihm zu großer Beliebtheit. So heißt es in dem Gedicht Deutschlands Beruf:

> Und es mag am deutschen Wesen
> Einmal noch die Welt genesen.

Er dichtete aber auch schöne Volkslieder im Stil der Romantik (z.B.: *Der Mai ist gekommen*).

Die Lyrik des Realismus war stark von Goethe geprägt. Oft schufen die großen realistischen Erzähler in ihrer Lyrik eine poetische Gegenwelt zur modernen Gesellschaft: Die Natur diente als Ruhepunkt und Zuflucht.

Adalbert Stifter schuf Landschafts- und Naturdichtung. Er schilderte die unversehrte Natur. Die Natur diente ihm oft dazu, menschliche Beziehungen zu untermalen. Hebbel kritisierte Stifters Poesie sehr energisch: Er warf ihm vor, er verkleinere die Welt, er biete eine trockene Aufzählung unwichtiger Einzelheiten und bei ihm finde keine Auseinandersetzung mit den eigentlichen Problemen der zeitgenössischen Wirklichkeit statt.

Theodor Storm gelang es, einen dichterischen Raum zu schaffen, in dem das Individuum, seine Erlebnisse und seine Empfindungen einen sinnvollen Zusammenhang finden.

Theodor Fontane und Conrad Ferdinand Meyer schrieben Balladen. Balladen sind eine der Prosadichtung nahestehende Gattung. Die Ballade erzählt, meist sprunghaft von Höhepunkt zu Höhepunkt eilend, eine entscheidende, schicksalbestimmende Begebenheit.

Nicht Erlebnisse und Gefühle, sondern Bilder und Gegenstände sind Ausgangspunkt vieler Gedichte von C. F. Meyer. Seine Aussageform antizipierte die symbolistische Verfahrensweise der nachfolgenden Generation. Von dem bewunderten Michelangelo übernahm er den Gedanken, dass nicht der Künstler eine subjektive Idee dem Material aufpräge, sondern dass die wesentliche, dem Inhalt angemessene Form im Stoff schon vorhanden sei.

An einzelnen Gedichten arbeitete er jahrelang. Zwölf Bearbeitungsstufen durchlief das Gedicht Der Römische Brunnen, bevor die Meyer genügende formale Brillanz erreicht war:

Der Römische Brunnen

Aufsteigt der Strahl und fallend gießt
Er voll der Marmorschale Rund,
Die, sich verschleiernd, überfließt
In einer zweiten Schale Grund;
Die zweite gibt, sie wird zu reich,
Der dritten wallend ihre Flut,
Und jede nimmt und gibt zugleich
Und strömt und ruht.

Wilhelm Busch machte Bildergeschichten, in denen er das Leben der Mitbürger verspottete (z.B.: *Knopp-Trilogie*). So sagt er: „Man ist ein Mensch und erfrischt und erbaut sich gern an den kleinen Verdrießlichkeiten und Dummheiten anderer Leute." Seine Bildergeschichte *Max und Moritz* zählt zu den bekanntesten Werken der deutschen Literatur.

Pater Filucius (filou <franz.>: Gauner, Spitzbube), eine Geschichte über die Intrigen eines bösartigen Jesuiten, und *Der heilige Antonius von Padua*, eine nicht minder unterhaltsame Geschichte über die Freuden und Leiden des berühmten Heiligen, sind Buschs Beitrag im Kampf gegen den immer noch einflussreichen Katholizismus.

10. Der Naturalismus und die Literatur der Jahrhundertwende

Thomas und Heinrich Mann (um 1899)

Rainer Maria Rilke

Titelblatt von 1897

Handzeichung Franz Kafkas zum »Prozeß«

Mit ‚Naturalismus' bezeichnet man einerseits eine Stiltendenz in Literatur und Kunst. Diese Tendenz versucht, die Wirklichkeit genau abzubilden ohne subjektive Ergänzungen und ohne Stilisierung. Naturalistische Schilderungen finden sich auch in älteren Werken der Weltliteratur, so in Homers *Odyssee* oder in Boccaccios *Decamerone*.

Mit dem Begriff bezeichnet man andererseits eine europäische literarische Richtung zwischen 1870 und 1900. Eine genaue Beschreibung der Wirklichkeit wurde angestrebt. Die Wiedergabe der sinnlich erfahrbaren Erscheinungen war das ästhetische Prinzip. Der Naturalismus baut auf dem Realismus auf. Bereiche, die der Realismus vernachlässigt hat, stehen jetzt im Mittelpunkt. Das moralische und wirtschaftliche Elend ist Thema vieler naturalistischer Werke.

Das Proletariat und die Welt des Kleinbürgertums samt Armut, Krankheit und Verbrechen werden dargestellt. Dies ist eng verbunden mit einer Kritik am Bürgertum, mit einer Kritik an seinem Optimismus, an der doppelten Moral und an der Gleichgültigkeit des Bürgertums gegenüber dem sozialen Elend.

Der Naturalismus begann in Deutschland später als in anderen Ländern Europas. Die deutschen Schriftsteller konnten von ausländischen Vorbildern lernen, so von Zola, Ibsen, Tolstoi und Dostojewski.

Im 19. Jahrhundert entstanden einige Theorien, auf welche die Naturalisten zurückgriffen. Die Milieutheorie (Hippolyte Taine) behauptet, der Künstler sei durch die drei Faktoren Milieu, Rasse und Geschichte bestimmt. Sigmund Freuds Psychoanalyse zeigte, dass die Psyche des Menschen von Faktoren abhängig ist (dem Unbewussten, der Triebstruktur), die sich dem Bewusstsein des Menschen entziehen.

Karl Marx' Kritik der politischen Ökonomie zeigte, dass die Menschen im Kapitalismus zusehends abhängig werden von den Produktionsverhältnissen, die sie geschaffen haben.

Charles Darwins Evolutionstheorie schließlich beschreibt die Entstehung der Arten. Auch der Mensch stammt, wie die Tiere, von vorgeschichtlichen Lebewesen ab. Im Verlauf der Evolution setzen sich die anpassungsfähigeren und stärkeren Arten durch. Das Bild vom Menschen hat sich grundlegend verändert. Er ist abhängig vom Milieu, vom Unbewussten und von den ökonomischen Strukturen und er ist auch, nach Darwin, nicht mehr das von Gott geschaffene privilegierte Wesen, sondern ein Ergebnis der langen

Evolution.

Der Naturalist Wilhelm Bölsche fordert in seiner Schrift *Die naturwissenschaftlichen Grundlagen der Poesie* (1887), dass sich die Dichtung den neuen Resultaten der Naturwissenschaften und der Psychologie anzupassen habe.

Die Natur stand im Mittelpunkt der ästhetischen Debatten. Zola sagte: „Kunst ist nur ein Stück Natur, gesehen durch ein Temperament." Der deutsche Naturalist Arno Holz fand sogar eine Formel für die Kunst: Kunst = Natur - x. Wenn ein Kind die Natur wiedergibt, ist dieses x groß, bei dem großen Künstler Michelangelo dagegen ist dieses x klein.

Zola gab viele Anregungen. Die Schriftsteller sollten Erkenntnisse und Methoden der Naturwissenschaften in ihre Arbeit einbeziehen. Nach Zola sind die menschlichen Erscheinungen determiniert (Determinismus), das heißt, sie sind im Voraus festgelegt und bestimmt. Die Gesetze, die das menschliche Leben beherrschen bzw. determinieren, sollten erkannt werden, damit sie eines Tages beherrscht werden können.

Der Naturalismus wollte also eine möglichst naturgetreue Wiedergabe anstreben. Er entwickelte dazu einen eigenen Stil, den Sekundenstil. Zeit und Raum werden Sekunde für Sekunde geschildert. Die kleinsten Bewegungen und die geringsten Veränderungen werden festgehalten (Beispiel: Die Schilderung des kommenden Zuges in Hauptmann Novelle *Bahnwärter Thiel*, 1888).

Auch die Sprache soll natürlich sein. Die gesprochene deutsche Sprache unterscheidet sich erheblich von dem, was die Grammatiken als korrektes Deutsch bezeichnen und was die Phonologie als Hochsprache ausgibt. Unvollständige und fehlerhafte Sätze sind die Regel. Von der Nordsee bis zu den Alpen werden viele Dialekte gesprochen, die sich manchmal weit, manchmal bis zur Unverständlichkeit, von der Hochsprache entfernen. Der Naturalismus berücksichtigt diesen natürlichen Zug der Sprache. In den Dramen finden wir unvollständige und fehlerhafte Sätze und Dialekte.

Einer der bedeutendsten Autoren des späten 19. Jahrhunderts war Friedrich Nietzsche. Dies gilt sowohl für die Philosophie als auch für die Literatur. Zentralen Fragestellungen des 20. Jahrhunderts hat er vorgearbeitet: Vitalismus, Sprachkritik, Immoralismus, Betonung des Dionysischen, Ablehnung der Bildungsphilister, Wiederkunft des Gleichen, Wille zur Macht, Hochschätzung der Musik, Ablehnung der christlichen Religion, Nihilismus, Kritik des Subjekts, Konzept des Übermenschen.

Große Teile seines Werkes sind in Aphorismen formuliert. Diese sind aber nicht einfache Merksprüche, sondern sie bedürfen, wie Nietzsche sagt, einer sorgfältigen Auslegung.

Schriftsteller wie Stefan George, Thomas und Heinrich Mann, Hugo von Hofmannsthal, Rainer Maria Rilke oder Robert Musil haben sich intensiv mit Nietzsches Werk auseinandergesetzt.

In einigen seiner Schriften sind Gedichte eingestreut, so auch in der philosophischen Dichtung *Also sprach Zarathustra* (1883-1885).

Sein vielseitiges (auch vielsaitiges) Werk, das unsystematische Vorgehen und die nicht selten widersprüchlichen Formulierungen haben unterschiedlichste Strömungen dazu gebracht, im Steinbruch dieses gewaltigen Denkens Bausteine für das eigene Denken und Treiben zu suchen und zu finden.

10.1. Der historische Hintergrund

In der Geschichtsschreibung bezeichnet man die Zeit um die Jahrhundertwende als die Blütezeit des politischen und wirtschaftlichen Imperialismus. Gelegentlich wird diese Zeit auch als Wilhelminisches Zeitalter bezeichnet. Im Gegensatz zu Bismarck war dieser Kaiser keine überragende politische Persönlichkeit. Nachdem Bismarck die Einheit Deutschlands herbeigeführt hatte, erklärte er das Reich für saturiert, d.h., es hat keine territorialen Ansprüche an andere Länder. Mit einer geschickten Bündnispolitik gelang es ihm, den Bestand des Reiches zu sichern. 1888, dem sogenannten Dreikaiserjahr (der todkranke Kaiser Friedrich III. regierte nur 99 Tage), erklärte der junge Wilhelm II. selbstsicher: „Sechs Monate will ich den Alten verschnaufen lassen, dann regiere ich selbst." Dies widerspricht dem Geist der konstitutionellen Monarchie.

Der selbstbewusste Kanzler und der nach Selbstregierung strebende junge Kaiser zerstritten sich. 1890 tritt Bismarck zurück. Das Sozialistengesetz wird aufgehoben. Wilhelm II. suchte eine Versöhnung mit der Arbeiterklasse und führte soziale Reformen durch. Kinder unter 13 dürfen nicht, Kinder unter 16 nur 10 Stunden und Frauen nur 11 Stunden arbeiten. Es gelang dem Kaiser aber nicht, die Arbeiterklasse von der Sozialdemokratie zu entfremden.

Das außenpolitische Bündnissystem Bismarcks wurde zerstört. Durch unüberlegte Äußerungen und Handlungen verunsicherte der Kaiser die Öffentlichkeit und bewegte sich gelegentlich hart am Rande eines Krieges.

Das Deutsche Reich erlebte einen wirtschaftlichen Aufschwung. In der Gesamtproduktion erreichte es um die Jahrhundertwende nach den USA im weltweiten Vergleich den zweiten Platz. Die Verstädterung und der Ausbau der Industrie machten große Fortschritte.

Während die Gewerkschaften zu Massenorganisationen wurden, vollzog sich innerhalb der sich zur Reformpartei wandelnden SPD eine langsame Abkehr vom revolutionären Marxismus. Die Naturalisten wurden von der konservativen Presse als Anarchisten und Aufrührer verleumdet. Da die SPD nach 1890 in der Legalität arbeiten wollte und man neue staatliche Sanktionen befürchtete, war die SPD vorsichtig bei Kontakten mit den als Anarchisten und Aufrührern verschrieenen Naturalisten. Einer der Führer der SPD, Wilhelm Liebknecht, sagte: Das jüngste Deutschland - so nannten sich die Naturalisten - hat mit dem Sozialismus und der Sozialdemokratie nichts zu tun. Die Verteidiger des Naturalismus in der SPD betonen den Wahrheitsmut der neuen Literatur; sie meinten, auch das Hässliche und das Elend gehöre zu einer aufrichtigen Kunst.

Dass der Kaiser, der die Repräsentation seiner Macht liebte, diese Kunst ablehnte, versteht sich fast von selbst. Er bezeichnete sie als Rinnsteinkunst.

Der österreichische Kaiser Franz Joseph I. regierte, gezeichnet von schweren Schicksalsschlägen (gewaltsamer Tod von Frau, Sohn, Bruder und Thronfolger), von 1848-1916! Er und auch sein Nachfolger Karl I., der durch ungeschicktes Lavieren am Ende des Krieges jedes Ansehen verspielt hatte, konnten die Nationalitätenfrage nicht lösen. Das Gebiet der Habsburgermonarchie zerfiel am Ende des Krieges in unabhängige Nationalstaaten. Regierungschef des nunmehr republikanischen „Deutsch-Österreichs" wurde Karl Renner, ein entschiedener Vertreter der reformorientierten Strömung der damaligen Sozialdemokratie. Die Siegermächte verboten ein Zusammenschluss von Österreich und Deutschland.

10.2. Das Drama des Naturalismus

In Deutschland herrschte eine Ibsen-Begeisterung. Henrik Ibsen aus Norwegen galt als Todfeind der Lüge. In nichtöffentlichen Veranstaltungen wurden seine Dramen *Die Wildente* und *Gespenster gezeigt*. In Preußen herrschten strenge Zensurbestimmungen, so dass viele moderne und politische Stücke nicht öffentlich aufgeführt werden durften, denn öffentliche Aufführungen bedurften einer behördlichen Genehmigung. Um das zu umgehen, wurden private Theatervereine gegründet, so ‚Die Freie Bühne' und ‚Die freie Volksbühne'. Es fanden geschlossene Veranstaltungen statt. Dadurch konnte die Zensur umgangen werden. Das Theater war auch ein Instrument des politischen Emanzipationskampfes der Arbeiterklasse.

1895 jedoch wurde den Bühnen gesagt, sie würden jetzt als politische Vereinigungen betrachtet werden. Nun unterlagen auch sie den Zensurbestimmungen, und für ihre Vorstellungen benötigten sie jetzt eine polizeiliche Erlaubnis.

Henrik Ibsen galt sowohl in inhaltlicher als auch in formaler Hinsicht als revolutionär. Er schrieb analytische Dramen. Wichtige Ereignisse sind schon geschehen, bevor das Drama beginnt. Im Drama wird dann die Vergangenheit enthüllt, sie wird analysiert. Die dramatische Gegenwart dient der Heraufbeschwörung der Vergangenheit und dem Nachdenken über das vergangene Leben. Die Gestalten sind von der Vergangenheit determiniert. Ihr Leben ist oft geprägt von einer Lebenslüge. Damit das Leben erträglich wird, machen sie sich Illusionen, an die sie fest glauben.

Gerhart Hauptmann war der bedeutendste naturalistische Dramatiker in Deutschland. Er hat einen ungewöhnlichen Lebenslauf: Hauptmann stammte aus einer armen Familie und erhielt nur eine unzureichende Schulbildung. Er strebte einen Beruf in der Landwirtschaft an, aber die Arbeit war zu schwer für ihn. So widmete er sich der Bildhauerei und dem Studium der Geschichte. Eine reiche Heirat ermöglichte ihm schließlich ein großbürgerliches Leben und eine Existenz als freier Schriftsteller. Schon in den 90er Jahren waren seine Bücher und seine Theaterstücke relativ erfolgreich. Um die Jahrhundertwende war er einer der erfolgreichsten Theaterdichter in Deutschland.

Man sah in ihm oft den großen sozialkritischen Dichter, den Dichter der *Weber*. Dies hat ihn geärgert, denn die naturalistische Zeit war nur eine relativ kurze Zeitspanne in seinem umfangreichen Schaffen. Schon in den 90er Jahren wollte er über den Naturalismus hinaus, er wollte ein deutscher Dichter in Deutschland sein. Walter Mehring schilderte ironisch den Werdegang Hauptmanns: Er war der gelobte Dichter der Sozialdemokratie, der Sänger des Kaiserreiches, der große Klassiker der Weimarer Republik und der geehrte alte Mann des III. Reiches.

1933 erklärte Hauptmann, er sehe nicht im Gegenwirken sein Heil, sondern im Mitwirken. Nach 1945 stand er unter dem Schutz der sowjetischen Armee und erhielt Besuch vom späteren Kulturminister der DDR Johannes R. Becher.

Die frühen Werke hatten eine große politische Wirkung. In *Vor Sonnenaufgang* schildert er Habgier, Unmoral und, für die damalige Zeit ungewohnt, sexuelle Begierden.

Das Drama Die Weber schildert den Weberaufstand in Schlesien. Es zeigt Ausbeutung, Plünderung und Gewalt.

Da Hauptmann aber schon bald ein bürgerliches Publikum ansprechen wollte, mied er politische und aktuelle Themen. 1912 bekam er den Nobelpreis. Der am Ende des Kaiserreichs angesehene nationale Dichter wählt nun nationale und mythische Stoffe.

10.2.1. *Die Weber*

Thema des Dramas ist der Weberaufstand von 1844 in Schlesien. Das Stück wurde 1893 uraufgeführt. Die öffentliche Aufführung wurde allerdings verboten. Die Zensurbehörden kritisierten die angeblich zum Klassenhass aufreizende Darstellung des Fabrikanten, die Plünderungen und die lebhafte Schilderung des Aufstandes. Man befürchtete, „dass die kraftvollen Schilderungen des Dramas [...] einen Ausgangspunkt für den zu Demonstrationen geneigten Teil der Bevölkerung Berlins bieten würde". Hauptmann klagte gegen das Verbot und erreichte, dass das Stück gespielt werden durfte. Wilhelm II. kündigte daraufhin wegen der angeblich demoralisierenden Tendenz des Dramas seinen Platz im Deutschen Theater.

Hauptmann kannte die Ereignisse aus den Erzählungen des Großvaters. Da die sozialen Probleme immer noch aktuell waren, wird die Vergangenheit zum Spiegel der Gegenwart. Die Handlung, die möglich ist, ist der Aufstand gegen die Verhältnisse. Das Drama kennt keine wohlgeformten Dialoge; es ist ein Ausbruch von Verzweifelten.

Hauptmann selbst sagte, er habe kein sozialrevolutionäres Tendenzstück geschrieben, denn das wäre für ihn eine Herabwürdigung der Kunst. Christliche und allgemein menschliche Empfindungen wie z.B. Mitleid seien seine Motive gewesen.

10.2.2. *Vor Sonnenaufgang*

Vor Sonnenaufgang (Uraufführung 1889) ist ein soziales Drama in fünf Akten. Es ist eine dramatische Darstellung ökonomisch-politischer Zustände, die das individuelle Leben bestimmen. Schlesische Bauern werden geschildert, die durch die Kohle unter ihren Feldern reich geworden sind. Ihr Leben ist geprägt durch Müßiggang, Trunksucht und Laster. Der reiche Bauer erscheint nur zweimal auf der Bühne; in den frühen Morgenstunden kommt er betrunken nach Hause. Seine ältere alkoholabhängige Tochter ist mit einem Ingenieur verheiratet, der seine früheren sozialistischen Ideale längst verraten hat und nun rücksichtslos nach höheren Profiten strebt.

Der reiche Bauer Krause wird von seiner Frau betrogen. Krause selbst möchte seine eigenen Töchter sexuell missbrauchen. Der Ingenieur ist scharf auf die jüngere Schwester Helene. Eine nette Familie also. Helene ist die einzige, die nicht an diesem lasterhaften Leben teilnimmt.

In dieses Milieu kommt ein Fremder namens Loth, ein Jugendfreund des Ingenieurs, der sozialreformerische Ideen vertritt. Er ist aber auch ein typischer Dogmatiker, der unbedingt an die von ihm vertretene Lehre über Vererbung und Rassenhygiene glaubt. Dadurch zerstört er die aufkeimende Liebe zu Helene, denn er glaubt, da sie aus einer Alkoholikerfamilie stammt, dürfe er sie nicht heiraten. Seine Anschauungen über Vererbung und Rassenhygiene lassen eine Verbindung nicht zu, und voller Verzweiflung begeht Helene Selbstmord.

Das Stück ist keine Tragödie im herkömmlichen Sinn, denn zu eigenverantwortlichem Handeln sind die dargestellten Menschen gar nicht fähig. Sie sind determiniert und leben nebeneinander her. Sie sind Gefangene des Lasters. Mit solchen Gestalten lässt sich natürlich keine klassische Tragödie machen.

Erst als der Fremde kommt, gelangt diese Familie zu dramatischer Darstellung. Vor dem Fremden, dem Besucher, wird das Leben der Familie enthüllt. Wäre der Fremde nicht da, könnte diese Familie gar nicht zur dramatischen Darstellung gelangen. Am Schluss verschwindet der Fremde wieder und überlässt die Familie ihrem Schicksal.

10.3. Die Prosa des Naturalismus

In der Dramatik war Henrik Ibsen das große Vorbild der Naturalisten. In der Prosa war es Émile Zola, der in seinem Buch *Der Experimentalroman* die theoretischen Grundlagen des Naturalismus dargelegt hatte. Sein Buch wurde in Deutschland leidenschaftlich diskutiert. Die Gegner warfen Zola vor, er habe eine Vorliebe für das Hässliche, das Brutale, das Grausame und das Obszöne. Für die Gegner sollte die Kunst weiterhin eine Zuflucht für das Wahre, Schöne und Gute sein.

Die von Émile Zola empfohlene Schreibweise wurde von Max Kretzer, dem ‚Zola der Reichshauptstadt‘, aufgegriffen. In Berlin fand er das ‚Milieu‘ für seine gesellschaftskritischen Romane. In seinem bekanntesten Roman, *Meister Timpe* (1888), schildert er den Sieg der modernen Industrie über das traditionelle Kleingewerbe. Kretzer ist der naturalistische Dichter der Großstadt.

Arno Holz und Johannes Schlaf veröffentlichten 1889 die Prosatexte *Papa Hamlet*. Sie veröffentlichten die Texte unter einem norwegischen Pseudonym, da in Deutschland nur die Ausländer, vor allem die Franzosen, Russen und Norweger, in der Literatur Anerkennung fänden. Diese List hatte Erfolg und die Resonanz war sehr groß Die Titelerzählung schildert das Schicksal eines gescheiterten und verarmten Schauspielers. Der Text nutzt neue literarische Techniken und galt als Durchbruch zum ‚konsequenten Naturalismus‘. Das soziale Elend in den Städten wird gezeigt. Mit seiner Frau lebt Papa Hamlet in einer durch Schmutz, Hunger und Kälte geprägten Umwelt. Er erwürgt sein krankes Kind und geht am Alkohol zugrunde, sein hartes Leben kommentiert er aber mit pathetischen Hamletzitaten. Es wird Dialekt und Alltagssprache gesprochen. Die inneren Spannungen der Menschen werden durch Stottern, Stammeln, ja durch Redeabbruch und Verstummen zum Ausdruck gebracht. Die kleinsten Veränderungen, jeder Laut und jede Geste werden wiedergegeben.

Die bekannteste naturalistische Novelle, *Bahnwärter Thiel* (1888), stammt von Gerhart Hauptmann. Nach dem Tod seiner ersten Frau heiratet Thiel eine einfache, sinnliche Bauernmagd. Nach der Geburt eines eigenen Kindes vernachlässigt und misshandelt die neue Frau das Kind aus der ersten Ehe. Sie achtet nicht auf dieses Kind, so dass es schließlich unter den Zug gerät und überfahren wird. Thiel ist endgültig geistig verwirrt und erschlägt die Frau und das Kind aus der zweiten Ehe. Deshalb wird er in die „Irrenabteilung“ eines Krankenhauses gebracht.

Die Lyrik des Naturalismus ist wenig bekannt. Der bekannteste Lyrikband stammt von dem jungen Arno Holz: *Buch der Zeit. Lieder eines Modernen* (1886). Es enthält Angriffe auf die herrschende Literatur, politische Bekenntnisgedichte und Gedichte über die Großstadt und ihr Milieu.

10.4. Die Literatur der Jahrhundertwende

10.4.1. Die Wiener Moderne

Das Zentrum des Naturalismus war Berlin. In den 90er Jahren des 19. Jahrhunderts wird Wien das Zentrum der literarischen Moderne im deutschsprachigen Raum. Österreich-Ungarn war geprägt durch das Anwachsen sozialer und nationaler Konflikte und durch die mangelnde Bereitschaft zu grundlegenden Reformen. Wie auch in Deutschland hat sich das wohlhabende Bürgertum mit dem Adel arrangiert.

Die ‚Wiener Moderne' basiert auf den spezifischen Voraussetzungen im Wien der Jahrhundertwende. Auch die moderne Musik Arnold Schönbergs (Zwölftonmusik) und die Psychoanalyse Sigmund Freuds entstanden in diesem anregenden Klima. Das geistige Zentrum der Wiener Moderne war das Kaffeehaus. Dort trafen sich die Intellektuellen und Schriftsteller und führten ihre geistreichen Gespräche.

Schon 1891 erschien eine Aufsatzsammlung von Hermann Bahr mit dem Titel *Die Überwindung des Naturalismus*. Dem Naturalismus, der zu einer Strömung unter anderen wird, wurde vorgeworfen, er bilde nur die niedere Wirklichkeit ab.

Die neuen Strömungen suchten aber die Wirklichkeit unter der Oberfläche des Alltäglichen. Subjektivität und Seelenzustände gewannen an Bedeutung. Die Literatur der Jahrhundertwende war vielfältig: 1891 wurde der Begriff ‚Décadence' als Leitbegriff verkündet. Ursprünglich war dies eine abwertende Bezeichnung für Verfallserscheinungen. Der Décadent kehrte der Gesellschaft den Rücken. Seine Kunst ist gekennzeichnet durch Sprachartistik, Künstlichkeit und Naturferne.

Die Welt der Poesie und die wirkliche Welt wurden streng getrennt. So sagt Hugo von Hofmannsthal kategorisch: „Es führt von der Poesie kein direkter Weg ins Leben, aus dem Leben keiner in die Poesie."

Der junge Hofmannsthal gestaltete in seiner Lyrik und in seinen lyrischen Dramen das Lebensgefühl von Teilen seiner Generation. Mit Rückgriffen auf die Romantik begegnete er der kargen Nüchternheit des Naturalismus, wobei er sich allerdings bewusst war, dass die Dichtung seiner Zeit zu kritisch geworden war, um in der Traumwelt der Romantik leben zu können. Ein Problem seiner frühen Werke ist die Kluft zwischen dem aktiven Leben in der bestehenden Gesellschaft und der ästhetischen Reflexion, was die soziale Isolation des Künstlers zur Folge haben kann.

Zu Beginn des neuen Jahrhunderts publizierte Hofmannsthal den poetologisch-sprachkritischen Essay *Ein Brief* (1902), den berühmten fiktiven Brief des Lord Chandos aus England. Der Brief ist ein Ausdruck der Sprachkrise der Zeit und des Autors. Der wortgewaltige impressionistische und symbolistische Ästhetizismus ist fragwürdig geworden.

Um aus der Sprachkrise herauszukommen, beschäftigt er ich intensiv mit den Werken alter Dichter und er schreibt in Zusammenarbeit mit dem Komponisten Richard Strauss Texte zu erfolgreichen Opern (z. B.: *Der Rosenkavalier*, 1910).

Hofmannsthal war Mitbegründer der Salzburger Festspiele, noch heute sind sie ein Höhepunkt der europäischen Theater- und Opernkultur. Seit 1922 wird dort sein Mysterienspiel *Jedermann* aufgeführt. Im Mittelpunkt steht ein reicher Mann, der sich nicht um die Armen und um die Gebote des Christentums kümmert. Erst im Angesicht des Todes bereut er sein sündiges Leben, so dass er, dank der Gnade Gottes, nicht den Weg zur Hölle gehen muss.

Der nach dem 1. Weltkrieg funktionslos gewordene Adel Österreichs gehört mit seinen Dienern zum Personal von Hofmannsthals Komödien.

Der Schwierige (Uraufführung 1921) ist eine Charakterkomödie um den Grafen Bühl und eine Gesellschaftskomödie aus der Stadt Wien um 1920. Die Figuren, außer dem Grafen und seiner späteren Frau Helene, sind zu substanziellen, handlungsbegründenden Dialogen gar nicht fähig. Sie vertreiben sich die Zeit mit Konversation. Einige erinnern an die Typen der Commedia dell' Arte aus Italien und an Gestalten aus den Komödien von Molière aus Frankreich. Die Ehe hat für Hofmannsthal einen hohen moralischen Stellenwert. So geht es im *Schwierigen* um die Gründung und im *Unbestechlichen*, einem anderen Lustspiel, um die Erhaltung einer Ehe.

Arthur Schnitzler hatte lange als Arzt gearbeitet und sich intensiv mit der Psychoanalyse auseinandergesetzt. Sein Interesse galt der psychologischen Durchdringung des Seelenlebens. Seine Werke gelten als beispielhafte Darstellung der Wiener Seelenverfassung um 1900. Der Roman *Der Weg ins Freie* (1908) schildert die Wiener Kultur zur Zeit der Jahrhundertwende.

Schnitzler führte den inneren Monolog, der mit dem freien Assoziieren der Psychoanalyse verwandt ist, in die deutsche Literatur ein. Schnitzlers *Reigen* (1900) ist eine Sammlung von 10 Einaktern, bestehend aus Dialogen vor und nach dem Liebesakt. Wegen der erotischen Offenheit - es wird ein Begehren gezeigt, das sich über alle Standesgrenzen hinwegsetzt - wurden die Einakter mehrmals verboten.

Skrupellose Typen aus der Oberschicht der Metropole begegnen den einfachen Mädchen (den süßen Mädels) aus den Wiener Vorstädten. Hinter den scheinbaren Idyllen entdeckt Schnitzler Armut, Ausbeutung und grobe Begierden.

10.4.2. Impressionismus und Symbolismus

Für die Impressionisten war der Eindruck von der Welt wichtig. Nicht die äußere Welt interessiert sie, sondern die subjektiven Empfindungen, die von ihr ausgelöst werden. Die impressionistischen Helden sind oft abhängig von Empfindungen und Stimmungen.

In den Werken werden wechselnde Stimmungsmomente aneinandergereiht.

Um die Jahrhundertwende galt der Impressionist Wilhelm Dehmel als der größte zeitgenössische deutschsprachige Lyriker. Seine Lyrik war für die Zeitgenossen der authentische Ausdruck eines leidenschaftlichen Lebens. Er gab die Stimmung der Zeit wieder. Auch Detlef von Liliencron, der junge Rainer Maria Rilke und der junge Hugo von Hofmannsthal schrieben impressionistische Gedichte.

Der Impressionismus wendet seine Aufmerksamkeit auf alles, was spürbar ist. Feinste Nuancen in der Welt der Farben, der Klänge und der Düfte werden von der impressionistischen Sensibilität registriert.

Der Symbolismus brachte eine schwer zu verstehende Lyrik hervor. Die Unbestimmtheit und die Unzugänglichkeit der Texte ist gewollt. Die Sprache emanzipiert sich von der sprachlichen Logik des Alltags. Die Musikalität der Verse ist ein Hauptprinzip. Der Sinn ist oft schwer zu erschließen. Die großen Symbolisten, Rimbaud, Verlaine und Mallarmé kommen aus Frankreich.

Die Symbolisten streben keine Wirklichkeitswiedergabe im Sinne der Naturalisten an. Ihre dichterische Phantasie verwandelt die Dinge der wirklichen Welt in Bildzeichen oder Symbole, mit denen sie nach „Gesetzen, die im tiefsten Seeleninneren entspringen", „eine neue Welt" (Baudelaire) erzeugen bzw. eine autonome Welt der Schönheit schaffen wollen. Diese autonome Welt der Schönheit soll symbolhaft die hinter allem Sein liegende Idee erahnbar machen.

Der Naturalismus und die Literatur der Jahrhundertwende

In Deutschland war Stefan George, der auch die französischen Symbolisten übersetzt hatte, der Wegbereiter des Symbolismus. Stefan George ging davon aus, dass nur wenige Menschen Zugang zur Kunst hätten, und er glaubte, das sei auch gut so, denn die Kunst sei nicht für die Öffentlichkeit, sondern für eine Elite. Entsprechend schuf der Kreis um George Privatdrucke mit ausgefallenen Schriftzeichen auf besonderem Papier. Die Drucke waren mit schönen Jugendstil-Illustrationen verziert. Alles Staatliche und Gesellschaftliche soll aus der Kunst verbannt sein. George war ein Ankläger der Gegenwart und der Verkünder einer visionären Zukunft.

Über den Wert einer Dichtung, so George, entscheide nicht der Sinn, sondern die Form; die wahren Meister träfen jenes tief Erregende in Maß und Klang. Von seinen Anhängern wurde er wie ein großer Meister verehrt.

Diese kleine, sich als Elite verstehende Schar, schaute auf ihre Mitbürger mit Verachtung herab, denn sie waren in den Augen Georges dem Konsum verfallen und blind für das Heilige. In dieser gottverlassenen Zeit habe allein der wahrhafte Dichter noch einen Zugang zum Heiligen. In unheiliger Zeit werde er zum Seher und Propheten.

George blieb nicht bei poetischen Phantasien stehen, sondern schuf einer regelrechten neuen Kult mit einem Halbgott als Mittelpunkt und umfangreichen kultischen Handlungen. Ein früh verstorbenes Mitglied des Kreises wurde zur Gottheit überhöht und als solche verehrt. George war im 20. Jahrhundert wohl der einzige deutsche Dichter, der es geschafft hat, aus seinen lyrischen Einbildungen einen religiösen Kult entstehen zu lassen.

Der zweite große Lyriker der Jahrhundertwende war Rainer Maria Rilke. Eine impressionistische Klang- und Bildersprache und eine an den Jugendstil erinnernde Ornamentik bestimmen seine frühen Gedichte. Durch seinen Aufenthalt in Paris und durch seine intensive Auseinandersetzung mit den Skulpturen des Bildhauers Auguste Rodin und den Gemälden des Malers Paul Cézanne gelangt Rilke zu einer neuen poetischen Sicht der Dinge. Von Rodin lernt er die Konzentration auf den Gegenstand. Ideen und Gefühle bleiben sekundär. Rilke ist der Dichter der Dinge; er schreibt Dinggedichte.

So schreibt er in seinem Werk *Briefe an einen jungen Dichter* (1929) über die Rolle des Dichters, der oft ein Außenseiter ist: „[W]enn keine Gemeinschaft ist zwischen den Menschen und Ihnen, versuchen Sie es, den Dingen nahe zu sein, die sie nicht verlassen werden. Noch sind die Nächte da und die Winde, die durch die Bäume gehen und über viele Länder; noch ist unter den Dingen und bei den Tieren alles voll Geschehen, daran sie teilnehmen dürfen".

Rilke, der ein unstetes Leben führte, hat es nie länger als einige wenige Jahre an einem Ort ausgehalten. Auch seine Liebesbeziehungen dauerten nicht lange.

Zur Wahrheit fand er im Gedicht: „In einem Gedicht, das mir gelingt, ist viel mehr Wirklichkeit als in jeder Beziehung oder Zuneigung; wo ich schaffe, bin ich wahr." Rilke war ein einsam schaffender, von der Gesellschaft abgewandter Dichter.

Thema vieler Gedichte sind die gestalteten Gegenstände der Kunst. In dem Gedichtzyklus *Neue Gedichte* (1907/08) dichtet er über Gemälde, Skulpturen, Bauwerke und architektonische Details, über Orte, Tiere und Pflanzen. Auch einige der Gedichte zur antiken Mythologie und zur christlichen Religion gehen von Kunstwerken aus.

Die 1923 veröffentlichten *Duineser Elegien*, benannt nach dem Schloss Duino an der Küste des Mittelmeers, wo Rilke die Arbeit an dem Werk begann, ist eines der schwersten Werke der neueren Lyrik. Entsprechend gibt es sehr unterschiedliche Auslegungen der Gedichte. Rilke selbst wandte sich wiederholt gegen eine Auslegung im christlichen Sinn. Ihm schwebte wohl eine mythische Sinngebung des Daseins jenseits der verbreiteten religiösen Systeme vor.

Mit seinem Tagebuchroman *Die Aufzeichnungen des Malte Laurids Brigge* (1910) schrieb Rilke ein Werk, das sich als erstes in der Geschichte der deutschen Literatur radikal vom realistischen Roman unterscheidet. Es kennt keine kontinuierliche Handlung. Selbständige Teile werden aneinandergereiht. Schilderung, Reflexion und Erzählung stehen nebeneinander.

Kindheitserinnerungen an eine gesicherte Geborgenheit in einem aristokratischen Milieu kontrastieren scharf mit der Schilderung des Lebens bedrohter Existenzen in der anonymen Großstadt Paris.

Der Autor des Tagebuchs ist ein junger adliger Däne, der nach dem Tod der Eltern Heimat und Besitz verloren hat und nun in Paris als Dichter zu leben versucht.

Rilkes eigene Erfahrungen sind in den Text eingewoben. An den Spuren auf einer stehen gebliebenen Mauer eines abgerissenen Hauses zum Beispiel „sieht" der Beobachter das Innenleben, das dieses Haus einst erfüllt hatte.

Der sensible junge Mann wird mit den hässlichen Seiten der Großstadt konfrontiert. Sie erzeugen in ihm eine Daseinsangst, aber der junge Künstler

„lernt sehen".

10.4.3. *Die Prosa der Jahrhundertwende*

‚Décadence', ein aus dem Französischen stammender Begriff, mit dem kulturelle Verfallserscheinungen benannt werden, war eines der großen Themen der Prosa. Das Interesse galt Verfallserscheinungen, Krankheit, Tod, sexuellen Tabus und dem Untergang von Familien oder Geschlechtern.

Das bedeutendste Werk der Zeit, für das der Autor 1929 den Nobelpreis erhielt, war Thomas Manns 1901 erschienener Roman *Die Buddenbrooks*. Er schildert den Aufstieg und den Verfall einer Familie und dadurch auch die Zeit, in der diese Familie gelebt hat (1835-1877), mit den herausragenden Ereignissen der Revolution von 1848 und der Reichsgründung von 1871.

Der alte Johann Buddenbrook repräsentiert das selbstsichere, tatkräftige und erfolgreiche Bürgertum, das die ökonomischen Bedingungen zu seinem eigenen Vorteil auszunutzen vermag. Die folgenden Generationen sind nicht mehr so erfolgreich. Es wird der Verfall geschildert. Der Enkel Thomas Buddenbrook heiratet eine reiche holländische Kaufmannstochter. Sie ist eine Künstlernatur und auch der gemeinsame Sohn Hanno interessiert sich mehr für die Musik als für das Geschäft.

Die Musikbegeisterung und insbesondere die Begeisterung für Richard Wagner ist bei Thomas Mann ein Zeichen für Dekadenz. Ein Leben für die Musik steht den nüchternen Ansprüchen des Geschäftslebens entgegen.

Für den Erfolg und den Fortbestand der Firma Buddenbrook sind das natürlich keine guten Voraussetzungen, und so muss schließlich die Firma aufgelöst werden.

Der Roman war schnell berühmt, jahrzehntelang war er das meistgelesene Werk der deutschen Literatur.

In diesem Buch aus der Welt des deutschen Bürgertums werden zwei interessante Phänomene geschildert. Zum einen, im Konfliktfall zwischen familiärem und geschäftlichem Interesse siegt das geschäftliche Interesse. Zum anderen, ein Bürger, der wirtschaftlich versagt, wird auch in der Familie nicht mehr akzeptiert. Thomas Mann selbst bezeichnete die Buddenbrooks als eine Seelengeschichte des deutschen Bürgertums.

Thomas Manns erfolgreichste Novellen aus dieser Zeit handeln vom Untergang eines Künstlers (*Tod in Venedig*, 1922) in der von Krankheit und Tod bedrohten italienischen Stadt und vom Untergang einer anderen Lübecker Kaufmannsfamilie (*Tonio Kröger*, 1903). Der Sohn dieser Familie folgt seinen musischen Neigungen und wird Schriftsteller. In der Schilderung des Entwicklungsgangs des sensiblen Jungen und in dem eingebetteten langen Literaturgespräch fanden autobiografische Erfahrungen und Ansichten des Autors, vor allem zum Gegensatz von Kunst und Leben, ihren Niederschlag.

Auch Ricarda Huch zeigt in ihrem Roman *Erinnerungen von Ludolf Ursleu dem Jüngeren* (1893) den Untergang einer großbürgerlichen Familie. Hier dauert der Untergang allerdings nicht vier Generationen, denn sexuelle Leidenschaften zerstören mit plötzlicher Gewalt das Gefüge der Familie.

Ein weiteres bevorzugtes Thema der Romane war die autoritäre Erziehung der Zeit. In Hermann Hesses Roman *Unterm Rad* (1909) haben autobiografische Einzelheiten aus seiner Zeit im Klosterseminar von Maulbronn Eingang gefunden.

Wie Hesse selbst ist der Schüler Hans Giebenrath der Unterdrückung durch den Erziehungsapparat ausgeliefert. Die Begeisterungsfähigkeit des Jungen wird durch den seelenlosen Apparat zerstört.

Geradezu groteske Formen nimmt die Erziehung in Robert Walsers Roman Jakob von Gunten (1909) an. Die Schüler eines Berliner Erziehungsinstituts „lernen wenig, aber gründlich". Das Auswendiglernen der Vorschriften ist der Hauptinhalt des selten stattfindenden Unterrichts. Franz Kafkas las mit Begeisterung die Werke des Schweizer Autors.

In Heinrich Manns Roman *Professor Unrat oder das Ende eines Tyrannen* (1905) leiden die Schüler unter den Erziehungsidealen („eine einflussreiche Kirche, ein handfester Säbel, strikter Gehorsam und starre Sitten") des satirisch überzeichneten wilhelminischen Lehrers. Der Kontakt mit einer lebensfrohen Tänzerin wirft den Professor aus der Bahn. Er verlässt den Schuldienst und verwandelt seine Villa in eine Vergnügungsstätte, welche die Bürger der Stadt, ihre verlogene Scheinmoral offenbarend, magisch anzieht und ihr geordnetes Leben durcheinanderbringt.

Heinrich Manns bekanntester Roman ist *Der Untertan* (1916). Hier steht der Werdegang einer autoritären Persönlichkeit im Mittelpunkt. Das Buch ist eine scharfe Kritik der nationalistischen Politik dieser Zeit und an dem sie tragenden Bürgertum.

In Anlehnung an den Bildungsroman wird die Herausbildung des autoritären Charakters Heßling von der frühen Kindheit bis hin zur Absicherung der sozialen Stellung in der Heimatstadt geschildert (Demütigung durch Stärkere, Eingliederung in eine Burschenschaft, Verlassen der schwangeren Geliebten, Drückeberger beim Militär). Für Heßling ist die „Seele des deutschen Wesens" die „Verehrung der Macht, gegen die man nichts machen kann". Entsprechend ist seine Verehrung des Kaisers grenzenlos. Getreu seiner Maxime, „wer treten wollte, musste sich treten lassen", duckt er sich vor den Mächtigen, um dann, nachdem er in Familie, Betrieb und Stadt selbst zu Einfluss gekommen ist, die ihm Untergebenen und die von ihm Abhängigen zu schikanieren und zu unterdrücken.

Der schon 1914 beendete Roman erschien erst 1916 in wenigen Exemplaren als Privatdruck und erst 1918 im Buchhandel, wurde dann aber bald zu einem sensationellen Erfolgsroman.

Im Gegensatz zu seinem Bruder Thomas hatte sich Heinrich Mann in der auf den 1. Weltkrieg zusteuernden Zeit gegen den Nationalismus und für den Pazifismus ausgesprochen.

Thomas Mann hatte 1914, wie so viele, den Krieg begeistert begrüßt. Er versprach sich vom Krieg „Reinigung, Befreiung" und „ungeheure Hoffnung". Er war glücklich, dass die „grässliche Welt" des Friedens zu Ende war (Thomas Mann, *Gedanken im Kriege*, 1914).

10.4.4. *Franz Kafka*

Franz Kafka kommt aus Prag, das bis 1918 zu Österreich-Ungarn gehörte. Dort lebte eine deutsche Minderheit, die einige bekannte Schriftsteller hervorbrachte (Franz Kafka, Franz Werfel, Max Brod, Egon Erwin Kisch u.a.). Kafkas Vater war Tscheche, seine Mutter Deutsche. Sie schlossen sich der systembejahenden, herrschenden deutschen Oberschicht in Prag an. Nach erfolgreichem Jurastudium arbeitete Kafka bei der ‚Arbeiter-Unfall-Versicherungs-Anstalt für das Königreich Böhmen in Prag'. Die Tätigkeit gab ihm Einblicke in die moderne Welt. So sah er zum Beispiel das Ausgeliefertsein des Menschen an fremde, anonyme Mächte (Arbeitgeber, Staat, Versicherung).

Obwohl Kafka ein vorbildlicher Angestellter war, liebte er seine Arbeit nicht. Sie war ein Fluch für ihn, denn sie hinderte ihn am Schreiben. Nur das Schreiben vermittelte ihm Glück. Schon in der ältesten erhaltenen Erzählung Beschreibung eines Kampfes begegnen wir den späteren Themen Kafkas:

Scheitern, Isolation und Verwandlung.

1912 entsteht in einer einzigen Nacht die bekannte Erzählung Das Urteil. Kafka schreibt darüber: „Nur so kann geschrieben werden, nur in einem solchen Zusammenhang, mit solcher vollständigen Öffnung des Leibes und der Seele". Der Vater-Sohn-Konflikt, ein beliebtes Motiv der Expressionisten, findet hier eine beeindruckende Gestaltung.

Das Motiv der Verwandlung findet in der Erzählung *Die Verwandlung* eine groteske Ausgestaltung. Ein Handlungsreisender findet sich eines Morgens in einen großen Käfer verwandelt. Er möchte seinen ungeliebten beruflichen Pflichten nachkommen, aber seine neue Gestalt macht dies unmöglich. Die Familie akzeptiert ihr verunstaltetes Mitglied nicht und treibt es in den Tod.

Kafka schrieb drei Romanfragmente (*Der Prozess, Das Schloss* und *Amerika*). An die Stelle der Familie, die das Individuum deformiert und zerstört, treten hier unbekannte, anonyme Gesetze bzw. Mächte, die den Einzelnen zum Objekt machen. Kafka hat hier gesellschaftliche Tendenzen, wie sie in den Büro-kratien im 20. Jahrhundert (mit ihren für die Menschen oft vernichtenden Konsequenzen) ihren Niederschlag gefunden haben, verarbeitet.

In dem Romanfragment *Das Schloss* sieht sich der Landvermesser K. mit geheimnisvollen Mächten konfrontiert, die ihren Sitz im Schloss haben. Es gelingt ihm nie, dieses Schloss zu erreichen. Es ist unerreichbar für ihn. Schon am Anfang scheitert sein Versuch: „Die Straße nämlich, diese Hauptstraße des Dorfes führte nicht zum Schlossberg, sie führte nur nahe heran, dann aber wie absichtlich bog sie ab und wenn sie sich auch vom Schloss nicht entfernte, so kam sie ihm doch auch nicht näher." Der Landvermesser gelangt nie zum Schloss, und es gelingt ihm nicht, sich im Dorf einzuleben. Er bleibt ein Fremdkörper, dem persönliches Glück versagt bleibt. Der Fragment gebliebene Roman sollte nach sieben Tagen mit dem Tod des völlig erschöpften Landvermessers enden.

Im Prozess wird Josef K., ein in Untermiete lebender Junggeselle und angesehener Prokurist, angeklagt. Er kennt aber weder die Anklage noch den Ankläger. Der Prozess findet im Geheimen statt. Zunächst versucht Josef K., Einfluss zu nehmen. Er vernachlässigt seine Arbeit in der Bank und widmet sich fast ausschließlich dem Prozess.

Das Ende kommt überraschend. Ohne seine Richter gesehen zu haben, wird K. von zwei Herren abgeführt, in einem abgelegenen Steinbruch entkleidet und mit einem Fleischermesser hingerichtet. Kafkas vielschichtiges Werk stellt die Kunst der Auslegung vor nicht leichte Probleme und provoziert viele Deutungsversuche. Ein Satz aus dem Prozess reflektiert die Komplexität der Problemlage: „Richtiges Auffassen einer Sache und Missverstehen der gleichen Sache schließen einander nicht vollständig aus."

10.4.5. *Frank Wedekind*

Der antinaturalistische Dramatiker Frank Wedekind schlug nicht den Weg nach innen ein. Er war ein kritischer und distanzierter Beobachter der Gesellschaft. Seine für die Zeit freizügige Darstellung sinnlicher Leidenschaften führte zu Konflikten mit der Zensur. Er galt als Skandalautor und musste wegen seiner Gedichte über die Palästina-Reise des Kaisers Wilhelm II. sogar ins Gefängnis. In seinem ersten großen Drama *Frühlings Erwachen* (Uraufführung 1906) schildert er die sexuellen Nöte der bürgerlichen Jugend um 1890, die von Schule und Elternhaus mit ihren Problemen alleingelassen wird. Die Engstirnigkeit von Lehrern und Eltern führt die Jugendlichen ins Verderben.

11. Der Expressionismus

Gottfried Benn

Alfred Döblin

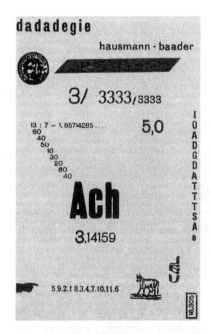

Dada-Text

Georg Heym

Die Jahrhundertwende war gekennzeichnet durch ein Nebeneinander von unterschiedlichen Strömungen (Naturalismus, Neuromantik, Neuklassik, Symbolismus, Impressionismus, Jugendstil).

Der Expressionismus war eine radikale Gegenbewegung gegen das naturwissenschaftlich geprägte Wirklichkeitsverständnis des Naturalismus, gegen den Impressionismus, der äußere Eindrücke ästhetisiert, und gegen den dekorativen Jugendstil. Abgelöst wurde er von der Neuen Sachlichkeit, einem kritischen Realismus in den 20er Jahren.

Der Expressionismus möchte nicht nur äußere Reize oder Eindrücke erfassen. Er war ein Protest gegen das wilhelminische Bürgertum. Er wendet sich gegen alte Autoritätsstrukturen und gegen das Wirtschaftssystem mit seinen imperialistischen Tendenzen. Die Expressionisten protestieren gegen Entfremdung und gegen die Unterdrückung des Individuums. Dies entspricht einem radikalen Bekenntnis zum Individualismus, zum individuellen Menschen und zum neuen Menschen. Die Mitmenschen sind Brüder. Es werden oft keine bestimmten Klassen oder Schichten der Gesellschaft angesprochen, sondern es ist ganz allgemein und oft pathetisch vom Menschen die Rede. So heißt es bei J. R. Becher: „Mensch Mensch Mensch stehe auf stehe auf !!!"

Der Protest der Expressionisten richtet sich gegen die verlogene Moral der Bürger, gegen die Bürokraten des Kaisers, gegen die eigenen Väter und manchmal auch gegen Polizei und Justiz. Die alte Gesellschaft wird als eine Gesellschaft im Untergang erlebt.

Verfall, Krieg, Weltende und Depression sind Themen des Expressionismus, aber auch Aufbruch und Revolution.

Die jungen Künstler waren in Elternhaus und Schule mit traditionellen Werten und Idealen konfrontiert, die in krassem Gegensatz zur Realität standen. In der bürgerlichen Gesellschaft lässt sich oft eine Doppelmoral feststellen. Das heißt, das, was die Leute sagen, schreiben und in den Schulen lehren, entspricht nicht dem, was sie wirklich tun und denken. Die offizielle Moral entspricht nicht der gesellschaftlichen Wirklichkeit.

Die Kunst war nun ein Medium der Auseinandersetzung mit der bürgerlichen Welt. Nicht Schönheit wurde angestrebt, sondern die Kraft der Ausdrucksstärke. Die Sprache hält sich nicht an strenge poetische Regeln und syntaktische Zwänge. Der freie Umgang mit der Syntax erschwert das Verständnis expressionistischer Texte.

Am Anfang der Bewegung war die Lyrik die beliebteste Gattung, mit der zunehmenden Politisierung während des 1. Weltkrieges dann das Drama.

Sich zum Teil widersprechende Tendenzen prägten den Expressionismus, so zum Beispiel Gewaltverherrlichung und Kriegsbegeisterung auf der einen und Pazifismus auf der anderen Seite. Der Pazifismus einiger Expressionisten stand dem nationalen Patriotismus des Kaiserreichs entgegen. Während des Krieges gelangten einige Expressionisten von einer gefühlsbetonten Einstellung hin zu einer entschieden antiimperialistischen Einstellung (Becher, Toller).

Einige Künstler unterstützten die kurzlebige, von Sozialdemokraten, Unabhängigen Sozialdemokraten und Anarchisten getragene Münchner Räterepublik (Mühsam, Landauer). Andere Expressionisten neigten zum Nihilismus und befürworteten später die Machtergreifung der Nazis (Benn, Bronnen).

11.1. Der historische Hintergrund

Die expressionistische Bewegung wurde von der Generation getragen, die zwischen 1880 und 1895 geboren wurde. Sie verspürte nach der Jahrhundertwende die sich abzeichnende Krise der bürgerlich-imperialistischen Gesellschaft und versuchte, die krisenhaften Erscheinungen künstlerisch (später immer mehr auch politisch) zu bewältigen. Diese Generation ist geprägt durch das seit 1871 existierende Kaiserreich, vor allem durch die Regierungszeit Wilhelms II. (1888-1918).

Dieser Kaiser begann recht erfolgversprechend. Aber er war oberflächlich und sprunghaft in seinen Entscheidungen. Er fällte oft plötzliche und unausgereifte Entscheidungen.

Der Kaiser stiftete durch sein ‚persönliches Regiment' - gelinde gesagt - Verwirrung (Krügerdepesche, 1896; Hunnenrede, 1900; Marokkokrisen, 1905 und 1911; Daily-Telegraph-Affaire, 1908). In seiner Hunnenrede, einem typisch imperialistischen Machwerk, forderte er, die deutschen Soldaten sollten während des ‚Boxeraufstandes' gegen die Chinesen so grausam und rücksichtslos vorgehen, wie das die Hunnen vor vielen Jahren mit den Europäern gemacht hatten.

Das Militär, das als ‚Schule der Nation' galt, spielte im Kaiserreich eine bedeutende Rolle.

Treffend wird das in dem Schauspiel *Der Hauptmann von Köpenick* von Zuckmayer geschildert. Da heißt es: „Der Mensch fängt erst beim Leutnant an". Die Frage „Hamse jedient?" (= Haben Sie gedient?) war bei der Arbeitssuche oft wichtiger als die Frage nach der beruflichen Qualifikation.

Das Bündnissystem Bismarcks wurde unter Wilhelm II. zerstört. Schließlich waren Frankreich, England, Russland und später auch noch Italien, Japan und die USA gegen Deutschland. Deutschlands Verbündete waren das zerbrechliche Staatsgebilde Österreich-Ungarn und das ebenso zerbrechliche Osmanische Reich (Türkei).

Zu Beginn des Jahrhunderts war der Balkan ein dauernder Krisenherd. Das Attentat von Sarajewo, bei dem der Thronfolger von Österreich-Ungarn getötet wurde, war schließlich der Auslöser für den 1. Weltkrieg.

Am Anfang des Krieges war in einigen Staaten Europas die Kriegsbegeisterung groß. In Deutschland glaubte man, der Krieg sei nach wenigen Monaten zu Ende. Nachdem auch die Sozialdemokratie den Krediten für den Krieg zugestimmt hatte, schloss der Kaiser auch die einst verfemte Sozialdemokratie in die Arme. Er sagte: „Ich kenne keine Parteien mehr. Ich kenne nur noch Deutsche."

Aber der Krieg war sehr grausam und er dauerte lange. Die Erklärung des uneingeschränkten U-Boot-Krieges durch Deutschland hatte den kriegsentscheidenden Kriegseintritt der USA zur Folge. Die Schweiz hielt an ihrer Politik der strengen Neutralität fest. Auch deutschfreundliche Kräfte innerhalb des Militärs wie der Oberkommandierende Ulrich Wille konnten daran nichts ändern. Mit humanitären Maßnahmen trug die Schweiz dazu bei, die Folgen des Krieges zu mildern. Die Revolution in Russland führte zu dem Frieden von Brest-Litowsk, in dem das Deutsche Reich sehr harte Bedingungen stellte. Trotz des Sieges über Russland wurde die militärische Lage Deutschlands immer aussichtsloser. Die Bevölkerung war kriegsmüde. Es kam zu Meutereien und Aufständen. Am 9. November 1918 tritt der Kaiser zurück.

Die Regierungsgeschäfte wurden auf den Vorsitzenden der SPD, Friedrich Ebert, übertragen. Ein Rat der Volksbeauftragten arbeitete eine neue Verfassung aus, die Verfassung der Weimarer Republik.

Vor diesem Hintergrund forderten die jungen Künstler Kosmopolitismus, Pazifismus und Sozialismus. Viele Expressionisten beschränkten sich aber auf die Revolutionierung der literarischen Formen und Inhalte. So sagte der

Sozialist Liebknecht zum Beispiel über den Expressionisten Fritz von Unruh: „Er ist ein mit dem Geschick hadernder Angehöriger der bürgerlichen Gesellschaft, der seine Faust gegen die Sterne ballt, das Weltall anklagt und sich selbst zerfleischt, der keinen Ausweg sieht - fliehen möchte und nicht kann -, in tatenloser Verzweiflung zusammenstürzt, statt kämpfend zu handeln, um die neue Welt zu schaffen. Sekundäre Probleme verdecken ihm das Primäre".

11.2. Die Lyrik

Die expressionistische Lyrik wird oft als Ausdruckskunst bezeichnet. Ein Mensch drückt sich aus. Er drückt vor allem seine Gefühle aus. Dazu ist die Lyrik besonders geeignet. Der ‚Expressionismus' ist ein Gegenbegriff zum ‚Impressionismus'. Die Impressionisten wollten vor allem äußere Reize darstellen. Die Expressionisten wollten nicht nur die Außeneindrücke, die Reize, die von außen kommen, darstellen, denn für sie ist das Innenleben der Menschen wichtiger. Eine klare Verwendung des Begriffs ist allerdings nicht zu erkennen. Es gibt auch keinen einheitlichen expressionistischen Stil, verschiedenste Stilelemente werden gebraucht.

Neue Wortschöpfungen, kühne Metaphern, Grobes und Hässliches statt Detailtreue und Sensibilität, Reihung syntaktisch isolierter Sätze, Weglassung von Präfixen, Artikeln und Präpositionen, Telegrammstil, eine dem neuen Medium Film entlehnte Aufeinanderfolge disparater Sätze: All das findet sich gehäuft in der Sprache des Expressionismus.

Wie schon gesagt, war die Lyrik am Anfang der Bewegung die bevorzugte Form der Expressionisten. Sie war am besten dazu geeignet, die Gefühle zum Ausdruck zu bringen. Im Jahr 1920 erschien die bekannteste Gedichtsammlung des Expressionismus (*Menschheitsdämmerung*, herausgegeben 1919 und auf 1920 vordatiert). Der Herausgeber Kurt Pinthus schreibt, die Dichter seien „sehnsüchtig Verdammte". Ihnen bleibe nichts „als die Hoffnung auf die Menschen und der Glaube an die Utopie".

Dieses kurze Zitat enthält zwei Gedanken, die man den Expressionisten später zum Vorwurf gemacht hat. Erstens: Man hat ihnen vorgeworfen, sie sprächen unspezifisch von ‚dem Menschen'. In der Wirklichkeit gäbe es aber nicht ‚den Menschen', sondern nur sehr unterschiedliche Gruppen, Schichten oder Klassen. Deshalb könne man auch nicht davon sprechen, dass alle Menschen Brüder seien, denn dadurch würden die wirklichen

Gegensätze verschleiert.

Zweitens: Man warf den Expressionisten vor, dass ihre Forderungen zu abstrakt und zu utopisch seien. Sie würden die konkreten Verhältnisse und die Möglichkeiten ihrer Veränderung zu wenig beachten.

Einer der bekanntesten Expressionisten war der Arzt und Schriftsteller Gottfried Benn. Die Krisen der bürgerlichen Gesellschaft und der Verfall der Wertvorstellungen prägen sein Werk. Der junge Benn neigt zum Nihilismus. Seine Gedichte aus der Welt des Arztes waren ein Schock für das damalige Bildungsbürgertum, das in der Kunst das Wahre und das Gute erkennen wollte. Benn aber schreibt Gedichte über einen Besuch in einer Krebsbaracke und über aufgeschnittene Leichen in der Anatomie.

Benn war gegen das „Geschwätz" vom Menschen als „höherem Wesen". Er verachtete die Welt der Vernunft und die Welt der Begriffe. Er stand im Dienst der Gegenaufklärung. In den Essays, die er zu Beginn der dreißiger Jahre geschrieben hatte (*Der neue Staat und die Intellektuellen*, 1933; *Kunst und Macht*, 1934) unterstützte er Adolf Hitler und die Nationalsozialisten. Schon 1934 sah er aber seinen Fehler ein und entschloss sich zur „aristokratischen Form der Emigrierung". 1938 erhielt er Schreibverbot. Auch nach dem Krieg durfte er, wegen seiner Unterstützung der Nazis, bis 1948 nichts publizieren. Nach 1948 wurde er aber schnell zum anerkanntesten und einflussreichsten Lyriker in der frühen Bundesrepublik.

Rückblickend sagt er in einem Brief, er wurde „[f]ünfzehn Jahre lang von den Nazis als Schwein, von den Kommunisten als Trottel, von den Demokraten als geistig Prostituierter, von den Emigranten als Renegat, von den Religiösen als pathologischer Fall öffentlich bezeichnet."

Georg Heym ist ein weiterer bekannter expressionistischer Lyriker. Er schrieb einmal: „Ich liebe alle, die in sich ein zerrissenes Herz haben. Ich liebe Kleist, Grabbe, Hölderlin, Büchner, ich liebe Büchner und Marlowe. Ich liebe alle, die nicht von der großen Menge angebetet werden. Ich liebe alle, die oft so an sich verzweifeln, wie ich fast täglich an mir verzweifle." Entsprechend krass ist sein Urteil über Deutschlands großen Klassiker. Er wirft ihm seine Passivität während der Französischen Revolution vor und bezeichnet ihn als „das Schwein Goethe, der überhaupt nichts gemacht hat." Er ist gegen Tradition und Konvention, gegen Goethe, gegen die politische Ordnung des Kaiserreiches und gegen den mächtigen eigenen Vater.

Er wurde, als früher Vollender des jungen Expressionismus gefeiert, starb aber schon mit 24 Jahren. Da man in seinen Gedichten Grauenvolles und Groteskes findet, nannte man ihn einen Priester des Schreckens.

Der herrschende Weltzustand schien ihm unerträglich. Ihn benennen Bilder der Erstarrung, der Unfruchtbarkeit, der Krankhaftigkeit und der Kälte. Angesichts des desolaten Zustandes wird der Krieg als befreiende Erlösung herbeigesehnt, so in dem Gedicht Gebet (1. Fassung): „Lass uns Feuer der Kriege, und brennende Länder sehen".

Auch Georg Trakl, ein weiterer expressionistischer Lyriker, starb schon mit 27 Jahren an einer Überdosis Drogen. Seine Werke enthalten eine scharfe Gesellschaftskritik und Bürgerfeindlichkeit. Er ist aber kein Revolutionär, sondern flüchtet sich in die Innerlichkeit, in die Welt der Drogen und in die Welt der Religion. Dies waren für ihn die Wege, um aus der verhassten bürgerlichen Enge auszubrechen. Für Trakl ist das Leben eine Leidensgeschichte. Leben ist Leiden, ausweglos, ohne Möglichkeit der Erlösung.

11.3. Das Drama

Die Expressionisten wollten eine Veränderung der Welt, die durch eine Veränderung des Menschen erreicht werden sollte. Es wird ein neuer Mensch gefordert. Häufig finden sich in den expressionistischen Werken die Worte ‚Mensch', ‚Bruder', ‚Welt' und ‚Gott'. Kurt Pinthus gibt eine Erklärung dafür: „Weil der Mensch so ganz und gar Ausgangspunkt, Mittelpunkt, Zielpunkt dieser Dichtung ist, deshalb hat die Landschaft wenig Platz in ihr."

Der expressionistische Held ist meist ein junger Held, Reife und Alter ist eher etwas Negatives. Die Dramatiker schreiben gegen die bestehende Gesellschaft und gegen die Väter, die diese Gesellschaft repräsentieren.

Der Vater-Sohn-Konflikt, ein altes, mit jeder Generation neu durchgespieltes Motiv, war ein beliebtes Thema dieser Zeit. Es handelt sich um einen Machtkampf, der ausbricht, wenn die junge Generation zu Selbständigkeit herangereift ist, die alte aber die Herrschaft noch in Händen hält und auch noch die Fähigkeit besitzt, sie auszuüben.

In modernen Texten verkörpern die Söhne oft Vorurteilslosigkeit, Anständigkeit und Gerechtigkeit, die Väter hingegen Geschäftsgeist, Korruption und starre Konvention. Die Väter stehen für das schlechte Alte, die Söhne für das gute Neue. Der Generationenkonflikt ist das Thema in

Walter Hasenclevers Drama *Der Sohn* (1914), und in Arnolt Bronnens Drama *Vatermord* (1920).

Nachdem der gemeinsame Gegner, die wilhelminische Gesellschaft, verschwunden war, verfiel der Expressionismus am Anfang der 20er Jahre recht schnell. Die junge Republik gewährte den Schriftstellern und Künstlern größere Freiheiten.

Der bekannteste expressionistische Dramatiker und neben Gerhart Hauptmann der erfolgreichste Dramatiker der 20er Jahre ist Georg Kaiser. Von seinen mehr als siebzig Dramen waren einige sehr erfolgreich und wurden in vielen Ländern gespielt. 1933 zerstörten die Nazis seine Karriere. Die sozialistische und antimilitaristische Einstellung des Autors passte ihnen nicht. Sie bezeichneten sein Werk als „bolschewistisch" und „verjudet". 1933 entkommt er der Verfolgung durch die Gestapo durch seine Übersiedlung in die Schweiz.

Die Bürger von Calais (1917) heißt sein bekanntestes Drama. In diesem Drama wird die Selbstaufopferung zugunsten der Allgemeinheit dargestellt. Kaiser möchte auf der Bühne den neuen Menschen zeigen. Die Engländer belagern die Stadt Calais. Der englische König will die Stadt verschonen, wenn sechs reiche Bürger bereit sind, sich zu opfern. Es melden sich sieben Bürger. Einer braucht sich nicht zu opfern. Die Ungewissheit, wer dieser Bürger ist, der sich nicht zu opfern braucht, sorgt für dramatische Spannung. Im Mittelpunkt des Dramas steht Eustache de Saint-Pierre, einer der sieben Bürger. Er begeht Selbstmord, um die Notwendigkeit des Selbstopfers für die Allgemeinheit zu unterstreichen. So soll jedem die Selbstaufgabe zum Wohl der Allgemeinheit möglich sein. Nach Eustaches Tod verkündet sein alter Vater: „Ich habe den neuen Menschen gesehen - in dieser Nacht ist er geboren!"

Durch eine plötzliche Wendung erweist sich aber der Opfertod der sechs Bürger als überflüssig, denn dem englischen König wurde ein Thronfolger geboren. Er schenkt der Stadt die Freiheit und kniet ergriffen an der Leiche Eustaches nieder, um dessen Bereitschaft, sich für die Allgemeinheit zu opfern, zu würdigen.

Carl Sternheim schrieb sozialkritische Dramen. Er zeigt den Aufstieg des deutschen Bürgertums im Zeitalter des Imperialismus. Die ökonomischen Grundlagen dieses Aufstiegs sind auch konstituierend für den Aufbau einiger Dramen. In dem Drama *Die Kassette* (1911) sind sie geradezu symbolisch dargestellt in der Geld- bzw. Wertpapierkassette der reichen Tante. Alle Moral wird dem Streben nach Reichtum und Profit untergeordnet. In diesem Stück siegt das Geld sogar über die Erotik, denn der geldgeile Krull, der auf die Erbschaft der Tante hofft, geht nicht mehr mit seiner Frau, sondern mit der Geld-Kassette ins Bett.

In seinem Zyklus *Aus dem bürgerlichen Heldenleben* verspottet Sternheim das verlogene Bürgertum im Kaiserreich. Der Zyklus zeigt den Aufstieg der Familie Maske. Die Maskes sind bornierte Kleinbürger in dem Stück *Die Hose* (1911), und in dem Drama *1913* (1915) sind sie mächtige Rüstungsfabrikanten, die sich von einem drohenden Krieg große Profite versprechen.

Seine satirische Darstellung widersprach dem Selbstverständnis des verspotteten Bürgertums, so dass seine Stücke heftige Kritik provozierten und manchmal auch verboten wurden. Die Helden sind keine wirklichen Helden, denn Dummheit, Angeberei und Beschränktheit prägt ihr Leben, auch dort, wo sie erfolgreich sind.

In drastischen Worten werden antimilitaristische und sozialkritische Meinungen geäußert:

„Luise: Sechs Brüder sind auf dem Felde der Ehre gefallen. Mandelstam: Heutzutage wäre kein Mensch mehr zu dumm, sich einfach hinschlachten zu lassen." *(Die Hose)*. „Mir schlottern um ausgemergelte Glieder die Fetzen. Dem Bürgermädchen spannte sich der Rock über die Hüfte zum Platzen." *(Bürger Schippel)*.

Ernst Toller war einer der führenden Vertreter der Münchner Räterepublik und wurde deshalb zu fünf Jahren Gefängnis verurteilt. Im Gefängnis schrieb er das Revolutionsdrama *Masse Mensch. Ein Stück aus der sozialen Revolution des 20. Jahrhunderts* (1920). Das Drama zeigt das Verhältnis zwischen dem Intellektuellen, dem Schriftsteller, der sich zur Gewaltlosigkeit bekennt, und der Masse, die eine gewaltsame revolutionäre Veränderung will.

Dieser Gegensatz prägt auch Dramen von Lion Feuchtwanger, Erich Mühsam und Friedrich Wolf, die 1919 und 1920 entstanden sind. Toller verarbeitete in seinem Stück die negativen Erfahrungen über den Verlauf der Revolution. Die Heldin des Stückes möchte sich ihren pazifistischen Anschauungen gemäß nicht mit Gewalt aus dem Gefängnis befreien lassen. Die Frau und der Namenlose verkörpern unterschiedliche Anschauungen: Soll die Gesellschaft durch einen unblutigen Streik oder aber durch eine gewaltsame Revolution verändert werden?

11.4. Die Prosa

Der bekannteste Roman des Expressionismus ist Alfred Döblins *Berlin Alexanderplatz* (1929), von dem Rainer Werner Fassbinder eine viel beachtete Verfilmung anfertigte. Das Werk ist der bedeutendste deutsche Großstadtroman. Der Held Franz Biberkopf ist ein aus der Bahn geworfener Arbeiter, der sich nach seiner Entlassung aus den Gefängnis vornimmt, ein anständiger Mensch zu werden. Er möchte ein ehrliches Leben als Straßenhändler und Zeitungsverkäufer am Alexanderplatz in Berlin führen und die Abende in Kneipen und Tanzlokalen verbringen.

Aber die verwirrende Welt der modernen Großstadt hindert ihn daran. Er gerät auf die schiefe Bahn und wird in Verbrechen hineingezogen. Sein angeblicher ‚Freund' Reinhold möchte den gefährlichen Mitwisser beseitigen und stößt ihn vor ein Auto. Bei dem Mordversuch verliert Franz Biberkopf einen Arm. Er glaubt nun nicht mehr daran, dass es sich lohne, anständig zu sein. Er hört auf zu arbeiten, wird Zuhälter seiner Braut, und macht allerhand dunkle Geschäfte. Sein ‚Freund' Reinhold, ein verkommenes Subjekt aus der Unterwelt, raubt seine Freundin, vergewaltigt und erwürgt sie. Als Biberkopf als vermeintlicher Täter verhaftet wird, bricht er zusammen und wird in eine „Irrenanstalt" eingeliefert. Im Prozess erweist sich seine Unschuld.

Erschöpft, aber mit einer neuen Erkenntnis, geht er nach Hause: „Man fängt nicht sein Leben mit guten Worten und Vorsätzen an, mit Erkennen und Verstehen fängt man an und mit dem richtigen Nebenmann."

Döblin benutzt eine neue Erzählweise mit Monologen, Montagen, Assoziationen und Dokumentn (Lieder, Wahlreden, Statistiken, Wettervorhersagen, Werbetexte ...). Sein Roman steht in der Tradition der großen Großstadtromane von James Joyce (*Ulysses*) und Dos Passos (*Manhatten Transfer*). Den verschiedenen Handlungssträngen des Romans entspricht eine Vielfalt der sprachlichen Mittel: Jargon, Schlagertexte, Sprache der Bibel, Statistiken, Zeitungsdeutsch und Kommentare des Autors wechseln einander ab.

Ein weiteres Meisterwerk expressionistischer Prosa ist Döblins *Die drei Sprünge des Wanglun* (1915). Historischer Bezugspunkt ist der Aufstand von Wang Lun und seiner Weißen-Lotos-Gesellschaft gegen den chinesischen Kaiser Qian Long im Jahr 1774.

Der wahre Held des Buches ist aber nicht Wanglun, sondern der von ihm geführte „Bund der Wahrhaft Schwachen", eine Vereinigung, die gemäß

Laotse Lehre vom Nicht-Handeln (wu wei) leben möchte. Die geschilderten lebhaften Massenszenen sind neu im deutschen Roman.

Philosophische Betrachtungen übernahm Döblin aus dem damals von Richard Wilhelm übersetzten taoistischen Klassiker *Liä Dsi* (Schreibweise Döblins). Leitmotiv des Romans sind die Anfangsworte aus dem 29. Kapitel des *Taotekings* (in Wilhelms Übersetzung: „Die Welt erobern und behandeln wollen / ich habe erlebt, dass das misslingt."").

Die drei Sprünge symbolisieren Wang-luns Hin und Her zwischen Handeln und Nicht-Handeln.

11.5. Dadaismus

Der Dadaismus ist eine internationale Kunst- und Literaturrichtung, die, von Zürich ausgehend, während des ersten Weltkrieges entstanden ist. Zentrum war das ‚Cabaret Voltaire' in Zürich, an dem die Künstler Hans Arp, Hugo Ball und Richard Huelsenbeck wirkten. Kunstideale wurden radikal abgelehnt. Man forderte die absolute Freiheit der künstlerischen Produktion. Das Programm des Cabarets Voltaire wurde immer provokativer: Zufallstexte Lautgedichte (Texte ohne Worte) und Geräuschkonzerte verunsicherten die Zuhörer. Die Autoren verfügen relativ frei über das Sprachmaterial. Eine Hermeneutik, die sich hier auf die Sinnsuche begibt, kommt in Verlegenheit. An die Stelle des ‚sinnvollen' Textes tritt der Klang. Die klanglichen Elemente der Lyrik werden aus der Bindung ans Wort befreit. Ein bekanntes Beispiel ist Hugo Balls Gedicht *Karawane*:

> Karawane
> jolifanto bambla o falli bambla
> großgiga m'pfa habla horem
> egiga goramen
> higo bloiko russula huju
> hollala hollala
> anlogo bung
> blago bung blago bung
> bosso fataka
> ü üü ü [...]

Während der letzten Kriegsmonate und danach bildeten sich in Paris, Berlin und Köln neue dadaistische Bewegungen.

12. Die Literatur zur Zeit der Weimarer Republik

Bertolt Brecht (1931)

Hermann Hesse

Robert Musil

Umschlag der Erstausgabe 1929 (Montage von John Heartfield)

Der Expressionismus war die letzte literarische Epoche, die man zeitlich noch ungefähr abgrenzen kann. Er wurde durch die Neue Sachlichkeit verdrängt. Allerdings reicht dieser Begriff bei weitem nicht aus, um der Vielfalt der Literatur zur Zeit der Weimarer Republik gerecht zu werden. Die Literaturgeschichten orientieren sich nun an der Entwicklung der Geschichte im 20. Jahrhundert. Außerliterarische Ereignisse prägen entscheidend die Entwicklung der Literatur.

Zwischen 1933 und 1945 war die deutsche Literatur geteilt. Viele der besten Schriftsteller (Thomas Mann, Heinrich Mann, Bertolt Brecht, Lion Feuchtwanger, Anna Seghers ...) mussten ins Ausland gehen, da ihr Leben in Deutschland bedroht war.

12.1. Geschichtlicher Hintergrund

Die Kriegsmüdigkeit der Bevölkerung führte am 9. November 1918 zur Revolution in Berlin. Der deutsche Kaiser und der österreichische Kaiser dankten ab.

Es gelang Friedrich Ebert und den Mehrheitssozialdemokraten, eine parlamentarische Demokratie in Deutschland durchzusetzen.

1919 wurden Deutschland in Versailles die Bedingungen für einen Friedensvertrag vorgelegt. Die Bekanntgabe der Bedingungen stieß bei der Bevölkerung und bei allen Parteien auf Ablehnung.

Als die Gegner Deutschlands drohten, den Krieg wieder aufzunehmen, glaubte die Regierung, dass dem Land keine andere Möglichkeit blieb, als den Vertrag zu unterschreiben.

Deutschland sollte 269 Milliarden Goldmark zahlen und Gebietsverluste von 70 000 qkm hinnehmen. Schon bald nach der Unterzeichnung warf die politische Rechte den Regierungsparteien vor, sie hätten die Nation verraten.

Die ersten Jahre der jungen Republik verliefen sehr krisenhaft. Es gab zwei gescheiterte Staatsstreiche. Die Entwertung der Mark führte zu einer extrem hohen Inflation. Am 15. November 1923 bekam man für einen Dollar 4,2 Billionen Mark.

Nach der Währungsreform hatte sich die deutsche Wirtschaft relativ schnell wieder erholt. Die USA finanzierten den Aufbau in Europa mit umfangreichen Krediten. Nach dem Zusammenbruch der New Yorker Börse am ‚Schwarzen Freitag' zogen die USA ihre kurzfristigen Kredite zurück. Dies hatte für Deutschland schlimme Folgen: Firmen- und Bankzusammenbrüche und Massenentlassungen. In einem Jahr stieg die Anzahl der Arbeitslosen von 1,6 Millionen auf 4,3 Millionen. 1933 waren es schließlich mehr als 6 Millionen.

Auch die politische Situation in Deutschland war instabil. Die Folgen der Weltwirtschaftskrise weiteten sich zu einer gefährlichen Staatskrise aus. Die Gegner der Republik erhielten immer mehr Zustimmung in der Bevölkerung. Ab 1930 ernannte der Präsident sogenannte Präsidialkabinette, die mit Hilfe von Notstandsverordnungen regierten.

Bei den Wahlen von 1932 wurde die NSDAP mit 37,8% die größte Fraktion im Reichstag. Am 30. Januar 1933 ernannte der Reichspräsident Hindenburg Hitler zum Reichskanzler.

Der Widerstand gegen die Machtübernahme der Nationalsozialisten war schwach. Die Arbeiterparteien SPD und KPD waren durch die Massenarbeitslosigkeit geschwächt und untereinander verfeindet.

Auch die junge österreichische Republik wurde zusehends von inneren Spannungen belastet. 1927 führten diese zu einem offenen Bürgerkrieg mit blutigen Straßenschlachten. Klerikal-konservative Kräfte begannen nun, unter Umgehung des Parlaments zu regieren.

1933 errichtete der christlich-soziale Bundeskanzler Engelbert Dollfuß ein autoritäres Regierungssystem, das durch den parteiähnlichen Kampfbund ‚Vaterländische Front' abgesichert wurde.

Sozialisten, Kommunisten und Nationalsozialisten galten als Feinde dieses Systems.

12.2. Die kulturpolitische Situation

Literatur wird zur Ware und muss den Markt bedienen. Die Schriftsteller werden Lieferanten des Literaturbetriebs. Die Existenz der Schriftsteller wurde von der Pressekonzentration beeinflusst. Schon in früheren Zeiten waren Schriftsteller von Zeitungen abhängig, die ihnen Aufträge gaben. Die Pressekonzentration schränkte insbesondere die Möglichkeiten von kritischen Intellektuellen ein. Der Konservative Alfred Hugenberg verfügte über ein Presseimperium. In den Zeitungen dieses Presseimperiums konnten nur die Schriftsteller etwas veröffentlichen, die sich der ideologischen Ausrichtung dieses Unternehmens anpassten. Gefordert war: Antidemokratismus,

Antisemitismus und Intellektuellenhetze.

Im Vergleich zu den Massenblättern dieses Konzerns war die Wirkungsmöglichkeit der liberalen, demokratischen und sozialistischen Zeitungen gering.

Zu Beginn der Weimarer Republik erhofften sich die Schriftsteller, so auch Brecht, der sich intensiv mit den Möglichkeiten des Films und des Radios auseinandergesetzt hatte, von den neuen Medien (Film, Radio) neue Wirkungsmöglichkeiten.

Aber neue Techniken und Medien sind ambivalent, denn sie können für verschiedene Zwecke eingesetzt werden. Ja, sie können für gegensätzliche Zwecke verwendet werden. Der Hugenbergkonzern kontrollierte Radio, Film und die großen Illustrierten. Er verwendete die Medien als Propagandamittel für seine nationalkonservative Politik. Obwohl der Film anfangs als Beispiel demokratischer Kunst galt, haben die Nazis gerade dieses Medium dann erfolgreich zur Verbreitung ihrer Ideologie eingesetzt.

Es gab viele kleine Zeitschriften, in denen die lebhaften Diskussionen unter Künstlern und Intellektuellen ihren Niederschlag gefunden haben. Essays und Reportagen, so zum Beispiel die kritischen Sozialreportagen von Egon Erwin Kisch, dem „rasenden Reporter", waren sehr beliebt.

Kurt Tucholsky und der spätere Friedens-Nobelpreisträger Carl von Ossietzky verteidigten die Weimarer Republik und kritisierten das Weiterleben monarchistischer Tendenzen. Auch Gerhart Hauptmann und Thomas Mann bekannten sich zu der jungen Republik.

In der Weimarer Republik schlossen sich die Schriftsteller in Schriftsteller organisationen zusammen. Diese sollten, ähnlich wie die Gewerkschaften, die wirtschaftlichen Interessen der Autoren vertreten. Die bedeutendste Organisation war der ‚Schutzverband deutscher Schriftsteller'. Einer seiner Vorsitzenden, Theodor Heuss, war später (1949-1959) Bundespräsident der neu gegründeten Bundesrepublik Deutschland.

Eine Arbeitsgemeinschaft von sozialistischen und kommunistischen Schriftstellern, die die Literatur zu einer ‚Waffe des Proletariats' machen wollten, organisierte sich im Bund proletarisch-revolutionärer Schriftsteller (BPRS). Prominente Mitglieder waren Willi Bredel und Anna Seghers.

In der Weimarer Verfassung stand: „Eine Zensur findet nicht statt". Vor allem linke Schriftsteller hatten aber Probleme. Johannes R. Becher musste wegen seiner Gedichte vorübergehend ins Gefängnis, aber das Strafverfahren gegen ihn wurde schließlich eingestellt. Viele Intellektuelle hatten sich mit ihm solidarisiert, auch solche, die seine politischen Ansichten nicht teilten, denn man empfand den Prozess als eine Bedrohung aller Intellektueller.

Filme wie *Panzerkreuzer Potemkin, Kuhle Wampe* und *Im Westen nichts Neues* wurden verboten, ebenso Theaterstücke von Brecht (*Die Mutter, Die heilige Johanna der Schlachthöfe*).

Willi Bredel wurde zu zwei Jahren Gefängnis verurteilt. Carl von Ossietzky deckte die verbotene Aufrüstung im Luftwaffenbereich auf und musste dafür eineinhalb Jahre ins Gefängnis. Nationalistische und nationalsozialistische Autoren, die in ihren Schriften Mord, Krieg, Grausamkeit und Gewalt verherrlichten, wurden in der Regel nicht bestraft.

Ein großer Teil der Literatur, die im Dritten Reich als vorbildliche nationalsozialistische Dichtung galt, ist schon in der Weimarer Republik geschrieben worden (z.B.: Hans Grimm: *Volk ohne Raum*, 1926; Will Vesper: *Das harte Geschlecht*, 1931).

Bei der Bewältigung des Krieges im Medium der Literatur schieden sich die Geister.

Die Anti-Kriegsromane von Erich Maria Remarque (*Im Westen nichts Neues*, 1929) und Ludwig Renn (*Krieg*, 1928) schildern das Leben der Frontsoldaten und erheben Anklage gegen den Krieg.

Die Autoren des soldatischen Nationalismus hingegen verherrlichten das Recht des Stärkeren, den Willen zur Macht, das Führertum und den unbedingten Gehorsam (z.B.: Werner Beumelburg: *Douaumont*, 1921). Das Fort Douaumont war Teil der Befestigungsanlagen vor der im Ersten Weltkrieg schwer umkämpften französischen Stadt Verdun.

Ernst Jünger war im Ersten Weltkrieg Stroßtruppführer und bekam für seinen Einsatz an der Westfront die höchste Kriegsauszeichnung.

In seinem Kriegsroman *In Stahlgewittern* (1920) schildert er die Kriegsbegeisterung im Jahr 1914: „Wir hatten Hörsäle, Schulbänke und Werktische verlassen und waren in den kurzen Ausbildungswochen zu einem großen, begeisterten Körper zusammengeschmolzen. Aufgewachsen in einem Zeitalter der Sicherheit, fühlten wir alle die Sehnsucht nach dem Ungewöhnlichen, nach der großen Gefahr. Da hatte uns der Krieg gepackt wie ein Rausch. In einem Regen von Blumen waren wir hinausgezogen, in einer trunkenen Stimmung von Rosen und Blut. Der Krieg musste es uns ja bringen, das Große, Starke, Feierliche."

12.3. Tendenzen in der Prosa

Krieg, Revolution und die politischen Auseinandersetzungen in der jungen Republik prägten das Werk vieler Autoren. Es fand eine Politisierung der Literatur statt.

Die Politik war für viele Schriftsteller der Weimarer Republik von großer Bedeutung. In zahlreichen Zeitschriften veröffentlichten die Schriftsteller Essays und Reportagen.

Tucholsky, von Ossietzky und Döblin verteidigten die Republik und kritisierten Fehlentwicklungen und das Weiterleben von Ordnungsvorstellungen aus dem untergegangenen Kaiserreich.

Egon Erwin Kisch, nach seinem 1925 erschienen Buch ‚der rasende Reporter' genannt, entwickelte die Reportage zur Kunstform und faszinierte viele Schriftsteller. Seine Reportagen, eine typische Form der engagierten Literatur, wollen sachlich und objektiv sein. Sie dienen dazu, auf die Gesellschaft und auf die öffentliche Meinung verändernd einzuwirken.

Die Bewegung der Neuen Sachlichkeit, die einem Bedürfnis nach Objektivität und Realismus entsprach, wendete sich gegen die übersteigerte Subjektivität der Expressionisten, die Politisierung der ‚proletarisch-revolutionären' Schriftsteller und gegen die verschiedenen Spielarten der Innerlichkeit.

Daneben gab es aber auch Flucht- und Rückzugstendenzen, Schriftsteller, die eine unpolitische Haltung forderten.

Gottfried Benn spricht vom Nihilismus in der Kunst. Der Schriftsteller solle sich gegenüber den Zeitgenossen abschließen und sich dem artistischen Formexperiment zuwenden,

Franz Werfel fordert Innerlichkeit, und auch Hermann Hesse sucht den Weg nach innen.

12.3.1. *Hermann Hesse*

Zwischen 1918 und 1933 erschienen einige Werke des reifen Hermann Hesse. Er war schon früh ein Bestsellerautor. Seine Werke wurden auch außerhalb Deutschlands viel gelesen. In den USA und in Japan war er geradezu ein Modeautor, dessen Bücher Millionenauflagen erzielten. Noch in den 70er Jahren konnten seine Bücher die mit dem ‚American Way of Life' unzufriedene Generation in den USA faszinieren.

Hesses Zivilisationskritik, seine Kritik am Krieg, an der Technik, am Amerikanismus, am Leistungsdenken und an der Überbetonung der Rationalität kamen den Bedürfnissen der nach einem neuen Leben und nach Sinn suchenden Generationen nach den Weltkriegen und zur Zeit des Jugendprotests in den späten 60er und 70er Jahren entgegen.

Hesse, dessen Interesse stets dem einzelnen Menschen galt, schrieb 1951: „[D]as erste und brennendste meiner Probleme war nie der Staat, die Gesellschaft oder die Kirche, sondern der einzelne Mensch, die Persönlichkeit, das einmalige, nicht normierte Individuum."

Er war von fernöstlichem Denken, das ihm ein Gegenbild zum Rationalismus des Abendlandes bot, fasziniert. In seiner Erzählung *Siddhartha* (1922) verwebt er in eigenwilliger Weise buddhistische und taoistische Elemente.

Der Brahmanensohn Siddhartha ist mit seinem Leben in Luxus und Überfluss nicht zufrieden und möchte sein eigenes Ich entdecken. Er möchte sich selbst finden, deshalb geht er zu den Asketen und lebt mit ihnen. Das lebensfeindliche Dasein der Asketen stellt ihn nicht zufrieden, so verlässt er sie wieder und stürzt sich in den Trubel der Welt. Lebensgenuss und die Kunst der Liebe erfährt er bei einer erfahrenen Kurtisane; ein Kaufmann weiht ihn in die Geheimnisse des Handels ein.

Auch dieses Leben befriedigt ihn nicht, und er zieht sich in die Wälder zurück. Ein Fährmann lehrt ihn, die innere Gelassenheit zu finden. Siddhartha wird selbst Fährmann und findet Erfüllung in einem einfachen, mit der Natur im Einklang stehenden Leben.

Hesses bekanntester Roman ist *Der Steppenwolf* (1927). Die Hauptperson Harry Haller leidet an der bürgerlichen Gesellschaft. Er kann sich aber nicht endgültig von ihr lossagen. Die Geschichte Harry Hallers wird auf drei Ebenen geschildert. Der Herausgeber, der ihn als Untermieter bei seiner Tante kennen lernte, charakterisiert ihn. Dann folgen tagebuchähnliche Aufzeichnungen von Harry Haller selbst und schließlich folgt der berühmte *Tractat vom Steppenwolf*. Dieser Tractat ist eine kleine Schrift, die Haller einem Straßenhändler abkauft. In dieser Schrift erkennt er die Beschreibung seines eigenen Lebens.

Haller leidet darunter, dass er gespalten ist. Sein Charakter hat einen menschlichen Teil und einen tierischen, wölfischen Teil. Entgegen den kulturpessimistischen Stimmungen jener Zeit, sieht Hesse im Humor einen Ausweg aus dieser gespannten Lage seines Helden.

12.3.2. *Thomas Mann*

Thomas Mann, der sich 1922 entschieden zur jungen Republik bekannte, veröffentlichte 1924 den Roman *Der Zauberberg*. In diesem umfangreichen Roman entfaltet Thomas Mann ein Panorama der vielfältigen Denk- und Lebensformen der oberen Gesellschafsschicht in Europa in der Zeit vor dem ersten Weltkrieg. Unterschiedlichste Charaktere aus verschiedenen Ländern treffen in einem Sanatorium (einem Krankenhotel) in dem vornehmen Schweizer Kurort Davos aufeinander. Das Hotel mit der Vielfalt der vorübergehend dort weilenden Gäste ist ein beliebter Schauplatz der literarischen Moderne.

Ein junger Mann möchte dort nur einen kurzen Besuch abstatten, bleibt aber dann 7 Jahre an diesem einsamen Ort in den Schweizer Bergen. Er verliebt sich in eine Russin und führt mit den Patienten viele Gespräche. In den Gesprächen der Patienten treffen zeittypische Meinungen und Überzeugungen aufeinander. Zahlreiche Themen werden in dem Roman miteinander verknüpft: Erotik, Humanismus, Totalitarismus, Problematik der Zeit, Psychoanalyse, Vitalismus, Krankheit und Lebensphilosophie.

Durch den ausbrechenden Krieg findet das morbide Treiben auf dem Zauberberg ein brüskes Ende. Die Spuren der Hauptfigur verlieren sich in den erbarmungslosen Schlachten des beginnenden Krieges.

In der Novelle *Mario und der Zauberer* (1930) schildert Thomas Mann die suggestive Demagogie des Faschismus. Die Novelle zeigt das Leben in einem überfüllten italienischen Seebad. Die Stimmung ist gereizt und nationale Tendenzen werden spürbar. In diesem Milieu taucht ein Zauberer, ein Hypnotiseur auf, der die Zuschauer durch seine Tricks willenlos und gefügig macht. Ähnliches haben später die Faschisten mit den Volksmassen gemacht. Der Zauberer versucht, auch den jungen Mario zu verzaubern und willenlos zu machen. Als dieser aber den Zauberer durchschaut, wehrt er sich und erschießt diesen Mann, der eine Verkörperung des Bösen ist. Der tapfere Einzelne wehrt sich gegen die Brutalität des Verführers.

13.3.3. *Stimmen aus Österreich*

Robert Musils Hauptwerk *Der Mann ohne Eigenschaften* fand zu seinen Lebzeiten wenig Beachtung. Erst Jahre nach seinem Tod begann mit der Neuausgabe im Jahr 1952 eine umfassende Rezeption.

Er wollte „Beiträge zur geistigen Situation der Welt geben. Auch durch den Roman". Das Buch ist nicht einfach. Darauf weist Ulrich, die Hauptfigur, hin: „Es ist leider in der schönen Literatur nichts so schwer wiederzugeben wie ein denkender Mensch."

In Musils Roman gewinnt das reflexive, erörternde Element die Oberhand über die erzählerische Handlung. Kommentare, Überlegungen, Abschweifungen und erörternde Elemente verdrängen die Handlung. Musil arbeitete mehr als 20 Jahre an diesem Roman und trotzdem blieb das Werk ein Fragment.

Ulrich ist bei seinen Versuchen, sich als Offizier, als Ingenieur und als Mathematiker einen Namen zu machen, gescheitert. Er zieht sich aus der ihn anödenden Realität zurück und wird zu einem aufmerksam reflektierenden Beobachter des ihn umgebenden Geschehens.

Die Identitätskrise der Hauptfigur wird verbunden mit satirischen und ironischen Schilderungen der orientierungslosen Gesellschaft von „Kakanien", der Vorkriegsgesellschaft von Österreich-Ungarn, benannt nach der offiziell gebräuchlichen Abkürzung k. k. (kaiserlich-königlich).

Musil bezeichnete seinen Roman als einen „Essay von ungeheuren Dimensionen". Essayistische Abschweifungen und Diskurse zu philosophischen, psychologischen, politischen, historischen, religiösen und ökonomischen Fragen sind integraler Bestandteil des Werks.

Das Hauptereignis, die Vorbereitung des 70jährigen Regierungsjubiläums des Kaisers Franz Joseph I., ist ein groteskes Symbol der zerfallenden Gesellschaft der Donaumonarchie, denn die Feierlichkeiten werden gar nicht mehr stattfinden, da die Monarchie schon vorher zugrunde gehen wird.

In der gegenseitigen Liebe versuchen Ulrich und seine Schwester Agathe neue Lebensformen, den „anderen Zustand" zu finden. Sie suchen nach der Formel des richtigen Lebens oder der neuen Moral, durch welche die Menschen in einer gemeinsamen Idee verbunden sind. Diese Idee soll noch über dem stehen, was bisher im Abendland ‚Gott' genannt wurde.

Die Beziehung der Geschwister trägt mystische, ihr Verlangen nach äußerster Verbindlichkeit, das in den Worten „Ruhe", „Glück", „Liebe" oder eben „anderer Zustand" angedeutet ist, mythische und utopische Züge, durch die der „Geist der Einseitigkeit", wie er in der zum Krieg drängenden militärischen Ordnung, der überkommenen Moral und dem eindimensionalen Rationalismus zum Ausdruck kommt, überwunden werden kann.

Hermann Broch bietet in der Romantrilogie Die Schlafwandler drei historische Querschnitte durch die deutsche Gesellschaft (1888, 1903, 1918). An ihnen möchte er den von ihm so gesehenen Verlauf der Geschichte von der Romantik über die Anarchie zur Sachlichkeit zeigen. Der betrachtete Zeitraum ist geprägt durch den von der Modernisierung beschleunigten Zerfall der überkommenen Wertordnungen.

Eingeschobene essayistische Kommentare beschreiben den Entwicklungsgang aus der geschichtspessimistischen Sicht des Autors. Die unterschiedlichen Stilebenen der Teilromane – vom traditionellen Erzählen bis hin zu den Versuchen der literarischen Moderne – entsprechen den literarischen Strömungen aus den Zeiten, in denen die Handlung spielt.

Stefan Zweig war der erfolgreichste deutschsprachige Schriftsteller der 20er und 30er Jahre. Bei seiner Trauerrede im Jahr 1942 über den freiwillig aus der Welt Geschiedenen erinnert Franz Werfel daran, dass Zweigs Bücher in den Schaufenstern der Buchhandlungen vieler Länder stehen.

In seiner Biografie verweist Zweig auf das Problematische seines Lebens „als Österreicher, als Jude, als Schriftsteller, als Humanist und Pazifist".

Schon während des Ersten Weltkrieges kämpfte er mit Hermann Hesse, James Joyce, Romain Rolland und anderen für den Frieden, aber sein Optimismus wich zusehends der Resignation.

Er schrieb viele biografische Essays und Biografien (*Fouché*, 1930; *Maria Stuart*, 1935; *Erasmus*, 1935). Ihn interessierten bekannte historische Gestalten. Herausragenden historischen Momenten galt sein erfolgreichstes Buch: *Sternstunden der Menschheit. Zwölf historische Miniaturen* (1927).

12.4. Das Drama

Das Theater der ersten Jahre der Weimarer Republik stand im Zeichen des Expressionismus. In dieser politisch bewegten Zeit waren zunächst Krieg und Revolution die beherrschenden Themen. Nachdem der idealistische Appell der Expressionisten an den Mensche an den harten Bedingungen der Wirklichkeit gescheitert war, sind bald neue Tendenzen festzustellen.

Brechts frühe Stücke sind vom Expressionismus geprägt. Sein erstes Bühnenstück *Baal* (1920) schildert in 24 frei aufeinanderfolgenden Szenen das Leben des Lyrikers Baal, der das Leben in vollen Zügen genießt und die Werte und die Moral der bürgerlichen Welt verachtet. Baal, der jeden ausnutzt und immer nur an sich und an seinen Genuss denkt, meint: „Es gibt keinen schöneren Genuss als den Körper eines jungen Weibes." Rückblickend beurteilt Brecht seinen Helden: „Er ist asozial, aber in einer asozialen Gesellschaft."

Trommeln in der Nacht (1923) spielt in Berlin zur Zeit des Spartakus-Aufstandes von 1919. Der Soldat Kragler kommt aus dem Krieg zurück. Seine Braut soll gerade mit einem anderen verlobt werden, weil ihr Vater, ein Kriegsgewinnler, sich dadurch wirtschaftliche Vorteile verspricht. Anna kehrt aber zu Kragler zurück. Kragler hatte vorher am Aufstand teilgenommen, zieht sich aber jetzt zurück, da ihm nun sein privates Glück wichtiger ist als der Kampf für die gemeinsame Sache.

Bei der Aufführung wurden Plakate mit der Aufschrift „Glotzt nicht so romantisch!" im Zuschauerraum aufgehängt. Die Zuschauer sollen sich nicht Illusionen hingeben und passiv genießen, sondern über die Darstellung nachdenken. Das Theater soll ein Mittel engagierter Auseinandersetzung sein.

Die Dreigroschenoper (1929) wurde zum großen Theatererfolg der Weimarer Republik. Aufführungen in Zürich, Wien, Moskau und New York folgten bald. Im Mittelpunkt steht der Existenzkampf, die Bedrohung und die schließliche Errettung des Straßenräubers und Unternehmers Macheath, genannt Mackie Messer. Brecht überträgt hier die Lebensregeln des bürgerlichen Unternehmertums auf den Bereich der Verbrecher und Bettler, um zu zeigen, dass die ganze bürgerliche Daseinsform zutiefst asozial sei. Alles wird zur Ware: Die Huren verschönern ihren Leib, um ihn zu verkaufen; die Bettler entstellen ihn, um beim Betteln mehr Geld zu bekommen.

In seiner bekannten Abschiedsrede weist der ‚Verbrecherkönig' Mackie Messer auf die Harmlosigkeit der kleinen Verbrecher und auf die Gefährlichkeit der gesetzlich vorgehenden Institutionen hin: „Was ist ein Einbruch in eine Bank gegen die Gründung einer Bank?"

Das Stück verdankt seinen großen internationalen Erfolg auch der Musik von Kurt Weill. Die lustigen Szenen, die geniale Komik und die zündende Musik wurden auch von den Bürgern genossen, die Brecht eigentlich treffen und kritisieren wollte.

Ernst Tollers Drama *Hoppla, wir leben!* (Uraufführung 1927) zeigt die Weimarer Gesellschaft in der Zeit der relativen Stabilität von 1923 bis 1927. Karl Thomas, ein Teilnehmer an der gescheiterten Revolution von 1919, wurde wahnsinnig, als er auf seine Hinrichtung gewartet hatte. Nach sieben Jahren wird er als geheilt entlassen und kommt in ein Land, das sich völlig verändert hat.

Die Korruption und der ‚Pragmatismus' seiner ehemaligen Genossen sowie die neuen konsumorientierten und oberflächlichen Lebensformen überfordern den in der Vorstellungswelt der alten utopisch-radikalen Linken lebenden Thomas. Verzweifelt setzt er seinem Leben ein Ende. Wie auch in Brechts Stücken kamen bei der Aufführung die damals neuen Techniken von Radio und Film zum Einsatz

Erfolgreich waren auch die sozialkritischen Volksstücke von Carl Zuckmayer, Ödön von Horváth und Marieluise Fleisser. Die Dichter der Volksstücke wandten sich von den literarischen Moden ab und knüpften an die Tradition des Volksstücks im 19. Jahrhundert an. Das Volksstück, das ein breites Publikum erreichen möchte, stellt das Leben der einfachen Leute dar. Daher ist seine Sprache einfach. Dialekt (Zuckmayer) und Jargon (Horváth) werden verwendet.

Der fröhliche Weinberg (1925) von Zuckmayer war bei der Premiere in Berlin sehr erfolgreich. Es ist ein derbes Volksstück mit kritischen Bemerkungen zum reaktionären Nationalismus. Während eines ereignisreichen Weinfestes merkt der Weingutbesitzer Gunderloch, dass er fast zwei große Fehler gemacht hätte. Er wollte nämlich seine Tochter mit einem nationalistischen Nichtsnutz und Angeber verheiraten, und er wollte sich aus dem Arbeitsleben zurückziehen. Bei Wein und Gesang und mit Hilfe kräftiger Fäuste werden die Irrtümer aufgelöst. Seine Tochter darf den geliebten Rheinschiffer heiraten, und der rüstige Weingutbesitzer und Witwer heiratet seine treue Haushälterin. Die Personen und ihr Milieu sind lebendig gestaltet, ebenso die Handlung. Mit diesem Volksstück gelang es Zuckmayer, ein breites Publikum zu erreichen.

In Der Hauptmann von Köpenick (1930) verarbeitet Zuckmayer ein Ereignis aus der Zeit des Kaiserreiches. Ein vorbestrafter Schuster hatte sich eine Hauptmannsuniform angezogen und damit die Stadtverwaltung von Köpenick getäuscht. Sie hatte ihm - nur weil er eine Uniform trug - die Stadtkasse ausgehändigt. Der Schuster kannte die Ehrfurcht vor der Uniform in Preußen aus seiner Gefängniszeit, denn im Gefängnis wurde er durch tägliche Militärkunde auf seine Wiedereingliederung in die Gesellschaft vorbereitet.

Ödön von Horváth kam aus Österreich und lebte seit 1924 in Berlin. Er wollte zeigen, dass die Gemütlichkeit und die Herzlichkeit (in Österreich und in Deutschland) oft nur oberflächlich und gespielt ist und in Wirklichkeit oft ein falsches Bewusstsein verkörpert.

Seine *Italienische Nacht* (1931) bezeichnete er als eine „aktuelle politische Komödie". In einer süddeutschen Kleinstadt wollen die Anhänger der Republik eine ‚Italienische Nacht' feiern. Am gleichen Tag und am gleichen Ort feiern die Faschisten ihren ‚Deutschen Tag'. Es kommt zu gewalttätigen Auseinandersetzungen, bei denen sich die Anhänger der Republik durchsetzen können. Sie sind aber zerstritten. Die Älteren bleiben passiv und übersehen die neuen Gefahren. Einer von ihnen sagt: „Von einer akuten Bedrohung der demokratischen Republik kann natürlich keineswegs gesprochen werden. Kameraden! Solange es einen republikanischen Schutzverband gibt - und solange ich hier die Ehre habe, Vorsitzender der hiesigen Ortsgruppe zu sein, solange kann die Republik ruhig schlafen."

Zwei Jahre später wurde die Republik aufgelöst, u.a. weil einige ihrer Anhänger geschlafen haben.

12.5. Die Lyrik

Die Lyrik des Expressionismus war recht pathetisch. Gott, der Mensch, der Bruder und die Welt wurden immer wieder beschworen. Kurt Pinthus veröffentlichte die *Menschheitsdämmerung*, die bekannteste expressionistische Anthologie. Aber Pinthus' Anthologie war keine Anthologie einer lebenden Generation. Heym, Stadler, Stramm, Trakl und Lichtenstein starben kurz vor oder während des Krieges. Benn und Becher lösten sich recht bald von ihren expressionistischen Anfängen. Becher schloss sich der kommunistischen Bewegung an, Benn sympathisierte kurze Zeit mit den Nationalsozialisten.

Die Lyrik war bestimmt von dem alten Gegensatz zwischen ‚reiner' und ‚politischer' Dichtung. Das lyrische Spektrum umfasste engagierte Lyrik, die in das politische Geschehen eingreifen wollte (Erich Weinert), und sprachartistische Gedichte, in denen formale Perfektion angestrebt wurde (Gottfried Benn).

Benns Gedichte enthalten eine aggressive Zivilisationskritik. Er bevorzugt die Montage, verknüpft unterschiedlichste Sprachebenen und reiht die verschiedensten Elemente der Wirklichkeit aneinander. Entscheidend, so Benn, sei die gelungene Form. Sie sei das Bleibende im Strom der Zeit. Die politische Tendenz habe mit Dichtung nichts zu tun. Wenn sich die politische Tendenz trotzdem in poetischer Form äußere, so sei das „Zufall oder private Liebhaberei".

Diese Einstellung wurde von den sozialistischen und kommunistischen Autoren entschieden abgelehnt. So sagt Johannes R. Becher: „Ich diene mit meinen Dichtungen einzig und ausschließlich der geschichtlichen Bewegung, von deren Durchbruch in die Zukunft das Schicksal der gesamten Menschheit abhängt. Ich diene auch als Dichter dem Befreiungskampf des Proletariats." Becher hat versucht, dies in seinen Gedichten zu verwirklichen, aber seine Gedichte waren viel weniger volkstümlich und viel weniger bekannt als die Gedichte von Erich Weinert.

Weinert war der große Vertreter der volkstümlichen, politischen Lyrik in der Weimarer Republik. Seine Gedichte, die bei politischen Veranstaltungen zusammen mit Reden vorgetragen wurden, erreichten sehr viele Zuhörer. Weinerts beliebte Abendveranstaltungen wurden schon 1931 verboten.

Erich Kästner und Kurt Tucholsky schrieben Gesellschaftssatiren. Tucholskys *Deutschland Deutschland über alles* (1929) ist eine der bittersten Satiren über Deutschland.

Brechts *Hauspostille* (1927) zeigt den schwierigen Ablösungsprozess vom Expressionismus. Brecht wollte Gedichte schreiben, die nützlich sind. Sein Buch sollte einen ähnlichen Gebrauchswert haben wie die alten christlichen Postillen; es sollte also wie diese praktische Ratschläge erteilen.

Brecht sagte: „Diese Hauspostille ist für den Gebrauch des Lesers bestimmt." Der Gedichtband enthält eine Vielzahl lyrischer Formen und viele poetische Bilder, in denen Brechts persönliche und politische Erfahrungen ihren poetischen Niederschlag gefunden haben. Aktuelle politische Bezüge, wie sie für Weinert typisch sind, vermeidet Brecht weitgehend.

13. Die Literatur im Dritten Reich und die Literatur des Exils

Bücherverbrennung

Anna Seghers, Lion Feuchtwanger und Bodo Uhse in Paris, 1935

13. 1. Der historische Hintergrund

Den Deutschen fehlte die „Phantasie für das Noch-Nicht-Dagewesene"
(Ludwig Marcuse). Sie glaubten, dass „sowas nie zur Macht kommt" (Klaus
Mann) oder dass die Nazis schnell wieder die Macht verlieren würden.

Am 30. Januar 1933 wurde Hitler Reichskanzler, und schon am 23. März
stimmte der Reichstag dem Ermächtigungsgesetz zu. Für die Dauer von
vier Jahren konnte die Regierung Gesetze erlassen ohne Zustimmung des
Reichstages oder des Reichsrates. Damit war der Weg frei für die grausamste
Diktatur, die Deutschland je gehabt hat. Die politischen Institutionen des
Landes wurden ‚gleichgeschaltet'. Oppositionelle wurden rücksichtslos
verfolgt. Carl von Ossietzky, Erich Mühsam, Ludwig Renn, Willi Bredel,
Anna Seghers und viele andere wurden verhaftet. Mühsam und von Ossietzky
starben im Gefängnis.

Die Macht lag in den Händen des ‚Führers' Adolf Hitler. Ein wesentlicher
Bestandteil seiner Ideologie und seiner Politik war der Antisemitismus.
Schon 1933 begann der Boykott jüdischer Geschäfte, Banken, Ärzte und
Rechtsanwälte. 1935 wurde das ‚Gesetz zum Schutze des deutschen Blutes und
der deutschen Ehre' erlassen. Damit war die rassistische Ideologie gesetzlich
verankert. Man unterschied streng zwischen ‚Ariern' und ‚Nichtariern'.

1938 organisierte Goebbels die ‚Reichskristallnacht', in der zahlreiche
Synagogen, jüdische Geschäfte und Wohnungen zerstört wurden. Viele
Juden wurden in Konzentrationslager eingesperrt. 1942 beschlossen die
Nazis auf einer Konferenz in Berlin die ‚Endlösung der Judenfrage'. Alle im
Herrschaftsbereich der SS lebenden Juden sollten ermordet oder vertrieben
werden. Zu diesem Zweck wurden Konzentrationslager geschaffen, in denen
Millionen Menschen umgebracht worden sind.

Hitler wollte die Grenzen des Deutschen Reiches erweitern. Es gab Pläne,
nach denen er die Weltherrschaft anstrebte. Er wollte ‚Lebensraum im Osten'.
Schon 1938 erfolgte der ‚Anschluss' Österreichs an das Deutsche Reich.
Durch das Münchner Abkommen von 1938 musste die Tschechoslowakei das
vorwiegend von Deutschen bewohnte Sudetenland an das Deutsche Reich
abtreten. 1939 annektierte Hitler die ‚Resttschechei'.

Der Drang nach Osten war noch lange nicht zu Ende. Am 1. September
1939 überfiel die deutsche Wehrmacht Polen und löste damit den Zweiten
Weltkrieg aus. Am 22. Juni 1941 überfiel sie die Sowjetunion, und am 11.

Dezember 1941 erklärte das ‚Dritte Reich' den USA den Krieg.

Die Schweiz verfolgte, wie schon im Ersten Weltkrieg, eine Politik der strengen Neutralität und konnte ihre Unabhängigkeit bewahren.

Hitler erzielte am Anfang des Krieges schnelle Erfolge (Polen, Frankreich), aber schon die Luftschlacht um England (1940/41) konnte er nicht für sich entscheiden. Ebenso wenig gelang es 1942, Moskau zu erobern. 1943 verlor die deutsche Wehrmacht die Schlacht von Stalingrad. Damit trat eine Wende in diesem Krieg ein.

Nachdem am 6. Juni 1944 die Invasion der Alliierten in der Normandie gelungen war, befanden sich die deutschen Truppen überall auf dem Rückzug. Im Verlaufe des Krieges erlangten die Alliierten eine klare Luftüberlegenheit, und die Luftabwehr war hilflos gegen die Großangriffe auf die deutschen Städte.

Viele glaubten noch 1945 an eine Wende des Kriegsglücks und an einen deutschen Sieg. Die Militärs hofften, die Alliierten würden sich zerstreiten. Selbst Kinder und alte Männer mussten im ‚Volkssturm' an den Kriegshandlungen teilnehmen.

Nach Hitlers Selbstmord am 30. April erfolgte die bedingungslose Kapitulation der deutschen Wehrmacht am 7. und am 8. Mai 1945.

13.2. Die Literatur im Dritten Reich

Seit dem 13. März 1933 war Goebbels Reichsminister für Volksaufklärung und Propaganda. Zahlreiche Aktionen gegen missliebige Wissenschaftler, Künstler, Schriftsteller und Publizisten begannen. Am 10. Mai fand in Berlin und in anderen Universitätsstädten eine große Aktion zur ‚Verbrennung undeutschen Schrifttums' statt. Angeblich ‚entartete' und ‚undeutsche' Bücher, darunter die Bücher von Thomas Mann, Heinrich Mann, Kurt Tucholsky, Bertolt Brecht, Erich Mühsam, Sigmund Freud, Karl Marx und vielen anderen, wurden von nationalsozialistischen Studenten öffentlich verbrannt.

Schon Heinrich Heine schrieb die prophetischen Worte: „Wo man Bücher verbrennt, verbrennt man am Ende gar auch Menschen". Statt ‚zersetzender Kritik' erwarteten die Nazis ‚fördernde Betrachtung'. Die Ablehnung der Intellektuellen durch die Nazis und der Irrationalismus wurden schon in der Weimarer Republik vorbereitet. So verurteilt Ludwig Klages in seinem Buch *Der Geist als Widersacher der Seele* (1929-31) die durch Geist, Ichbewusstsein und vorausberechnendes Denken geprägte Welt als eine „Knechtung des Lebens unter das Joch der Begriffe".

Der Literatur war für die Faschisten nicht so wichtig. Aber in der Propagandakunst waren sie originell und schöpferisch. Sie benutzten Film, Rundfunk und Hörspiel für ihre Zwecke. Unterhaltungsliteratur, lustige Lieder, Filme und Hörspiele sollten das Volk bei Laune halten. So war zum Beispiel zu Beginn des Krieges das Lied *Das kann doch einen Seemann nicht erschüttern* besonders beliebt.

Die faschistische Kunst hat eine Tendenz zum Monumentalen, Ornamentalen und Kultischen.

Die Reichsparteitage werden als Massentheater inszeniert. Leni Riefenstahls Film *Triumph des Willens* über den Reichsparteitag von 1934 zeigt das sehr anschaulich. Sie drehte auch den Film über die Olympiade von 1936, die zur Selbstdarstellung und zur Täuschung des Auslandes missbraucht wurde.

Die Entwicklung der nationalsozialistischen Bewegung wurde im Thingspiel dargestellt und gefeiert. Im Mittelpunkt des Thingspiels steht das Volk, das durch Chöre dargestellt wird. Die rivalisierenden Gruppen werden durch Einzelspieler repräsentiert. Die Zahl der Spieler ging in die Tausende. Bei einem Thingspiel in Berlin im Jahre 1933 wirkten 17 000 Menschen mit.

Die völkischnationale Literatur, eine Sammelbezeichnung für unterschiedliche Strömungen, gab es schon vor 1933. 1926 erschien Hans Grimms Erfolgsroman *Volk ohne Raum*. Er steht in der Tradition der Kolonialromane des Kaiserreichs - damals suchte man einen ,Platz an der Sonne' -, und er diente der nationalsozialistischen Parteipropaganda. Diese wollte in erster Linie keine Kolonien, sondern ,Lebensraum im Osten'. Hitler wollte eine „Vergrößerung des Lebensraums unseres Volkes in Europa".

Einige Autoren verbanden den Willen nach imperialer Größe mit rassistischen Vorstellungen von der Überlegenheit des weißen Mannes.

Die Blut-und-Boden-Literatur wurde vom Nationalsozialismus besonders gefördert. Eine ,völkische Lebensgemeinschaft' wird dargestellt. Sie ist durch die ,Blutsgemeinschaft' eng verbunden, und sie ist der Erde, dem Boden, den sie bebaut, verhaftet. Der Boden soll etwas Heiliges sein: „National sein heißt den Lebensraum unseres Volkes zum heiligen Land erklären" (Hanns Johst). Gegen die ,Entartung' des Liberalismus und gegen die Vorherrschaft des Intellekts und der Intellektuellen wird eine ,völkische Erneuerung' angestrebt. In den Romanen wird die nationalsozialistische Ideologie in einer altertümelnden Sprache wiedergegeben.

Auch Romane des soldatischen Nationalismus (Kriegs- und Bürgerkriegsliteratur), in denen sich Antidemokratismus, Antimodernismus, Antisemitismus und eine Verherrlichung der germanischen Rasse findet, wurden gefördert.

Die Literatur des soldatischen Nationalismus zeichnet sich aus durch Kriegsverherrlichung, Freund-Feind-Denken, heroische Sterbeszenen und männliche Rituale im Dienst einer angeblich gerechten Sache. Der Krieg wird als „inneres Erlebnis" und als „aller Dinge Vater" verherrlicht (Ernst Jünger: *Der Kampf als inneres Erlebnis*, 1922).

Vor 1933 war die völkisch-nationale Literatur nur eine literarische Strömung unter vielen. 1933 wurde sie zur Staatsliteratur. Nicht alle kritischen Schriftsteller verließen Deutschland. Einige gingen in die Innere Emigration. Der Begriff ist umstritten und wurde auch missbraucht. Es herrscht Uneinigkeit, wer dazu zählt und wer nicht.

Dazu gehören sicher Ricarda Huch, die 1933 in einem mutigen Brief die Zustimmung zur Politik der Nazis ablehnte: „Was die jetzige Regierung als nationale Gesinnung vorschreibt, ist nicht mein Deutschtum. Die Zentralisierung, den Zwang, die brutalen Methoden, die Diffamierung Andersdenkender, das prahlerische Selbstlob halte ich für undeutsch."

Dazu gehört auch der Künstler und Schriftsteller Ernst Barlach, dessen Werke als ‚entartet' und ‚unheroisch' bezeichnet worden sind und der nach 1933 keine Werke mehr ausstellen oder veröffentlichen konnte.

Auch Autoren wie Werner Bergengruen, Reinhold Schneider und Ernst Wiechert, die aus religiösen bzw. humanistischen Gründen gegen die Nazis waren, gehören dazu. Bergengruens historischer Roman *Der Großtyrann und das Gericht* (1935) sollte eine Abrechnung mit dem Nationalsozialismus sein. Aber dies ist ihm misslungen. Die Nazis fanden den Roman nicht schlecht und lobten ihn als „Führerroman der Renaissancezeit". Die intellektuelle Opposition innerhalb Deutschlands war schwach und hilflos. Man hat sie daher auch als hilflosen Antifaschismus bezeichnet.

Für Schriftsteller wie Oskar Loerke und Wilhelm Lehmann war die Naturlyrik und die Betonung überzeitlicher Werte ein Rückzugsgebiet.

Reinhold Schneider greift in der Erzählung *Las Casas vor Karl V.* (1938) das historisch belegte mutige Auftreten des Priesters Bartolomé de Las Casas vor dem Kaiser Karl V. auf, um, wie er 1954 erklärte, „die Möglichkeit eines Protests gegen die Verfolgung der Juden" zu äußern.

In der Erzählung sind Sätze versteckt, die der nationalsozialistischen Staatslehre und Rassenideologie entgegenstehen: „Einig sind wir, wie ich glaube, auch darin, dass Gott den Menschen frei geschaffen hat und vor ihm kein Unterschied zwischen den Menschen ist."

Damit nimmt Las Casas Stellung gegen die Staatsrechtler, die die spanischen Herrenrechte mit der Begründung verteidigten, dass ein angeblich „höher geartetes" Volk das Recht habe, „tiefer stehende Völker" zu unterwerfen und auszubeuten, was in der Realität zur Vernichtung der Indianer in vielen Gebieten Amerikas geführt hatte.

In Ernst Jüngers Erzählung *Auf den Marmorklippen* (1939) wird eine Kulturlandschaft, in dem der Erzähler seinen wissenschaftlichen Forschungen nachging, von dem grausamen Oberförster und seinem Hirtenvolk erobert und zerstört. Einige Leser sahen in der Erzählung kritische Elemente. So heißt es zum Beispiel über das Hirtenvolk des Oberförsters: „Bald hatte man den Eindruck, dass sie sich kaum noch als Menschen sahen, und ihre Sprache durchsetzte sich mit Wörtern, die sonst dem Ungeziefer galten, das ausgerottet, vertilgt und ausgeräuchert werden soll."

Heiner Müllers schreibt in seinem autobiografischem Buch *Krieg ohne Schlacht* (1992): „Der Oberförster mit seiner Schinderhütte da im Wald war für uns Hitler."

Und in einem Artikel Heinrich Bölls über Ernst Jünger aus dem Jahr 1975 kann man lesen, dieses Buch „galt als das Buch des Widertandes."

Nach 1945 war der Streit um die Bedeutung der Literatur, die zwischen 1933 und 1945 in Deutschland entstanden ist und da auch veröffentlicht wurde, erbittert.

Thomas Mann kommt zu einem vernichtenden Urteil: „Es mag Aberglaube sein, aber in meinen Augen sind Bücher, die von 1933 bis 1945 in Deutschland überhaupt gedruckt werden konnten, weniger als wertlos und nicht gut in die Hand zu nehmen. Ein Geruch von Blut und Schande haftet ihnen an. Sie sollten alle eingestampft werden."

Außer der umstrittenen Literatur der Inneren Emigration gab es auch eine antifaschistische Untergrundliteratur. Sie wurde von sozialistischen und kommunistischen Autoren geschrieben. Jan Petersen, einer der bekanntesten Vertreter dieser Literatur, sagte 1935 in Paris: „Trotz alledem! Es gibt eine illegale Literatur in Deutschland." Petersen organisierte seit 1933 die illegale Arbeit des Bundes proletarisch-revolutionärer Schriftsteller in Berlin. Mit einer Untergrundzeitung, Flugblättern und Klebezetteln kämpfte diese Organisation gegen den Faschismus.

Mitten im faschistischen Berlin schreibt Petersen den Roman *Unsere Straße*, in dem er von den Schwierigkeiten und den Gefahren des illegalen Kampfes berichtet. Er schildert den zunehmenden Terror der Faschisten gegen ein Arbeiterviertel in Berlin und den Widerstand der Bewohner. 1935 zerschlug die Gestapo die Bewegung in Berlin.

Über die KZs (Willi Bredel: *Die Prüfung*, 1934; Wolfgang Langhoff: *Die Moorsoldaten*, 1935) und die Gefängnisse (Günther Weisenborn: *Memorial*, 1948) berichteten Häftlinge, die der Haft entkommen waren.

13.3. Die Literatur des Exils

1933 mussten viele Schriftsteller Deutschland verlassen. Sie flüchteten zunächst in die europäischen Nachbarländer, mussten aber mit der Ausbreitung des deutschen Faschismus weiter fliehen. Oft war es sehr schwierig, ein Visum und eine Karte für die Flucht nach Amerika zu bekommen.

In dieser schwierigen Zeit entstand außerhalb Deutschlands eine umfangreiche und vielfältige Literatur, die Literatur des Exils. Die Schriftsteller lehnten den Faschismus in Deutschland entschieden ab, und viele kämpften gegen die Zustände in ihrer Heimat. Schriftsteller mit unterschiedlichen Überzeugungen arbeiteten im Exil zusammen. Sie befürworteten eine Volksfront, eine Zusammenarbeit von bürgerlichen Linken, Sozialdemokraten, Sozialisten und Kommunisten. Exilverlage und Exilzeitschriften veröffentlichten ihre Werke.

Emigranten sind Auswanderer, Exilierte aber Ausgestoßene. Sie müssen ihre Heimat verlassen. Brecht schrieb in einem Gedicht:

> Über die Bezeichnung Emigranten
>
> Immer fand ich den Namen falsch, den man uns gab: Emigranten.
> Das heißt doch Auswanderer. Aber wir
> Wanderten doch nicht aus, nach freiem Entschluss
> Wählend ein anderes Land. Wanderten wir doch auch nicht
> Ein in ein Land, dort zu bleiben, womöglich für immer.
> Sondern wir flohen. Vertriebene sind wir, Verbannte.
> [...]

In der Exilzeit gab es große Auseinandersetzungen über das Wesen und die Aufgabe der Kunst. Es gab große Debatten über den Realismus und über den Expressionismus. Uneinigkeit herrschte darüber, was ‚Realismus' sei. Brecht sagte dazu Folgendes: „Über literarische Formen muss man die Realität befragen, nicht die Ästhetik, auch nicht die des Realismus. Die Wahrheit kann auf viele Arten verschwiegen werden und auf viele Arten gesagt werden. Wir leiten unsere Ästhetik wie unsere Sittlichkeit von den Bedürfnissen unseres Kampfes ab."

Die Realität, die Praxis, so Brecht, entscheide über die künstlerischen Formen, die geeignet sind. Man könne die Wahrheit auf viele Arten sagen. Es gebe nicht nur eine einzige Form. Die Ästhetik und die Moral hängen vom Kampf gegen den Faschismus ab.

13.3.1. *Die Prosaliteratur des Exils*

Das Emigrantenleben war hart. Viele Romane schildern die Lebensbedingungen im Exil. Ein Schlüsselroman aus dieser Zeit, der das Leben der deutschen Schriftsteller in Frankreich schildert, ist Lion Feuchtwangers *Exil* (1940). Dort lebten bei Kriegsausbruch viele exilierte Schriftsteller. Er zeigt ihre ökonomische Not und ihre sehr eingeschränkten Arbeitsmöglichkeiten. Viele bekamen auch nur eine vorübergehende Aufenthaltsgenehmigung und mussten dann das Land wieder verlassen.

In Klaus Manns Werk *Der Vulkan. Roman unter Emigranten* (1939) steht das Leben der Exilierten in Paris im Mittelpunkt. Klaus Mann weist in diesem Buch auf die Gefährlichkeit des ‚Vulkans' Deutschland hin.

Einige Schriftsteller beteiligten sich am spanischen Bürgerkrieg (1936/38). Die spanische Republik war durch den General Franco bedroht. Franco wurde von den Faschisten in Deutschland und in Italien unterstützt. Die spanischen Ereignisse sind Gegenstand zahlreicher Bücher (Alfred Kantorowitz: *Spanisches Tagebuch*, 1948; Bertolt Brecht: *Die Gewehre der Frau Carrar*, Uraufführung 1937; Karl Otten: *Torquemadas Schatten*, 1938).

Anna Seghers Roman *Transit* (1911) schildert, wie schwer es war, ein Ausreisevisum und ein Schiff nach Übersee zu bekommen. Sie verarbeitet in diesem Roman ihre Erlebnisse in Südfrankreich bevor sie die Erlaubnis erhielt, nach Mexiko zu fahren. Für die Exilierten war der Kampf um die Ausreise oft ein Kampf auf Leben und Tod. Wenn die rechtzeitige Flucht nicht gelang, so bestand die Gefahr, in die Hände der Faschisten und ihrer

Helfer zu geraten (vgl. auch den bekannten Film *Casablanca*).

Nach Kriegsausbruch mussten viele Autoren nach Übersee flüchten (USA, Mexiko, Südamerika, Neuseeland ...).

Einer der bekanntesten Romane von Anna Seghers heißt *Das siebte Kreuz* (1942). Der Roman, in dem die Autorin ein vielseitiges und eindrucksvolles Bild der deutschen Wirklichkeit unter dem Faschismus vermittelt, machte sie weltberühmt. Der Roman zeigt die Flucht von sieben Häftlingen aus einem Konzentrationslager. Die Faschisten errichten sieben Kreuze, an denen bis zum Wochenende alle Häftlinge hängen sollen.

Nur einer erreicht die holländische Grenze und kann fliehen. Ein Kreuz bleibt leer. Es ist ein Symbol für den erfolgreichen Widerstand und die Verwundbarkeit des faschistischen Systems.

Obwohl das Buch im Exil geschrieben wurde, gibt es ein unbestechliches Bild der deutschen Wirklichkeit.

Schon in der Weimarer Republik entstanden viele historische Romane geschrieben.

Der historische Roman schildert historische Gestalten und Ereignisse. Die Autoren des Exils konnten an diese Tradition anknüpfen. Den Autoren der historischen Romane wurde schon bald vorgeworfen, sie würden den Problemen der Gegenwart ausweichen. Für Döblin aber, einen der betroffenen Autoren, ist die Geschichte eine Zuflucht, angesichts der faschistischen Geschichtsverfälschung. Der historische Roman habe einen ‚Gegenwartsgehalt‘. Für Lion Feuchtwanger ist der Roman ein Mittel im antifaschistischen Kampf. Heinrich Manns *Henri Quartre* (1935,1938), Lion Feuchtwangers *Der falsche Nero* (1936) und Gustav Reglers *Die Saat* (1936) sind Beispiele für diese Art der Literatur.

Heinrich Manns Romane *Die Jugend des Königs Henri Quartre* (1935) und *Die Vollendung des Königs Henri Quartre* (1938) schildern die Zeit des französischen Königs Heinrich IV. Der Roman enthält aber viele Anspielungen auf die Zeit des Nationalsozialismus. Zur Zeit Heinrichs IV. war es die katholischen Kirche, die Elend über die Menschen brachte. Im 20. Jahrhundert waren es die Faschisten mit ihrem Rassismus und Imperialismus. Der humane Volkskönig Henri Quatre ist ein positives Gegenbild zum nationalsozialistischen Führer.

Heinrich Manns Bruder Thomas Mann schrieb den vierteiligen Romanzyklus *Joseph und seine Brüder*. Er wollte mit diesem umfangreichen Werk einen Schritt vom „Bürgerlich-Individuellen zum Mythisch-Typischen" tun. Angestrebt wird eine Vereinigung von Mythos und Humanität. Orientierungen für eine humane Zukunft sollen gegeben werden.

Dies ist Thomas Manns Gegenbild zu dem von Nazi-Ideologen verkündeten ‚Mythus des Blutes', aus dem das ‚kommende Reich' mit einer reinrassigen ‚arischen' Herrenschicht entstehen soll.

Joseph ist die mythische Figur, die Träume in Taten umsetzen kann. Beiden Völkern, denen er dient, dem ägyptischen und dem israelitischen, kann er, der sich im Roman als „Volkswirt" bezeichnet, den Weg in eine humanere Zukunft weisen.

Thomas Mann hatte sich intensiv mit den Mythen im Umfeld der Josephslegende auseinandergesetzt. In einem Brief vom 14. November 1941 schreibt er: „Man muss dem intellektuellen Faschismus den Mythos wegnehmen und ihn ins Humane umfunktionieren. Ich tue längst nichts anderes mehr".

Diese Äußerung zieht Lehren aus den Versäumnissen des Antifaschismus vor 1933. Man hatte die Sehnsüchte, die sich mit Begriffen wie ‚Volk', ‚Nation', ‚Mythos', ‚Geist-Überwindung' usw. verbanden, völlig unzureichend interpretiert und sie weitgehend der nationalsozialistischen Propaganda überlassen.

Der Zyklus entstand zwischen 1926 und 1942. Die Bedingungen des Exils zwangen Thomas Mann mehrfach, die Arbeit zu unterbrechen.

13.3.2. *Das Drama des Exils*

Die Situation der Dramatiker war besonders schwierig, denn selten fanden sie eine Bühne, die ihre Werke aufführte. Nach der Besetzung Österreichs und der ‚Tschechei' verschlimmerte sich die Situation. Die Dramatiker schrieben für die Schublade - sie schrieben für die Zukunft.

Bertolt Brecht war einer der bedeutendsten Schriftsteller, die im Exil waren. Eines der besten Stücke über das Leben unter der Herrschaft der Nazis ist sein Stück *Furcht und Elend des Dritten Reiches*, in dem er das alltägliche Leben in der Diktatur inszeniert. Szenen aus dem Alltag werden aneinandergereiht. Das Stück zeigt die unerträglichen Bedingungen, unter denen viele gezwungen waren zu leben. Brecht zeigt, wie Theodor W. Adorno gesagt hat, das Unwesen des Dritten Reiches an den Deformationen der Bevölkerung, nicht an den Herren.

Brecht schuf eine neue Form des Theaters, das epische Theater. Die Zuschauer sollten nicht so sehr mitfühlen, als vielmehr über das nachdenken, was auf der Bühne geschieht. Brecht wollte nicht ewig gleichbleibende Konflikte zeigen, sondern eine veränderbare Welt darstellen.

Bei den Aufführungen benutzte er modernste Mittel (Filme, Leuchtschriften, laufende Bänder). Ein naturalistischen Bühnenaufbau lehnte Brecht ab, nur wenige Gegenstände deuten den Ort des Geschehens an.

Die Einheit der Handlung wird oft durch Lieder, Epilog, Zwischenspiele und durch einen Erzähler unterbrochen.

Die Mittel, mit denen Brecht Verfremdung in der Darstellung erzielt, nennt er Verfremdungs-Effekte. Die dramatische Darstellung bedient sich ungewohnter und unüblicher Mittel, um das Publikum auf das Neue der künstlerischen Darstellung und der in ihr vermittelten Wirklichkeit aufmerksam zu machen. Brecht greift hier einen Gedanken von Hegel auf. Hegel hat gesagt, dass „das Bekannte überhaupt darum, weil es bekannt ist, nicht erkannt" ist. Brecht übernimmt diese These, er sagt: „Damit aus dem Bekannten etwas Erkanntes werden kann, muss es aus seiner Unauffälligkeit herauskommen." Damit das Bekannte, die Wirklichkeit, die gesellschaftlichen Zusammenhänge erkannt werden können, muss man sie zunächst fremd machen, man muss sie verfremden. Dann ist eine neue Sicht möglich, dann ist Erkenntnis möglich. Um dieses Ziel zu erreichen, benutzt Brecht den Verfremdungs-Effekte.

Gegen Ende seines Lebens wollte Brecht das epische Theater zu einem dialektischen Theater weiterentwickeln. Das dialektische Theater soll in allen dargestellten Ereignissen und Dingen die Widersprüche herausarbeiten. Die Wirklichkeit ist vom Menschen gemacht, und daher kann sie auch vom Menschen verändert werden.

Seine großen epischen Dramen hat Brecht in der Exilzeit geschrieben und danach überarbeitet.

Der gute Mensch von Sezuan (entstanden 1933/39): Es wird gezeigt, dass die Menschen gezwungen sind, auf Kosten anderer zu leben. Gut und böse sind keine bloßen Eigenschaften des Charakters, denn der Charakter des Menschen hängt von der sozialen Lage ab. Auch die Götter, die auf die Erde kommen, können nicht helfen. Am Schluss werden die Zuschauer angesprochen. Ein Schauspieler tritt vor die Bühne und spricht das Publikum direkt an, denn auch die Schauspieler sind mit dem Schluss nicht zufrieden: „Verehrtes Publikum, los, such dir selbst den Schluss! / Es muss ein guter da sein, muss, muss, muss!" Die Lösung der gesellschaftlichen Probleme ist keine Aufgabe des Theaters, sondern eine Aufgabe der Praxis. Nicht die Schauspieler können die Probleme auf der Bühne lösen, sondern die Menschen sollen die Probleme in der Gesellschaft selbst lösen. Auch dabei können keine Götter helfen.

Mutter Courage und ihre Kinder (entstanden 1938/39): Am Schicksal einer kleinen Händlerin zur Zeit des Dreißigjährigen Krieges zeigt Brecht, dass die kleinen Leute im Krieg keine guten Geschäfte machen können. Meist verlieren sie noch das bisschen, was sie haben. Mutter Courage verliert in diesem Krieg ihre drei Kinder und den Großteil ihrer Waren. Trotzdem wird sie nicht schlauer und glaubt weiterhin, sie kann an diesem Krieg verdienen.

Leben des Galilei (entstanden: 1938/39, 2. Fassung 45-47, 3. Fassung 54-56): Brecht dramatisiert das Leben des berühmten italienischen Gelehrten Galileo Galilei, der behauptet hatte, dass die Sonne im Mittelpunkt der Welt stehe und nicht die Erde. Damit hatte er den Zorn der Kirche auf sich gezogen. Die Kirche zwang ihn, diese Lehre zu widerrufen. In der ersten Fassung wird der Widerruf noch als listige Tat geschildert. In den späteren Fassungen wird er aber zum sozialen Verbrechen. Jetzt wird Galilei vorgeworfen, dass er seine eigene Bequemlichkeit höher schätzt als seine soziale Verantwortung. Galilei ist jetzt das mitschuldige Opfer gesellschaftlicher Missstände.

Brechts große Dramen wurden im Schauspielhaus von Zürich (Schweiz) uraufgeführt. Dieses Schauspielhaus war ein Sammelpunkt für viele exilierte Bühnenkünstler.

Die jüdische Schriftstellerin Nelly Sachs veröffentlichte 1951 die 1943 in Schweden entstandene szenische Dichtung *Eli. Ein Mysterienspiel vom Leiden Israels*. Die Überlebenden der jüdischen Gemeinde treffen sich in einer zerstörten polnischen Kleinstadt in der „Zeit nach dem Martyrium" und sprechen von dem erfahrenen Leid. Aus ihrer Mitte ragt Michael heraus, einer der 36 verborgenen Gerechten in der jüdischen Tradition. Er hat „den ungebrochenen Blick" und vermag, so wie er in der Vergangenheit, wenn auch nur für wenige, als Retter wirken konnte, Hoffnung zu spenden für die Zukunft.

13.3.3. *Die Lyrik des Exils*

Nach Brecht war die Zeit des Exils eine schlechte Zeit für Lyrik. Seine Lyrik und auch die agitatorische Lyrik von Erich Weinert und Louis Fürnberg

dienten dem antifaschistischen Kampf gegen den „Anstreicher" - eine
ironische Bezeichnung für den ehemaligen Kunstmaler - Adolf Hitler:

Schlechte Zeit für Lyrik

[...]
In meinem Gedicht ein Reim,
Käme mir fast vor wie Übermut. In mir streiten
Die Begeisterung über den blühenden Apfelbaum
Und das Entsetzen über die Reden des Anstreichers.
Aber nur das zweite
Drängt mich zum Schreibtisch.

Die Gedichte von Nelly Sachs (z.B. *In den Wohnungen des Todes*, 1947), der
Nobelpreisträgerin von 1966, und Gertrud Kolmar sprechen von dem
grenzenlosen Leid der Juden im Dritten Reich. Nelly Sachs konnte mit
Unterstützung der bekannten schwedischen Schriftstellerin Selma Lagerlöf im
Jahr 1940 nach Schweden ausreisen. Für Nelly Sachs, die auch nach dem Krieg in
Schweden bleibt, war das die Rettung in letzter Minute, Gertrud Kolmar starb im
Konzentrationslager.
Subjektive Erfahrungen, Angst und Verzweiflung prägen die späten Gedichte
von Franz Werfel und Alfred Wolfenstein.
Die Gedichte des Exils konnten einer breiteren Öffentlichkeit erst nach
Kriegsende zugänglich gemacht werden. Erich Arendt, dem es, anders als
vielen anderen Exilschriftstellern, gelang, tief in Sprache und Kultur seiner
Gastländer einzudringen, veröffentlichte Gedichtbände mit Erfahrungen über
seine Teilnahme am spanischen Bürgerkrieg (*Bergwindballade*, 1952) und über
sein Exil im fernen Kolumbien (*Trug doch die Nacht den Albatros*, 1951).

14. Die Literatur der DDR

Anna Seghers und Thomas Mann 1949 in Weimar

Bertolt Brecht, Johannes R . Becher und Dr. Wallner in einem Gespräch über gesamtdeutsche Kulturfragen
(1954)

14.1. Der historische Hintergrund

Nach der Kapitulation wurde das Gebiet des Deutschen Reiches von den alliierten Truppen besetzt. Die nationalsozialistische Herrschaft war zusammengebrochen. Manchmal wird dieser Zusammenbruch als die ‚Stunde Null' bezeichnet.

Häuser, Verkehrsverbindungen und Versorgungseinrichtungen waren zerstört, und vieles lag in Trümmern. Die Besatzungsmächte teilten Deutschland in vier Zonen. Der Kalte Krieg führte zu ernsthaften Konflikten zwischen den Siegermächten, die auch das Schicksal Deutschlands mitentschieden haben. Höhepunkt des Kalten Krieges in Deutschland war die Berliner Blockade (1948/49).

Die drei westlichen Besatzungszonen und die Sowjetische Besatzungszone (SBZ) gingen eigene Wege. Die Einführung unterschiedlicher Währungen in der Ostzone und in den westlichen Zonen vertiefte die sich abzeichnende Spaltung. 1949 wurden die Bundesrepublik Deutschland und die Deutsche Demokratische Republik gegründet.

In der SBZ wurden nach 1945 die Kriegsverbrecher enteignet, und eine Bodenreform löste den Grußgrundbesitz auf. Wie auch im Westen fand eine Entnazifizierung statt; Mitglieder der NSDAP sollten umerzogen werden.

1953 starb Stalin und ein ‚Neuer Kurs' sollte die Lebensbedingungen verbessern. Im gleichen Jahr geriet die junge Republik in ihre erste schwere Krise. Protestaktionen in Ost-Berlin weiteten sich am 17. Juni 1953 zu einem Volksaufstand aus, der von sowjetischen Truppen niedergeschlagen wurde. Der 17. Juni war bis zur Wiedervereinigung der Nationalfeiertag der Bundesrepublik. Zwischen 1949 und 1961 haben über 2,6 Millionen Menschen die DDR illegal verlassen. Um dies zu unterbinden, wurde schließlich im August 1961 die Mauer in Berlin errichtet und die Grenze zur Bundesrepublik verstärkt gesichert.

Das Gefühl des Eingesperrtseins war für viele ein Grund der Unzufriedenheit mit der Führung des Landes.

Das ‚Neue ökonomische System der Planung und Leitung' führte zu einer Stabilisierung der DDR-Wirtschaft. Die DDR wurde die zweitstärkste Industriemacht im ‚Rat für gegenseitige Wirtschaftshilfe' (RGW).

Der Wechsel von Walter Ulbricht zu Erich Honecker brachte der Kunst und der Literatur eine gewisse Liberalisierung. So sagte Honecker: „Wenn man von den festen Position des Sozialismus ausgeht, kann es meines Erachtens auf dem Gebiet von Kunst und Literatur keine Tabus geben." Bücher, die vorher nicht erscheinen konnten, wurden jetzt gedruckt.

1969 löste in Bonn eine sozialliberale Koalition die Große Koalition ab. Willy Brandt, der neue Bundeskanzler, strebte eine Aussöhnung mit den osteuropäischen Staaten an (Ostpolitik). Zwischen westdeutschen und ostdeutschen Politikern hatte es seit 1947 keine offiziellen Gespräche gegeben. 1972 wurde der Grundlagenvertrag unterzeichnet, durch den die beiden Staaten ihre Beziehungen normalisierten. 1973 traten beide Staaten der UNO bei. Die DDR erlangte die lange entbehrte weltweite Anerkennung als Staat.

Die Ausbürgerung des bekannten Liedermachers Wolf Biermann im Jahr 1976 bewirkte heftige Proteste gegen diese Maßnahme. Auch einige der bekanntesten Schriftsteller der DDR kritisierten öffentlich dieses Vorgehen.

In den 80er Jahren belastete die von der NATO beschlossene Raketen-Nachrüstung die Entspannungspolitik in Europa.

Die neue Politik Gorbatschows veränderte die Lage in Europa grundlegend. Auch in der DDR wurden jetzt die Forderungen nach mehr Demokratie und nach Reformen lauter. Die Kirchen waren Treffpunkte der Opposition. Als Ungarn im September 1989 seine Grenzen öffnete, gelangten Tausende von DDR-Bürgern über diese Grenze in den Westen: Wie schon vor dem Bau der Mauer liefen die Leute wieder davon. Die Demonstrationen und Protestaktionen in der DDR nahmen zu. Schließlich trat Honecker zurück, und Egon Krenz versuchte, das alte System durch eine Reformpolitik zu erhalten, aber es war zu spät. Ministerrat und Politbüro traten geschlossen zurück.

Am 9. November 1989 wurde die Mauer geöffnet, und am 18. März 1990 fanden in der DDR die ersten freien Wahlen statt, bei der eine von der CDU geführte Regierung gewählt wurde, die nun mit der Bundesrepublik Verhandlungen über die Wiedervereinigung führte. Schon am 3. Oktober 1990 erfolgte der Beitritt der DDR zur Bundesrepublik.

14.2. Die Ära Ulbricht

14.2.1. *Die Nachkriegszeit*

Wie viele Literaturen gab es in Deutschland nach 1945? Auf diese Frage gab es verschiedene Antworten. Johannes R. Becher, der spätere Kulturminister der DDR, sagte 1947: Es gibt „keine westdeutsche oder ostdeutsche Literatur, keine süddeutsche und keine norddeutsche, sondern nur eine, eine deutsche, die sich nicht in Zonengrenzen bannen lässt". Aber 1956 hat Walter Ulbricht, entsprechend zur Zweistaatentheorie, die These von zwei deutschen Literaturen formuliert. In der Folgezeit behauptete man jetzt, in der DDR entfalte sich eine eigene sozialistische Nationalliteratur.

In der Sowjetischen Besatzungszone wurde eine antifaschistische demokratische Neuordnung angestrebt. Es erschienen Bücher über das Leben in den deutschen Konzentrationslagern, über den Krieg und über den antifaschistischen Widerstand. Einer der populärsten Werke war Bruno Apitz' Roman *Nackt unter Wölfen* (1958). Der Widerstand im Konzentrationslager Buchenwald steht hier im Mittelpunkt.

Die kriegsentscheidende Niederlage der deutschen Armee in Stalingrad ist das Thema eines Romans von Theodor Plievier. Der Roman trägt den Titel der russischen Stadt: *Stalingrad* (1945). In dieser Stadt wurde die deutsche Sechste Armee eingeschlossen und besiegt. Das Buch schildert den Untergang und berichtet von Verwüstung, Auflösung und Tod. Plieviers Roman, der allein in Deutschland eine Auflage von über 3 Millionen erzielte, kritisiert die Unbedingtheit von Gehorsam und Pflichterfüllung.

Viele Schriftsteller kehrten aus dem Exil in die SBZ zurück (Willi Bredel, Johannes R. Becher, Erich Weinert, Bertolt Brecht, Arnold Zweig, Erich Arendt, Stephan Hermlin, Stefan Heym u.v.a.). Sie wollten eine antifaschistische, demokratische Kultur aufbauen. Dass dies nicht einfach war, sah Brecht schon sehr früh: „Hinter uns liegen die Mühen der Berge. Vor uns liegen die Mühen der Ebenen."

Weniger poetisch, aber sehr klar wird die schwierige Aufgabe der Rückkehrer in einem Roman von Willi Bredel geschildert: „Ich habe [...] etwas Angst angesichts der Aufgabe, die vor uns steht und die wir lösen müssen. Die sozialistische Revolution in Deutschland ist ausgeblieben; die Befreiung vom Faschismus ist den deutschen Arbeitern, dem ganzen deutschen Volk, durch den Kampfsieg der Roten Armee geschenkt worden. [...] Was das Klassenbewusstsein und die Moral der Arbeiter in Deutschland betrifft, so ist schließlich bekannt, dass ein Jahrzehnt faschistischer Demagogie, nicht ohne Spuren zu hinterlassen, vorüber ist. In den Köpfen vieler, auch vieler deutscher Arbeiter, sieht es nicht anders aus als in unseren Städten und Dörfern."

Auch Brecht sieht die Probleme: „[N]ur wenige stehen auf dem Standpunkt, dass ein befohlener Sozialismus besser ist als gar keiner".

Bertolt Brecht und Friedrich Wolf waren die bedeutendsten Dramatiker, die in die SBZ zurückgekehrt waren. Zwischen ihnen entbrannte ein Streit über die richtige Form des Theaters, an dem sich auch viele andere beteiligten. Brecht verteidigte sein episches Theater. Neben der Inszenierung seiner Stücke aus der Zeit des Exils wollte Brecht auch Stücke inszenieren, die sich mit der unmittelbaren Lage Deutschlands und der Möglichkeit einer sozialistischen Umwälzung auseinandersetzten. So schrieb er *Die Tage der Commune* (Uraufführung 1956), ein Stück über die Pariser Kommune von 1871. Brecht wollte die Erfahrungen dieser Revolution für seine eigene Zeit nutzbar machen.

Aber das Publikum von 1949 war auf solche Auseinandersetzungen nicht vorbereitet, und so warf man seinem Theater vor, es sei zu intellektuell und zu abstrakt. Erst nach Brechts Tod wurden dieses Stück 1956 uraufgeführt.

Friedrich Wolfs neue Dramen waren einfacher. Seine beliebte Komödie *Bürgmeister Anna* (1950) zeigt die Konflikte und Entwicklungen in einem Dorf des Jahres 1946. Die politische Macht der alten Zeit ist zwar gebrochen, es gibt aber noch ‚reaktionäre' Kräfte, die sich dem Aufbau entgegenstellen und ihn sabotieren. Der vorbildlichen und klugen Bürgermeisterin Anna gelingt es aber, wie es sich für eine Komödie gehört, die Probleme zu lösen.

Auch Erwin Strittmatters Verskomödie *Katzgraben* (1954) zeigt die Schwierigkeiten nach der Bodenreform und die langsame Überwindung der Probleme.

Autoren, die keine Marxisten oder Anhänger des sozialistischen Realismus waren, wurden gewürdigt (Heinrich Mann, Lion Feuchtwanger, Thomas Mann u.a.). Man bezeichnete sie als kritische Realisten.

Autoren der Moderne wie Kafka, Joyce, Beckett u.a. bezeichnete man als Vertreter der spätbürgerlichen Dekadenz und lehnte ihre Werke entsprechend ab.

14.2.2. Im Zeichen des sozialistischen Realismus

1951 regelte das Zentralkomitee auf seiner 5. Tagung den „Kampf gegen den Formalismus in Kunst und Literatur" und sprach sich für eine „fortschrittliche Kultur" aus. Damit war der literarische Pluralismus, der in den ersten Jahren der SBZ gefördert worden war, zu Ende.

Aus der Sowjetunion wurde der Begriff ‚sozialistischer Realismus' übernommen. Die Schriftsteller sollten die Wirklichkeit in ihrer revolutionären Entwicklung darstellen. Sie sollen das Typische beschreiben und parteilich sein. Die Schreibweise soll einfach und volkstümlich sein und die geschichtliche Perspektive optimistisch.

Gemäß diesen Vorgaben schrieben Kurt Barthels, Johannes R. Becher und Louis Fürnberg parteiliche Gedichte, die zum Teil weite Verbreitung fanden.

Peter Huchel, der die Vorgaben des sozialistischen Realismus in seinen Gedichten und in seiner Tätigkeit als Chefredakteur der international anerkannten DDR-Zeitschrift ‚Sinn und Form' nicht befolgte, bezeichnete solche Gedichte als „gusseiserne Lerchen, die nicht fliegen können". Er musste 1962 die Leitung der Zeitung abgeben und konnte in der DDR keine Gedichte mehr veröffentlichen.

In den Romanen der Zeit kämpften positive Helden um das vermeintlich Wahre und Gute.

Kunstströmungen, die sich diesen Vorgaben nicht fügten, werden als formalistisch, spätbürgerlich und dekadent eingestuft. Schriftsteller der DDR, die mit diesen Vorgaben nicht einverstanden waren, wurden kritisiert: Sie seien pessimistisch, anarchistisch, skeptizistisch, formalistisch usw. In den 70er und 80er Jahren verloren die mittlerweile modifizierten Regeln des sozialistischen Realismus erheblich an Bedeutung.

Da die Schriftsteller der DDR die Welt der Arbeit und den Aufbau des Sozialismus darstellen sollten, entstanden zahlreiche Betriebs- und Industrieromane. Auf einer Konferenz in dem großen Chemiewerk in Bitterfeld wurde gefordert, die Schriftsteller sollten in die Betriebe gehen und die Arbeiter sollten selbst schreiben. Man sprach vom Bitterfelder Weg. Es entstanden einige interessante Romane über die neue Art der Produktion und die neue Art des Zusammenlebens (Anna Seghers: *Die Entscheidung* (1959), Erik Neutsch: *Spur der Steine* (1961), Christa Wolf: *Der geteilte Himmel* (1963). Im Ganzen war die Bewegung aber nicht sehr erfolgreich.

Erwin Strittmatters Roman *Ole Bienkopp* (1963) zeigt den mühsamen Weg der Kollektivierung auf dem Land. Im ersten Teil muss Bienkopp sich gegen zahlreiche Widerstände durchsetzen, im zweiten Teil scheitert sein engagiertes Eintreten für die neue Form der Produktion schließlich an den Mühlen der Bürokratie.

Hermann Kant, der sich selbst als ausgeprägten DDR-Schriftsteller bezeichnete, schildert in seinem Roman *Die Aula* (1965) die Aufbaujahre und die erste Studentengeneration der Arbeiter- und Bauernfakultäten.

1961 wurde die Grenze geschlossen. Die DDR-Bürger, auch die Schriftsteller, konzentrierten sich jetzt mehr auf die eigenen, konkreten Lebensumstände. Viele setzten sich mit Alltagsproblemen und Widersprüchen auseinander, die nicht in das Bild des sozialistischen Realismus passten. Es entstand in der DDR eine, kritische Literatur (Wolf Biermann, Reiner Kunze, Heiner Müller, Stefan Heym u.a.). Die Schriftsteller riskierten aber, dass einige ihrer Werke nicht in der DDR gedruckt wurden. Wolf Biermann durfte ab 1965 überhaupt nichts mehr in der DDR veröffentlichen.

Die Schriftstellerinnen Christa Wolf und Sarah Kirsch wurden auf dem Schriftstellerkongress von 1969 kritisiert: Christa Wolfs Buch *Nachdenken über Christa T.* (1968) nutze dem imperialistischen Gegner und es würde der ideologischen Desorientierung dienen. Christa Wolfs Heldin misstraut den offiziellen Phrasen und hat beträchtliche Anpassungsschwierigkeiten in der DDR. Sie kann ihre eigenen Empfindungen nicht mit den gesellschaftlichen Anforderungen vereinbaren.

Es wundert wenig, dass die Kritiker an diesem Roman das Positive vermisst haben.

Lyrikern und Lyrikerinnen wie Günter Kunert oder Sarah Kirsch wurde Unklarheit vorgeworfen; außerdem seien sie subjektivistisch und pessimistisch. Günter Kunert, der schon früh auf die Gefahren der technischen Entwicklung hinwies, wurde vorgeworfen, er habe eine nihilistische Auffassung vom Menschen und er würde die Technik dämonisieren.

Für die Theatermacher war die Zeit des Exils eine besonders harte Zeit, da sie ihre Theaterprojekte nicht verwirklichen konnten. Erst nach dem Krieg konnten ihre Stücke aufgeführt werden. Bertolt Brecht ist die überragende Figur im Theaterleben der jungen DDR. Im Juli 1949 konnten Brecht und das Berliner Ensemble die Arbeit im ‚Theater am Schiffbauerdamm' aufnehmen, aber dies war schwierig. Sowohl das Publikum als auch die Kulturpolitiker haben die neuen Ideen oft abgelehnt oder nicht verstanden. Schon früh hat Brecht das böse Wort geäußert, er fühle in Berlin den „stinkenden Atem der Provinz".

Ein beredtes Zeugnis von Brechts Unzufriedenheit mit der historischen Entwicklung der DDR sind die nach dem Ort ihrer Entstehung benannten *Buckower Elegien*. Die Gedichte sind nach dem Aufstand vom 17. Juni 1953 entstanden.

Der erfolgreichste und produktivste Dramatiker der DDR war Peter Hacks. In seinem Stück *Die Schlacht bei Lobositz* (1955) wird der naive Soldat Braeker durch seine Erfahrungen beim preußischen Militär zur Zeit des Königs Friedrich II. zu einem Deserteur und überzeugten Pazifisten. Der Stoff war aktuell, denn in der Bundesrepublik fand in den 50er Jahren eine Remilitarisierung und eine Wiederaufrüstung statt. In der DDR wurde dieses Stück als eine Satire auf die restaurative Bundesrepublik wahrgenommen.

Hacks' Industrie- und Produktionsstück *Die Sorgen und die Macht* (1959) war umstritten. Das Stück durfte 1962 nur wenige Male gespielt werden und wurde dann abgesetzt. Hacks musste auch seine Tätigkeit als dramaturgischer Mitarbeiter des Deutschen Theaters beenden. Ein Kritikpunkt war die Figur des anarchistischen Helden Fidorra. Er kämpft für die neuen Beschlüsse im Betrieb, aber nicht aus marxistischer Überzeugung, sondern wegen seiner sinnlichen Leidenschaft zur Glasarbeiterin Hede Stoll. Der sinnliche, lebensfrohe Max Fidorra konnte für die prüde Zeit der 50er und der frühen 60er Jahre keine vorbildhafte Figur sein.

Helmut Baierls Komödie *Frau Flinz* (1961) war einer der größten Theatererfolge der DDR. Frau Flinz ist eine Frau, die stets das Böse will und stets das Gute schafft. Sie hat ihre fünf Söhne mit großer Not vor den Übergriffen der Nazis gerettet und misstraut seither jeglicher politischen Macht. Sie misstraut auch dem neuen Staat der DDR, der angeblich eine humanistische und sozialistische Ordnung schaffen möchte. Trotz ihres erbitterten Widerstandes verliert sie alle ihre Söhne an den neuen ‚Arbeiter-und-Bauern-Staat'. Die Söhne finden ihren Platz in der neuen Ordnung.

14.3. Die Ära Honecker

Auf dem VIII. Parteitag von 1971 trat Honecker für mehr Toleranz ein, und er befürwortete offenere Diskussionen. Auf breiter Ebene konnten nun die Traditionen der literarischen Moderne rezipiert werden. Jetzt konnten Werke erscheinen, die vorher nicht veröffentlicht werden konnten. Neue Schreibweisen und neue Themen waren jetzt möglich. Im Mittelpunkt vieler Werke steht nicht mehr das Kollektiv oder das Produktionskollektiv, sondern das Individuum mit seinen Problemen und Sorgen. Der verordnete Optimismus wird immer weniger befolgt. Trauer, Scheitern und Sterben werden zu häufigen Themen. In der Literatur war nun Weite und Vielfalt erwünscht.

Die Schriftsteller sprechen jetzt zunehmend von Mängeln. Fehler, Versagen und Schuld werden immer häufiger nicht nur beim Einzelnen, sondern auch bei der Partei oder den staatlichen Instanzen gesucht.

Um Plenzdorfs *Die neuen Leiden des jungen Werther* (1972) fanden anfangs lange Debatten statt. Man warf ihm vor, seine Hauptfigur sei nicht typisch für die Jugend der DDR. Die Jugend hat aber dieses Stück begeistert aufgenommen, und es wurde zu einem der größten Erfolge der deutschen Literatur nach 1945 in Ost und West.

Nach 1971 gewann in der DDR die Frauenliteratur an Boden. Wie in so vielen Ländern waren auch in der DDR die Frauen „Zaungäste der Macht" (Irmtraud Morgner). 1974 erschienen gleich drei Frauenromane: Brigitte Reimann: *Franziska Linkerhand*, Gerti Tetzner: *Karen W.* und Irmtraud Morgner: *Trobadora Beatriz*.

Biografische Ich-Erzählungen von Sarah Kirsch (*Die Pantherfrau*, 1973) und Maxie Wander (*Guten Morgen, du Schöne*, 1977) berichten über das Alltagsleben von recht unterschiedlichen Frauen in der DDR.

Christa Wolf schildert in ihrer Erzählung Kassandra (1983) das Schicksal der gleichnamigen Seherin aus der griechischen Mythologie. Vergeblich hatte diese vor der Zerstörung ihrer Stadt gewarnt. Niemand wollte auf sie hören.

Wolfs Version ist eine Warn-Dichtung vor den Resultaten der männlich dominierten Geschichte von Gewalt und Zerstörung. Im griechischen Gewand warnt diese Kassandra auch vor der Bedrohung unserer Zivilisation durch übermächtige Waffen und durch unfähige Exekutoren der Macht.

Mit Zerstörungen ganz anderer Art sehen sich die Figuren in Christoph Heins Novelle *Der fremde Freund* (1982) konfrontiert: Beziehungsunfähigkeit, Entfremdung, zerfallende Familien, Alkoholismus, Gewalt in der Ehe und Perspektivlosigkeit bilden ein tristes Panorama der späten DDR-Gesellschaft.

Die Hauptfigur Claudia, eine Ärztin, die jede tiefere Beziehung, ja jeden engeren Kontakt zu ihren Mitmenschen meidet, betont zwar wiederholt, es gehe ihr gut, aber kleine Gesten und nur vordergründig unscheinbare Reflexionen zeigen, dass sie am Bestehenden, von dem sie ein Teil ist, leidet, dass sie aber keinen Ausweg zu sehen vermag. Oft kreisen ihre Gespräche im Leerlauf. Man hat sich nichts zu sagen, redet aber trotzdem.

Einige DDR-Schriftsteller stehen in der Tradition der Aufklärung. Sie wollen, indem sie auf Mängel hinweisen, die Verantwortlichen in Staat und Partei belehren. Sie verstehen sich nicht als grundsätzliche Opposition, denn sie wollen die bestehende Gesellschaft nicht grundsätzlich verändern, sondern lediglich reformieren.

Zwei der interessantesten Romane dieser Strömung sind Martin Stades Roman *Der König und sein Narr* (1975) und Günter de Bruyns Roman *Neue Herrlichkeit* (1984).

Stade schildert am Beispiel des Preußenkönigs Friedrich Wilhelm I. und des Gelehrten Jacob Gundling das spannungsreiche Verhältnis von Geist und Macht, von Intellektuellen und Herrschern.

Wie sich die herrschende Schicht in der DDR vom Volk abgrenzt und wie sozial Schwache in dieser Gesellschaft behandelt werden, ist das Thema von de Bruyns Roman.

Der Generationenkonflikt steht im Mittelpunkt von Volker Brauns Erzählung *Unvollendete Geschichte* (1975). Der Vater von Karin, ein Funktionär und ein Mann der Partei, möchte, dass die Tochter sich von ihrem Freund trennt, da dieser angeblich verbotene Westkontakte hat. Karin fügt sich dem Druck, kehrt aber dann, nachdem ihr Freund aus Verzweiflung einen Selbstmordversuch begangen hatte, zu ihm zurück. Die Vorwürfe gegen den Freund werden nie bewiesen.

Karin gewinnt Distanz zu dem autoritären Vater und zu der von ihm vertretenen Welt der politischen Phrasen.

Volker Braun war, wie er sagte, nicht gegen die bestehende Gesellschaft der DDR, sondern für ihre immanente Veränderung. In der DDR erschien die Erzählung 1975 in einer Zeitschrift, aber erst 1988 als Buch.

Einige Bücher konnten nicht in der DDR erscheinen (Stefan Heym: *5 Tage im Juni*; Rolf Schneider: *November*). Der erste Roman hat den 17. Juni 1953 zum Gegenstand, der zweite die Ausbürgerung Biermanns im Jahr 1976. Für diese Romane gab es keine Druckgenehmigung.

Die Gedichtbände wurden genau geprüft. Volker Braun, Rainer Kirsch und

Reiner Kunze mussten in den DDR-Ausgaben bestimmte Gedichte, die zu kritisch waren, weglassen. Nach der Biermann-Ausbürgerung 1976 verließen viele Künstler das Land (G. Kunert, R. Kunze, S. Kirsch, Bernd Jentzsch u.a.). Durs Grünbeins zukunftsweisender erster Gedichtband *Grauzone morgens* (1988) konnte nur im Westen erscheinen.

Abseits des Kulturbetriebs der DDR und zum Teil auch gegen ihn entfaltete sich im Ostberliner Stadtteil ‚Prenzlauer Berg' eine vielfältige alternative Kulturszene. Dem ritualisierten, zusehends unglaubwürdiger werdenden, offiziellen Sprachgebrauch setzten die Lyriker und Lyrikerinnen vom Prenzlauer Berg (Sascha Anderson, Bert Papenfuß-Gorek u.a.) eine neue Wege suchende Sprachartistik entgegen.

War in der Nachkriegszeit Odysseus, der Heimkehrer, die große mythische Gestalt der DDR-Lyrik, so wurde nun der vergeblich seine Steine rollende Sisyphos, ein Symbol des sich vergeblich Abmühenden, die mythische Leitfigur. Oder die Odysseus-Figur wird uminterpretiert, es wird ein Ankommender gezeigt, der unzufrieden ist, der scheitert oder wieder aufbricht. So heißt es in Erich Arendts Gedicht *Odysseus Heimkehr:* „dein Segel, / Scheiternder, / setz / schwarz."

Der interessanteste Dramatiker dieser Zeit ist Heiner Müller. Er benutzt die Kulturgeschichte als Material. In dem Stück *Germania Tod in Berlin* (Uraufführung 1978) reiht er Szenen aus der deutschen Geschichte aneinander: die Revolution von 1918, die Gründung der DDR von 1949, eine groteske Szene aus dem Königreich Preußen mit einem Clown, der den preußischen König spielt, und eine weitere groteske Szene über den Russlandfeldzug der deutschen Wehrmacht, in der auch die alten Nibelungen auftauchen. Der Bogen der Gewalt und der Brutalität in der deutschen Geschichte reicht von den Nibelungen bis zu Hitlers Armee, auch die Verherrlichung des Krieges im Namen der Ehre, des Kaisers, des Führers oder anderer Institutionen.

In einer makaberen Gruselszene im Führerbunker erwarten Hitler, der zu einer Frau gewordene hochschwangere Goebbels und die als Hebamme fungierende mythologische Figur der Germania die Geburt des neuen Deutschland. Die Ideologie Hitlers ist nicht mehr zeitgemäß. Goebbels schenkt einem Wolf das Leben, der gleich nach seiner Geburt eine „Negerpuppe" zerreißt. Diese symbolische Handlung verweist auf die Gewalt, die nun der Dritten Welt angetan wird. Geradezu prophetisch verweist diese Szene aber auch auf die offene Fremdenfeindlichkeit, die sich im Osten Deutschlands erst nach dem Untergang der DDR in der Öffentlichkeit manifestieren konnte.

Müllers Stück *Leben Gundlings Friedrich von Preußen Lessings Schlaf Traum Schrei* (Uraufführung 1979) zeigt die Welt des Preußentums und die Welt des aufgeklärten Absolutismus. Im Zentrum steht das Verhältnis des Intellektuellen und des Schriftstellers zur Macht. Unverbundene Szenen werden eingerahmt durch einen Prolog über den Intellektuellen Gundling, der am Hof des Soldatenkönigs schwer zu leiden hatte, und durch einen Epilog um den Aufklärer Lessing, der hier desillusioniert auf den Verlauf der Geschichte blickt.

Im Sommer 1989 erschien Christoph Heins satirisches Stück *Die Ritter der Tafelrunde*. Unschwer kann man in diesem Stück viele Anspielungen über die untergehende Gesellschaftsordnung der DDR finden. Hein benutzt den Stoff um den sagenhaften König Artus und seine tapferen Ritter, um eine zerfallende gesellschaftliche Ordnung zu zeigen. Dass diese Komödie nicht nur im Mittelalter spielt, konnte man an den modernen Kleidern der Personen und an ihren modernen Verhaltensweisen sehen: Sie rauchen, trinken Kaffee und spielen Tennis, alles Handlungen, die im Mittelalter in Europa nicht üblich waren.

Die alten Ritter schwärmen von den großen Idealen, den großen Kämpfen der Vergangenheit; sie warnen vor dem schlimmen Feind, vor dem man stets auf der Hut sein müsse, und vor der Unterwanderung der bestehenden Ordnung durch das gedruckte Wort.

Um die alten Ideen wieder aufleben zu lassen, möchten sie ein Turnier veranstalten mit viel Volk, Fahnen, Musik und sportlichen Zweikämpfen.

Aber die Jugend will von all dem nichts mehr wissen, so dass einer der Ritter zornig feststellt „Nichts bedeutet ihnen etwas [...], sie spotten über unsere Ideale, sie lachen über uns. Und wir? Wir haben unser Leben für eine Zukunft geopfert, die keiner haben will."

Zum Schluss bekennt König Artus, dass er nicht mehr weiter weiß, und er fordert seinen Sohn auf, einen neuen, einen anderen Weg zu finden.

15. Die Literatur nach 1945

da kannten die soldaten kein pardon mehr!
einer Stadt sitzt die Angst im Nacken

1. die einwohner trauen sich nicht auf die **STRASSE**

2. die einwohner z i t t e r n

3. die rockers schlagen jeden zusammen

4. die soldaten gehen nur g r u
                p p e
                n w e
                i s e
                a u s

                      G   H E I L
                      E   I
                      I
5. die einwohner greifen zur S E L B S T
                           F   O
                H A U E   T

            e
6. kampf bis aufs **Messsssss**
            r

7. runter mit den langen H a a r e n (haaren, verschachtelt)

8. die zeitung he**TZ**t auf

9. das lange haar muß dr a n g l a u b e n

**K. B. Schäuffelen: Da kannten die Soldaten
kein Pardon mehr**

Peter Handke

Martin Walser

15.1. Der geschichtliche Hintergrund

Am 7. und am 8. Mai 1945 kapitulierte das Deutsche Reich bedingungslos. Goebbels wollte den totalen Krieg. Nun war die totale Niederlage gekommen. Das Großdeutsche Reich ging unter. Sowohl Deutschland als auch Österreich wurden in Besatzungszonen geteilt und von den Siegermächten verwaltet. Auch Berlin und Wien bestanden nun aus vier Sektoren.

Die Gebiete östlich der Oder-Neiße-Linie wurden unter sowjetische bzw. polnische Verwaltung gestellt. Die Westmächte stimmten der ‚Überführung' der Deutschen aus diesen Gebieten sowie aus Polen, Ungarn und der Tschechoslowakei zu. Die offizielle Bezeichnung für diese Maßnahmen war ‚Aussiedlung'. In der Bundesrepublik sprach man aber von ‚Vertreibung'.

In Nürnberg, wo der Prozess gegen die Kriegsverbrecher stattfand, wurden von den 22 Hauptangeklagten 12 zum Tod verurteilt. Weniger Belastete sollten entnazifiziert werden.

Schon 1945 wurden demokratische Parteien zugelassen. Es folgten lebhafte Diskussionen über die künftige Wirtschaftsverfassung des Landes. Durchgesetzt hat sich schließlich das vor allem von Ludwig Erhard vertretene Konzept einer sozialen Marktwirtschaft. Der bald nach dem Ende des 2. Weltkriegs einsetzende Kalte Krieg begünstigte die Teilung Deutschlands. 1949 werden die Bundesrepublik Deutschland und die DDR gegründet.

Durch die Zerstörungen des Krieges und die Zuwanderung der Aussiedler war die Wohnungssituation katastrophal, deshalb war der Wiederaufbau von Wohnungen eine der wichtigsten Aufgaben der Nachkriegszeit.

1955 trat die Bundesrepublik Deutschland der NATO bei; die Bundeswehr wurde aufgebaut, ein Vorgehen, das zu jener Zeit sehr umstritten war.

Die Integration der beiden deutschen Staaten in unterschiedliche internationale Organisationen vertiefte die Spaltung weiter. Äußerlich wurde die Spaltung durch den Bau der Berliner Mauer und die verschärfte Sicherung der Grenze der DDR zur BRD abgesichert.

In den 60er Jahren löste Erhard, der Vater des sogenannten deutschen Wirtschaftswunders, Adenauer im Kanzleramt ab. Aber seine große Zeit war eigentlich schon vorbei, und schon nach drei Jahren musste er zurücktreten. Deutschland war in eine schwere Rezession geraten. Kiesinger bildete eine Große Koalition, der es gelang, die Krise zu überwinden. Sie verabschiedete aber auch gegen den Widerstand vieler Bürger die Notstandsgesetze.

Gegen die verkrusteten Strukturen der Gesellschaftsordnung der BRD und unter dem Eindruck der Verbrechen der Industrieländer im Umgang mit der 3. Welt entwickelte sich, vor allem unter den Studenten, eine starke Protestbewegung, die 1968 ihren Höhepunkt hatte. Da es im Bundestag keine wirksame Opposition mehr gab, bildeten viele oppositionelle Gruppen die Außerparlamentarische Opposition (APO).

Eine sozialliberale Koalition löste 1969 die Große Koalition ab. Mit ihrer Ostpolitik und dem Grundlagenvertrag stellte sie die Beziehungen der BRD zu ihren östlichen Nachbarn und zur DDR auf eine neue Grundlage. Die Zerstörung der Umwelt und die Bedrohungen, die von technischen Großanlagen ausgehen, führten zur Gründung von zahlreichen Bürgerinitiativen. Leute, die mit dem Lebensstil der modernen westlichen Industriestaaten nicht einverstanden waren, fanden sich in der Alternativbewegung zusammen.

Sie suchten nach alternativen Lebensformen. Die Vernachlässigung der Umwelt und die erheblichen Zerstörungen ermöglichten es einer neuen Partei, den Grünen, die traditionelle Parteienlandschaft zu verändern und die Lösung vernachlässigter Probleme zu fordern.

1982 waren SPD und FDP zerstritten über die Lösung der wirtschaftlichen Probleme. Die FDP-Minister verließen die Regierung. Am 1. Oktober 1982 wurde Helmut Schmidt abgewählt und Helmut Kohl zum Kanzler gewählt.

Die Reformen Gorbatschows führten zu einer vorher kaum vorstellbaren Veränderung der Weltpolitik, die schließlich auch die Wiedervereinigung der beiden Teile Deutschlands möglich machte. Die Opposition in der DDR gewann an Gewicht, sie wurde schließlich zu einer Massenbewegung, der die alte Regierung weichen musste. Die neue Regierung der DDR beantragte die Wiedervereinigung, die dann schon am 3. Oktober 1990 verwirklicht wurde.

Am Anfang war der Jubel über die Wiedervereinigung groß, aber schon bald zeigte sich, dass die Vereinigung große Probleme mit sich brachte.

Das wiedervereinigte Deutschland nimmt nun im Rahmen internationaler Organisationen an weitgehenden friedenssichernden Maßnahmen teil, die vorher politisch nicht gewollt und verfassungsrechtlich bedenklich schienen.

Österreich war wie Deutschland nach dem Krieg in Besatzungszonen geteilt. 1955 bringt der Staatsvertrag die Aufhebung der Besatzung Österreichs. Das Land verpflichtet sich zur Neutralität. Eine Große Koalition zwischen ÖVP und SPÖ, die bis 1966 andauert, bringt dem Land innere Stabilität.

Von 1970 bis 1983 bestimmte die SPÖ unter Bundeskanzler Bruno Kreisky die Politik Österreichs.

1994 tritt Österreich nach einer Volksabstimmung der Europäi-schen Union bei.

1999 wurde der ÖVP-Mann Wolfgang Schüssel Bundeskanzler. Er bildete eine Koalition mit der FPÖ. Diese Partei und insbesondere ihr durch nationalistische und Sprüche für Aufregung sorgender Vorsitzender, wurden im Ausland, aber auch von vielen Österreichern, darunter namhaften Schriftstellern und Schriftstellerinnen, abgelehnt und bekämpft.

In der österreichischen Bundeshymne heißt es, dass das Land „inmitten" des Erdteils liegt. Nach dem Ende des Kalten Krieges kann Österreich diese ausgezeichnete geopolitische Lage in vielerlei Hinsicht nutzen.

Die Schweiz kehrte nach dem Krieg zur direkten Demokratie zurück. Im Krieg unterlag diese weitgehenden Einschränkungen. Im Parteiengefüge der Schweiz gab es wenig Veränderungen. Politische Kontinuität und soziale Stabilität prägten das Land und es wurde mit seiner stabilen Währung zu einem attraktiven Land für Geldanlagen.

Mit der politischen Gleichberechtigung der Frauen taten es sich die Schweizer Männer schwer. Erst 1971 stimmten sie auf Bundesebene zu, dass Frauen wählen und abstimmen dürfen. Auf Kantonalsebene wurde die Gleichberechtigung in einem Kanton erst 1991 eingeführt.

Ein Dauerthema nach 1945 war die Stellung der Schweiz zu internationalen Organisationen. Der Beitritt zum Europäischen Wirtschaftsraum (er sollte aus den Ländern der EU und der EFTA bestehen) wurde 1992 mit einer knappen Mehrheit (50,3%) abgelehnt. Es findet aber eine Politik der Annäherung statt, die in bilateralen Verträgen mit der EU ihren Niederschlag gefunden hat.

2002 tritt die Schweiz nach einer Volksabstimmung als 190. Mitglied den Vereinten Nationen bei.

15.2. Die Nachkriegsjahre

Eine schlimme Zeit war zu Ende. Tagebücher, Erinnerungen und Berichte geben einen Eindruck von dem, was geschehen war. Eugen Kogon beschreibt in dem Buch Der SS-Staat das grauenhafte System der Konzentrationslager. Die Schriftsteller Wolfgang Langhoff (*Die Moorsoldaten*) und Ernst Wiechert (*Der Totenwald*), die beide die KZ-Gefangenschaft überlebt haben, erinnern in ihren Romanen an das dunkelste Kapitel der deutschen Geschichte.

Der Philosoph Karl Jaspers, der während der Nazi-Zeit zu seiner jüdischen Frau hielt und deshalb geächtet war, stellt die Frage nach der Schuld am Geschehenen (*Die Schuldfrage*, 1946).

Ein böser Streit entbrannte zwischen Schriftstellern des Exils und Schriftstellern der Inneren Emigration, insbesondere zwischen Thomas Mann und Frank Thiess. Thiess behauptete, das Leben in der Inneren Emigration sei schwerer gewesen als das Leben im Exil. Die Exilanten hätten in den „Logen und Parterreplätzen des Auslands" gesessen, von denen aus man „der deutschen Tragödie zuschaute".

Dies ist eine böse Diffamierung, denn das Leben der meisten Exilschriftsteller war hart und bitter. Nicht wenige haben den Tod gefunden.

Mit ‚reeducation' und ‚democratization' versucht man, die Verhältnisse zu verändern, aber schon bald geriet Deutschland in das Spannungsfeld des Kalten Krieges, und die Entnazifizierung verlor an Bedeutung.

Der konservative Schriftsteller Ernst von Salomon erzielte schon 1951 mit dem Roman *Der Fragebogen*, einen großen Publikumserfolg. Er klagte - ohne sich viel um die Schuld der Deutschen zu kümmern - in einer flotten Sprache über die Härten der Besatzungspraxis.

Die Freiheitskonzepte des Existenzialismus finden ihren Niederschlag in den Werken von Ilse Aichinger, Alfred Andersch, Siegfried Lenz und Erich Nossack (z.B.: Andersch: *Die Kirschen der Freiheit*, 1952).

‚Trümmerliteratur' ist das Schlagwort für eine bedeutende Strömung der Literatur der Nachkriegsjahre. Beliebt waren Hörspiele und Kurzgeschichten. Heinrich Böll beschreibt die Situation nach 1945 folgendermaßen: „Wir schrieben also vom Krieg, von der Heimkehr und dem, was wir im Krieg gesehen hatten und bei der Heimkehr vorfanden: von Trümmern; das ergab drei Schlagwörter, die der jungen Literatur angehängt wurden; Kriegs, Heimkehrer- und Trümmerliteratur."

Die Literatur war durch die in Trümmer liegenden Städte und Dörfer und durch die Auswirkungen des Krieges geprägt. Ein Neuanfang wurde gefordert. Aber nicht nur die Städte lagen in Trümmern, sondern auch die Nazi-Ideologie und ihre mit Pathos und Propaganda gesättigte Sprache.

Nun forderten einige Schriftsteiler eine Poesie des Kahlschlags. Ein Neubeginn sollte gewagt werden; die Sprache sollte einfach sein. Wolfdietrich Schnurre hat das neue Programm in Verse gefasst: „zerschlagt eure Lieder /

verbrennt eure Verse / sagt nackt / was ihr müsst." Das bekannteste Gedicht dieser neuen Poesie ist Günter Eichs *Inventur*.

Inventur

Dies ist meine Mütze,
dies ist mein Mantel,
hier mein Rasierzeug
im Beutel aus Leinen.

Konservenbüchse:
Mein Teller, mein Becher,
ich hab in das Weißblech
den Namen geritzt.

Geritzt hier mit diesem
kostbaren Nagel,
den vor begehrlichen
Augen ich berge. [...]

Die Gedichte, die im Exil entstanden sind, konnten jetzt veröffentlicht werden. Ebenso die Gedichte von Schriftstellern, die in den Gefängnissen und KZs umgebracht worden waren (z.B.: Albrecht Haushofer: *Moabitter Sonette*, 1945).

Die Schriftsteller der Nachkriegszeit hatten eine Vorliebe für Natur- und Landschaftslyrik. Viele benutzten die strenge Form des Sonetts, unterschiedlichste Inhalte wurden in dieser Form dargestellt.

Eines der bekanntesten Werke dieser Zeit ist Wolfgang Borcherts Drama *Draußen vor der Tür* (Uraufführung 1947). Der Held dieses Stücks kehrt als Opfer und Betrogener aus dem Krieg zurück. Die Leute, die er aufsucht, haben kein Verständnis für ihn, und so findet er sich immer wieder draußen vor der Tür.

Das meistgespielte Stück der Nachkriegszeit ist das schon im Exil entstandene Schauspiel *Des Teufels General* (Uraufführung 1946), das sich mit der Problematik der Militärs in faschistischen Diensten befasst. Zuckmayer konnte damit an seine Erfolge in der Weimarer Republik anknüpfen (*Der Hauptmann von Köpenick*, 1931).

Das dritte bedeutende Drama der Nachkriegszeit, *Die Illegalen*, (Uraufführung 1946) zeigt den Widerstand gegen Hitler. Der Autor Günter Weisenborn gehörte zu einer Widerstandsgruppe und musste drei Jahre im Zuchthaus verbringen. Über seine Gefangenschaft und über die Befreiung berichtet er in dem Erinnerungsbuch *Memorial* (1948). Teile dieses Buches hat er im Gefängnis auf die Rückseite von Tüten geschrieben.

15.3. Die Literatur in der Zeit der Restauration

In den 50er Jahren wurden wichtige Entscheidungen gefällt (Wiederaufrüstung, Verbot der KPD, Beitritt zur NATO). Es herrschte ein Klima der Restauration und des Antikommunismus. Viele Schriftsteller haben an den Auseinandersetzungen teilgenommen. Sie haben sich engagiert. Insbesondere protestierten sie, zusammen mit führenden Naturwissenschaftlern, gegen die atomare Bewaffnung der Bundesrepublik.

Das Wirtschaftswunder, der schnelle Aufbau der westdeutschen Wirtschaft, war Mitte der sechziger Jahre zu Ende. Gegen das Konsum- und Wohlstandsdenken entwickelten vor allem die Studenten ein neues Bewusstsein. Die Studentenbewegung, die ihren Höhepunkt im Jahr 1968 hatte, erreichte zwar nicht ihre oft radikalen politischen Ziele, sie hat aber mit dazu beigetragen, die Gesellschaftsordnung und das alltägliche Leben nachhaltig verändert.

Viele Autoren fanden das Leben in der Adenauerzeit bedrückend. So sagt Enzensberger rückblickend: „Die fünfziger Jahre waren sehr heavy in diesem Land, muffig, reaktionär. Nichts hat sich bewegt, überall diese Nazischeiße." (Die Zeit, 20.1.1995). Er verließt das Land, das seiner Meinung nach „unbewohnbar" war, und kehrt erst 1966 zurück, denn der politische Aufbruch jener Zeit habe die Bundesrepublik „überhaupt erst bewohnbar gemacht".

15.3.1. Die Gruppe 47

Die einflussreichste und bekannteste Schriftstellergruppe, die über zwanzig Jahre das literarische Leben in der Bundesrepublik entscheidend geprägt hat, nannte sich Gruppe 47. Böll bezeichnete sie einmal als „literarische Ersatzhauptstadt". Die Gruppe wollte die junge Literatur fördern und sammeln. Sie wollte für ein neues demokratisches Deutschland und für eine neue Literatur wirken.

Böll, Grass, Walser, Andersch, Enzensberger, Bachmann, Handke und viele andere nahmen an den Treffen teil. Die Gruppe 47 wollte keine feierlichen Dichterlesungen machen, an denen nur wenige teilnehmen können. Sie wollte Kritik, Auseinandersetzung und Unruhe. Im Mittelpunkt der Treffen stand die Lesung von unveröffentlichten Texten. Ein Autor las seine Texte vor, dann diskutierten und kritisierten die Zuhörenden das Gehörte. Der Autor selbst durfte sich in diesen Diskussionen nicht äußern.

15.3.2. *Vergangenheitsbewältigung und Zeitkritik in der Prosa*

In der Nachkriegszeit und in den 50er Jahren wurden viele Kurzgeschichten und Hörspiele geschrieben. ‚Kurzgeschichte' ist eine Lehnübersetzung des amerikanischen Gattungsbegriffs ‚short story'. Vorbild für viele war der Amerikaner Ernest Hemingway. In der deutschen Literaturgeschichte besaß diese Gattung wenig Tradition. Ein „Musterbeispiel dieser Gattung" (Böll) ist Wolfgang Borcherts Kurzgeschichte *Das Brot*.

Die Erzählungen der unmittelbaren Nachkriegszeit waren realistisch; ihre Sprache war einfach. In den 50er Jahren werden die Texte komplizierter und anspruchsvoller. Parabolische, phantastische und sprachexperimentelle Formen (Ilse Aichinger: *Spiegelgeschichte*, 1952; Wolfgang Hildesheimer: *Das Ende der Welt*, 1951; Friedrich Dürrenmatt: *Der Tunnel*, 1952) treten in Konkurrenz zu realistischen Schreibweisen.

In den 50er Jahren gab es noch wenige Fernsehapparate. Die bedeutendste Gattung der audiovisuellen Medien war das Hörspiel. Keine andere Kunstform konnte ein so breites Publikum an sich ziehen. In einem Hörspielbuch aus dem Jahr 1951 wird vermutet, dass allein in Baden-Württemberg 440 000 Zuhörer regelmäßig Hörspielsendungen des Süddeutschen Rundfunks einschalteten. Manche Hörspiele waren Vorarbeiten zu späteren Romanen und Dramen.

Günter Eichs Hörspiele aus den 50er Jahren gelten als Meisterwerke der Gattung. Eich, der vom Existenzialismus beeinflusst ist, schreibt tragische Geschichten, bei denen die Betroffenen keine Chance haben, dem Verderben zu entgehen.

Besonders erfolgreich war Eichs Hörspiel *Träume*, in dem fünf Gestalten aus fünf Ländern vorgeführt werden, die mit alptraumhaften Bedrohungen konfrontiert sind. Eich will die existenzielle Bedrohung der Welt sichtbar machen und die Zuhörer aufrütteln. Das Hörspiel endet mit dem bekannt gewordenen Satz: „Seid unbequem, seid Sand, nicht das Öl im Getriebe der Welt!"

Ingeborg Bachmann schrieb die Hörspiele *Ein Geschäft mit Träumen* (1952), *Die Zikaden* (1955) und *Der gute Gott von Manhatten* (1958). Das letztgenannte Hörspiel beschwört die Kraft der Liebe und übt Kritik an der von Männern dominierten und von Konkurrenz und Ausbeutung getragenen Gesellschaft.

Die Romane sind mit wenigen Ausnahmen einer kritisch-realistischen Erzähltradition verpflichtet. Sie kritisieren die faschistische Vergangenheit und die durch Kapitalismus und Restauration geprägte Gegenwart. Vergangenheitsbewältigung und Gegenwartskritik sind beliebte Themen.

Der wohl bedeutendste Roman über die Zeit der Restauration ist Wolfgang Koeppens Roman *Das Treibhaus* (1953). Der Roman spielt in Bonn. Diese Stadt ist hier das Treibhaus der Restauration. Im Mittelpunkt steht ein Abgeordneter des Bundestags, welcher der Opposition angehört. Selbst in seiner eigenen Fraktion gilt er als Linker und Außenseiter. Er möchte seine Ideale einer freiheitlichen Demokratie verwirklichen, hat aber wenig Erfolg dabei: „[E]r glaubte damals an eine Wandlung, doch bald sah er, wie töricht dieser Glaube war, die Menschen waren natürlich dieselben geblieben, sie dachten gar nicht daran, andere zu werden, weil die Regierungsform wechselte". Koeppen bezeichnete sein Werk als „Roman eines Scheiterns". Der idealistische Abgeordnete scheitert an Egoismus, Beziehungen, Intrigen, Lüge, Heuchelei, an alten Nazis und neuen Konservativen. Remilitarisierung und Kalter Krieg stehen seinen guten Absichten im Weg. Er ist enttäuscht und wählt den Freitod.

In vielen Romanen der Weltliteratur steht die Ehe im Mittelpunkt. An diese Tradition knüpft Martin Walser mit seinem Roman *Ehen in Philippsburg* (1957) an. Vier traurige Ehegeschichten werden geschildert. Diesen Ehen liegt keine aufrichtige Partnerschaft zugrunde, sondern sie sind bloß ein Mittel beruflicher und gesellschaftlicher Absicherung. Walsers Roman enthält eine Kritik der Wohlstandsgesellschaft, die menschliche Beziehungen deformiert und rücksichtslose Aufsteiger begünstigt.

Enzensberger hatte 1968 ironisch behauptet, spätestens 1959 habe die deutsche Literatur das Weltniveau erreicht. In diesem Jahr erschienen *Die Blechtrommel* von Günter Grass, *Billard um Halbzehn* von Heinrich Böll und *Mutmaßungen über Jakob* von Uwe Johnson.

Der in Köln aufgewachsene Heinrich Böll stammt aus einem Elternhaus, das tief im katholischen Glauben verwurzelt war. 1939 wollte er Literatur studieren, musste dann aber in den Krieg ziehen und kehrte erst 1945 wieder nach Köln zurück. Der Krieg, das Schicksal der Heimkehrer und die in Trümmer liegenden Städte prägen seine ersten Kurzgeschichten. Sie erschienen 1950 in dem Sammelband *Wanderer, kommst du nach Spa...*

Wo warst du, Adam? (1951) bezeichnet Böll als Roman. Es ist aber eher eine Reihung von neun Kurzgeschichten über das Schicksal des Soldaten Feinhals, der von der Front allmählich in seine Heimat gelangt. Kurz vor dem Ende des Krieges und schon in Sichtweite seines Elternhauses wird er durch eine Granate getötet.

Und sagte kein einziges Wort (1953) ist ein Eheroman. Die Wohnungsnot ist das Thema dieses gesellschaftskritischen Romans, der aus der Perspektive der Ehepartner erzählt wird.

Die epischen Strukturen der Romane wurden in den 50er Jahren zusehends anspruchsvoller und komplizierter.

In Bölls Billard um Halbzehn (1959), einem Generationenroman, wird an einem einzigen Tag des Jahres 1958 über das Leben von drei Generationen einer Architektenfamilie berichtet. Innerer Monolog und erinnerte Rede ermöglichen die Vergegenwärtigung des Vergangenen. Die Erinnerungen gehen bis in die Wilhelminische Zeit zurück. Im Mittelpunkt der Erinnerungen steht eine Abtei, an deren Bau, Zerstörung und Wiederaufbau drei Generationen gut verdient haben.

Ansichten eines Clowns (1963) ist wohl Bölls bekanntester Roman. Der Clown ist ein aufrichtiger Außenseiter, der seine Geschichte erzählt und kommentiert. Er befindet sich im Gegensatz zu der selbstzufriedenen Wohlstands-gesellschaft und der Unglaubwürdigkeit der kirchlichen Institutionen. Gegen Heuchelei und rücksichtslosen Ehrgeiz möchte er seine Individualität bewahren.

Der Clown Hans Schnier stammt aus einer reichen Industriellenfamilie. Der sich den übermächtigen Anforderungen von Kirche und Staat entziehende Schnier kann sich nicht behaupten und verliert auch seine Lebensgefährtin, die in Übereinstimmung mit den Normen der Kirche leben möchte. Der traurige Held sitzt am Schluss arbeitsunfähig und krank, allein und verlassen auf den Treppen des Bahnhofs und singt ein Lied zur Gitarre. Passanten werfen ihm Geld in den vor ihm liegenden Hut.

Bölls Roman gehört zur Bewältigungsliteratur. Verdrängte Schuld und restaurative Heuchelei der Nachkriegszeit werden thematisiert.

Der zweite große Roman des Jahres 1959 stammt von Günter Grass. Grass ist 1927 in Danzig geboren. Diese Stadt, die damals nach dem Ersten Weltkrieg einen selbständigen Staat unter dem Schutz des Völkerbundes bildete, ist Hintergrund vieler Werke von Grass. Seine Danziger Trilogie, bestehend aus den Romanen *Die Blechtrommel* (1959) und *Hundejahre* (1963) und der Novelle *Katz und Maus* (1961), spielt da, aber auch sein 1992 publiziertes Buch *Unkenrufe*.

Das Buch war ein kulturpolitisches Ärgernis. Zwei aus dem Geist der Zeit geborene Vorwürfe gegen das Buch waren bald zur Hand: Blasphemie und Pornografie.

Hinzu kommt, dass dieser Roman radikal mit der bei vielen Deutschen so beliebt gewesenen Verdrängung der Nazizeit bricht. Sie hatten sich im Wirtschaftswunderland eingerichtet und wollten von der Vergangenheit nichts mehr hören. Grass' Roman zeigt mit bisher nicht da gewesener Deutlichkeit, wie die Kleinbürger mitverantwortlich und mitschuldig waren an dem verhängnisvollen Verlauf der Geschichte, denn sie waren nicht bloß Verführte eines übermenschlich bösen Diktators, sondern oft willige Mitgestalter, welche die Katastrophe erst ermöglichten.

Oskar Matzerath, der mit drei Jahren beschlossen hatte, nicht mehr zu wachsen, schreibt in einer Heil- und Pflegeanstalt seine Erlebnisse zwischen 1930 und 1950 auf. Er verfügt über die Gabe, Glas zu zersingen; sein Kennzeichen, das er fast immer bei sich hat, ist eine Blechtrommel. Aus der unbefangenen Perspektive des kleinen Oskar wird die kleinbürgerliche Umwelt geschildert, wobei moralische, sexuelle und religiöse Tabus der prüden 50er Jahre verletzt wurden, was sicherlich einer der Gründe für den riesigen Erfolg dieses Buches war.

1960 erschien Elias Canettis philosophisches Werk *Masse und Macht*. Er thematisierte die Kinetik kollektiver Erfahrungen und damit ein zentrales Thema des 20. Jahrhunderts, die Mitgerissenheit durch das Schlechte und Falsche.

15.3.3. *Anregungen aus der Schweiz für die Welt des Theaters*

Das Züricher Schauspielhaus, wo die Dramen von Dürrenmatt und Frisch uraufgeführt wurden, war lange Zeit das bedeutendste deutschsprachige

Theater. Die beiden sind die meistgespielten deutschsprachigen Dramatiker der fünfziger Jahre.

Das Theater der Nachkriegszeit in den Westzonen und das Theater der fünfziger Jahre in der Bundesrepublik war geprägt von ausländischen Autoren. Es bestand ein großer Nachholbedarf. Dramen von Jean Anouilh. Thornton Wilder, Jean-Paul Sartre, Albert Camus, Samuel Beckett und Eugène Ionesco wurden gespielt.

Außer zeitgenössischen ausländischen Autoren waren Klassiker wie August Strindberg, Henrik Ibsen und Frank Wedekind beliebt. Ein westdeutsches Drama von Rang gab es in den fünfziger Jahren nicht. Brecht wirkte in der DDR. Die Aufführungen seiner Werke im Westen wurden wiederholt boykottiert, erst in den 60er Jahren wurde er zum viel gespielten Autor auf westdeutschen Bühnen.

Die Zeit des „Wirtschaftswunders" war für die Entwicklung des Dramas in Westdeutschland nicht günstig.

15.3.3.1. Max Frisch

Nach einem abgebrochenen Germanistikstudium studierte Frisch Architektur. Er arbeitete als selbständiger Architekt, gab aber 1954 sein Büro auf und versuchte, als freier Schriftsteller zu leben.

Sein erster großer Erfolg war das 1958 am Züricher Schauspielhaus uraufgeführte Drama *Biedermann und die Brandstifter*. Lange Zeit war es Pflichtlektüre in vielen Schulen im deutschsprachigen Raum.

Das Drama zeigt das langsame Eindringen der Anarchie in die scheinbar sichere und wohl behütete Welt des Bürgertums. Der Fabrikant Jakob Biedermann sitzt in seinem Wohnzimmer und liest entrüstet Zeitungsberichte über Brandstiftungen. Da kommt der Ringer Josef Schmitz und bittet um Unterkunft auf dem feuergefährdeten Speicher. Biedermann zögert, gibt aber dann nach. Er lässt auch zu, dass Schmitz' Mitverschworene auf den Dachboden ziehen. Selbst als Benzinfässer herbeigeschafft werden und Zündschnüre und Zündkapseln bereitgestellt werden, wagt er nicht zu widersprechen. Blind für die drohende Gefahr reicht er am Schluss den Brandstiftern sogar die Streichhölzer, mit denen sie dann sein Haus in Brand setzen.

Ein weiteres erfolgreiches Stück von Frisch ist sein 1961 uraufgeführtes Drama *Andorra*. Es ist ein Lehrstück über den Rassenwahn. In diesem

Andorra, das nichts zu tun hat mit dem Kleinstaat in Europa, glauben die Bürger an ein Gerücht, nachdem der junge Andri angeblich ein Judenkind sein soll. Man glaubt, sein Pflegevater habe ihn vor dem Zugriff der „Schwarzen" gerettet und aufgezogen. Obwohl das Gerücht nicht stimmt - Andri ist ein unehelicher Sohn seines Pflegevaters und damit ein Andorraner wie die anderen auch -, sehen alle in ihm den Andersartigen. Der vermeintlich Andersartige wird negativ eingeschätzt, fast alle sind gegen ihn. Die Mitbürger sind voller Vorurteile. Eine feindliche Mauer der Vorurteile umgibt ihn. Voller Verzweiflung bildet er jetzt die Eigenschaften aus, die ihm seine Umgebung dauernd nachsagt. In der großen „Judenschau" nach dem Einmarsch der „Schwarzen" wird er verhaftet und zur Liquidation abgeführt.

15.3.3.2. Friedrich Dürrenmatt

Nach literarischen und philosophischen Studien in Bern und Zürich gelang es Dürrenmatt sehr bald, sich als Schriftsteller durchzusetzen. Sein 1955 uraufgeführtes Drama Der Besuch der alten Dame machte ihn bekannt.

Diese tragische Komödie zeigt die Macht des Geldes und die Ohnmacht der Moral. Ein ganzes Dorf löst sich angesichts finanzieller Vorteile von den moralischen Konventionen, und die Bewohner sind sogar bereit, einen ihrer Mitbürger zu töten, weil sie dadurch viel Geld verdienen können.

Die sehr reiche alte Dame kehrt nach langer Abwesenheit in ihr vor dem finanziellen Ruin stehendes Heimatdorf zurück. Die Bewohner erwarten Hilfe von ihr. Aber die alte Dame fordert, die Bürger sollten zuerst den Mann töten, mit dem sie in ihrer Jugend befreundet war, denn dieser Mann hatte sie vor 45 Jahren verleugnet und verstoßen. Sie musste auswandern und als Prostituierte ihren Lebensunterhalt verdienen.

Nun fordert die alte Dame den Tod dieses Mannes, sie fordert „totale Rache". Die Bürger lehnen dies zunächst entrüstet ab, erliegen dann aber der Faszination des Geldes und beschließen, ihren Mitbürger zu töten.

In der 1962 uraufgeführten Komödie Die Physiker thematisiert Dürrenmatt die Bedrohung der Menschheit durch die Ergebnisse der modernen Kernphysik. Dem Physiker Möbius ist es gelungen, die Weltformel, das System aller möglichen Erfindungen, zu entdecken. Diese Entdeckung möchte er aber nicht weitergeben, deshalb stellt er sich verrückt und zieht sich in ein „Irrenhaus" zurück. Zwei weitere Physiker stellen sich ebenfalls verrückt und leben in der gleichen Anstalt. In Wirklichkeit sind es zwei Geheimagenten, die versuchen, die Weltformel für ihren jeweiligen Staat zu bekommen. Aber Möbius überzeugt die beiden, dass es zu gefährlich sei, dieses Wissen weiterzugeben. Er hat seine Unterlagen längst verbrannt. Drei Kranken-schwestern, die dem Geheimnis auf der Spur waren, müssen sterben.

Die Anstaltsleiterin, die vorgibt, Stimmen zu hören, hat aber das Spiel der Physiker längst durchschaut. Sie hatte die Unterlagen von Möbius vor der Vernichtung kopiert und erklärt die Physiker jetzt zu Gefangenen. Einer der Physiker stellt resigniert fest: „Die Welt ist in die Hände einer verrückten Irrenärztin gefallen." Die Entwicklung nimmt die schlimmstmögliche Wendung. Der Zufall und die bösartige Anstaltsleiterin machen das durchdachte und verantwortungsbewusste Vorgehen von Möbius zunichte. Es erfüllt sich Möbius Aussage: „Was einmal gedacht wurde, kann nicht mehr zurückgenommen werden".

Dürrenmatt schrieb einen kurzen Anhang (21 *Punkte zu den Physikern*). Darin betont er die Verantwortung von allen für das Tun der Physiker: „Der Inhalt der Physik geht die Physiker an, die Auswirkung alle Menschen. [...] Was alle angeht, können nur alle lösen."

15.3.4. *Die Lyrik zwischen Hermetik und Öffentlichkeit*

Zum einflussreichsten Lyriker der Zeit wurde Gottfried Benn. Er forderte eine reine Lyrik, Kunst und Leben sollen streng auseinandergehalten werden. Oder in Benns Worten: „Das, was lebt, ist etwas anderes als das, was denkt". Das problematische Verhältnis Benns zum Faschismus wurde vergessen und verdrängt. Benn hatte 1933 die Machtergreifung Hitlers begrüßt, jetzt lobt man die Meisterschaft dieses Dichters.

Benn legt sehr viel Wert auf die gelungene Form. In seinem berühmten Vortrag *Probleme der Lyrik* (1951) sagt er: „Form ist der höchste Inhalt". Für Benn, der die Ausdrucksdichtung ablehnt, ist das Gedicht ein Kunstprodukt. So zitiert er den französischen Dichter Mallarmé: „Ein Gedicht entsteht nicht aus Gefühlen, sondern aus Worten." Der andere große Lyriker der Zeit war Paul Celan. Aber wie anders verlief sein Leben. Er hatte die Brutalität des Faschismus und die Grausamkeit der Konzentrationslager selbst kennengelernt. Sein wohl bekanntestes Gedicht *Die Todesfuge* spricht davon. Seine späteren Gedichte sind schwer zu verstehen. Celan misstraut der einfachen Sprache. Seine Sprache wird hermetisch, vieldeutig und dunkel.

Sein Gedicht *Fadensonnen* stammt aus dem Jahr 1965:

FADENSONNEN
über der grauschwarzen Ödnis.
Ein baum-
hoher Gedanke
greift sich den Lichtton: es sind
noch Lieder zu singen
jenseits der Menschen.

Inmitten der Benn-Begeisterung und dem von Männern gesteuerten Literaturbetrieb zum Trotz gelang es Ingeborg Bachmann, ihre poetische Stimme vernehmbar zu machen. Sie erhielt mit 27 Jahren den Preis der Gruppe 47, und einige ihrer Gedichte waren Gegenstand ausführlicher Diskussionen in den Medien. Meisterhaft bedient sich Bachmann des freien Verses der modernen Poesie.

Die früh erfahrene Bedrohung der Geschichte hat Eingang in ihre Gedichte gefunden. „Es hat einen bestimmten Moment gegeben, der hat meine Kindheit zertrümmert. Der Einmarsch der Hitler-Truppen in Klagenfurt."

In den frühen Gedichten scheint ein Aufbruch zu neuen Formen gesellschaftlicher Wirklichkeit noch möglich; die späten Gedichte sind pessimistischer. Die späte Poesie wurzelt in einer existenziellen Verzweiflung. In ihr kündigt sich die bevorstehende Sprachlosigkeit an. Bachmann hat nach dem Band *Anrufung des Großen Bären* (1956) kaum noch Gedichte geschrieben. In einem ihrer späten Gedichte (*Keine Delikatessen*) schreibt sie:

Soll ich
eine Metapher ausstaffieren
mit einer Mandelblüte?
die Syntax kreuzigen
auf einen Lichteffekt?
Wer wird sich den Schädel zerbrechen
über so überflüssige Dinge –

In Österreich bildete sich die Wiener Gruppe (Hans Carl Artmann, Gerhard Rühm, Oswald Wiener u.a.). Sie benutzten experimentelle Techniken und montierten scheinbar beliebiges Sprachmaterial zu neuen sprachlichen Gebilden.

In den 50er Jahren verbreitete sich eine eigenartige Strömung der Lyrik, für die der Schriftsteller Eugen Gomringer den Begriff ‚Konkrete Poesie' prägte. Diese Literatur wollte mit dem konkreten Material der Sprache unmittelbar eine Aussage gestalten. Dabei waren der syntaktische Zusammenhang und das Wort als Bedeutungsträger nicht mehr so wichtig. Dazu zwei Beispiele von Gomringer:

```
ping pong
ping pong ping
pong ping pong
        ping pong
```

```
schweigen schweigen schweigen
schweigen schweigen schweigen
schweigen          schweigen
schweigen          schweigen
schweigen schweigen schweigen
```

Die jungen Lyriker fanden neue Schreibweisen. Hans Magnus Enzensberger und Peter Rühmkorf vereinigten politische und poetische Töne in ihrer Lyrik. Enzensbergers frühe Gedichte waren eine Antwort auf die ihm unerträglich erscheinende Gesellschaftsordnung der Adenauerzeit. Dumpfes Konsumenten-verhalten, alte Nazis und politische Stagnation prägten die Zeit. Enzensberger zog sich nach Norwegen zurück und kehrt erst 1966, als die Studentenbewegung an Bedeutung gewann und gesellschaftliche Veränderungen stattfanden, nach Berlin zurück. Seine Gedichte waren Vorläufer der politischen Lyrik, die in den 60er und 70er Jahren zusehends in den Vordergrund trat.

Die politischsoziale Realität wurde als Kontrapunkt der Poesie empfunden. Die Schriftsteller antworteten mit Autonomie (Benn), Hermetik (Celan) und Protest (Enzensberger).

15.4. Die Politisierung der Literatur

Zwischen dem Rücktritt Adenauers (1963) und dem Rücktritt Brandts (1974) fanden in der Bundesrepublik große politische Veränderungen statt. Diese Veränderungen wirkten sich auch auf die Schriftsteller und auf die Literatur aus. Sie förderten die Politisierung der Literatur. Der Literatur wurden neue Funktionen zugesprochen, was gelegentlich als ‚Tod der Literatur' missverstanden wurde. Politisches Handeln war gefordert. Enzensberger forderte eine „politische Alphabetisierung Deutschlands". Ein Höhepunkt in dieser bewegten Zeit war die Studentenbewegung des Jahres 1968.

15.4.1. Hinwendung zu zeitgenössischen Problemen in der Prosa

Die Vergangenheitsbewältigung war ein großes Thema der Nachkriegszeit und der 50er Jahre. Danach fanden die Schriftsteller ihre Themen und Probleme zusehends in der Gegenwart.

Heinrich Böll engagierte sich gegen Unrecht in West und Ost. Deshalb wurde er wiederholt diffamiert.

Wegen seines ungebrochenen Engagements gegen das Unrecht in seinen verschiedenen Erscheinungsformen bezeichnete man ihn als das ‚Gewissen der Nation' und als den ‚guten Menschen aus Köln'.

Böll war über dieses gut gemeinte Lob nicht sehr glücklich, denn man nahm vor allem den Menschen und den Staatsbürger Böll wahr, nicht aber den Autor und seine kunstvollen Werke, die oft fälschlicherweise als naivrealistisch eingeschätzt wurden.

In seinen Erzählungen *Entfernung von der Truppe* (1964) und *Ende einer Dienstfahrt* (1966) wird der Ungehorsam gelobt. So heißt es im Nachwort zur ersten Erzählung: „Zur Fahnenflucht und Desertation wird eher zu- als von ihr abgeraten". Provozierend pazifistisch klingen Sätze wie: „Dass Menschwerdung dann beginnt, wenn einer sich von der jeweiligen Truppe entfernt." In der zweiten Erzählung erscheint die Verbrennung eines Jeeps der Bundeswehr als gerechtfertigter Widerstand gegen die Staatsgewalt. Oft stehen in Bölls Erzählungen und Romanen Außenseiter im Mittelpunkt, die die bestehende Ordnung nicht akzeptieren, da ihnen eine bessere Gestaltung der Verhältnisse vorschwebt.

Seine Erzählung *Die verlorene Ehre der Katharina Blum* (1974) gibt einen Einblick in die durch die Aktivitäten der ‚Roten Armee Fraktion' und die Reaktionen der staatlichen Organe und der Medien angespannte innenpolitische Lage.

Nachdem Günter Grass seine Danziger Trilogie beendet hatte, wendet er sich aktuellen Themen zu. Ab 1961 engagierte er sich, wie viele deutsche Schriftsteller, für die SPD. Aus dem ‚Blechtrommler' wird ein ‚Wahltrommler', der selbst über hundert Wahlveranstaltungen finanzierte.

Grass war wie die protestierenden Studenten gegen den Vietnam-Krieg und die Kriegsverbrechen der USA, wollte sich aber nicht wie viele protestierende Studenten für eine Revolution aussprechen.

Er wollte Reform, nicht Revolution. Sein Bildsymbol für den langsamen, mühsamen Fortschritt ist die Schnecke. Sein Buch *Aus dem Tagebuch einer Schnecke* entstand, so Grass, in einer „Zeit, in der eine junge Generation - Mao verstehend und missverstehend - den ‚Großen Sprung' machen wollte, springende Schnecken züchten wollte, die Revolution verbal vor sich hertrug, sie herbeireden wollte." Grass bezeichnete den Protest der Studenten als eine „angelesene Revolution" und als eine „deutsche Zirkusnummer" „der Söhne aus allzu gutem Hause". Durch solche Bemerkungen machte er sich natürlich bei der protestierenden Jugend unbeliebt.

In *örtlich betäubt* (1969) setzt sich Grass mit den radikalen politischen Forderungen und Aktionen der Schüler und Studenten zur Zeit der Studentenbewegung auseinander. Wie Grass selbst so lehnt auch der Studienrat Starusch in diesem Roman revolutionäre Bestrebungen und Umtriebe ab. Individuelles, persönliches Leid - hier verkörpert im Zahnweh - ist für ihn konkreter und bedeutender als das Leid der Menschen in einem fernen Land.

Aus dem Tagebuch einer Schnecke (1972) ist ein autobiografischer Bericht. Der Wahlkämpfer Grass kehrt an seinen Wohnort zurück und erzählt seinen Kindern seine Erlebnisse und Erkenntnisse: Der gesellschaftliche Fortschritt, der nur mit sehr viel Geduld zu erreichen ist, kann mit dem Tempo einer Schnecke verglichen werden. Einer der drei großen Romane des Jahres 1959 stammte von Uwe Johnson: *Mutmaßungen über Jakob*. 1961 veröffentlicht er *Das dritte Buch über Achim*. Ein westdeutscher Journalist möchte ein Buch über einen bekannten Radrennfahrer aus der DDR schreiben. Er scheitert aber, weil es ihm nicht gelingt, diese zwei ganz unterschiedlichen Welten zusammenzubringen. Uwe Johnson verließ 1959 die DDR und ging nach West-Berlin. Die deutsche Teilung steht im Mittelpunkt seiner frühen Werke.

Martin Walser veröffentlichte eine Roman-Trilogie über den Anti-Helden Anselm Kristlein (*Halbzeit*, 1960; *Das Einhorn*, 1966; *Der Sturz* 1973). Walser zeigt die Mühen und die kleinen Freuden der kleinen Leute. Anselm Kristlein, ein kleiner Angestellter, der in verschiedenen Branchen arbeitet, schafft den beruflichen Aufstieg nicht. Sein Leben ist geprägt von Konkurrenzkampf, Leistungsdruck und Geschwätzigkeit. Kristlein steht unter dem Zwang des Geldverdienens.

Walser beschreibt in seinen Büchern den Alltag der Bundesrepublik Deutschland. Die Darstellung der beruflichen und privaten Erfahrungswelt der Mittelschicht ist sein Thema. Er beschreibt den sozialen Aufstieg in der Nachkriegsgesellschaft und die Verpflichtungen, Konsequenzen und Nachteile, die oft damit verbunden sind. Im Mittelpunkt der Gesellschaftsordnung der Bundesrepublik steht oft das Geld. Deshalb sagt Walser: „Ein Roman, in dem das Geldverdienenmüssen keine Daseinsbedingung ist, tendiert zur Operette". Seine Romanfiguren kämpfen um den sozialen Aufstieg, im Berufsleben und in ihrem privaten Leben sind sie zur Anpassung gezwungen.

Im Westen war, ganz im Gegensatz zur DDR, die Welt der Arbeit kein Thema der deutschen Literatur. Erst 1961 begann eine Schriftstellergruppe, sich mit der Welt der Arbeit literarisch auseinanderzusetzen. Sie bildeten die ‚Dortmunder Gruppe 61'. Das bekannteste Mitglied dieser Gruppe, Max von der Grün, zeigt mit realistischen Mitteln die Probleme der industrialisierten Arbeitswelt, insbesondere die Welt der Bergarbeiter.

Spannungen in der Gruppe führten 1969 zur Gründung des Werkkreises Literatur der Arbeitswelt. Die Autoren und das Zielpublikum dieser Literatur sind die Werktätigen. Die Krisenjahre 1966/67 mit Massenentlassungen, Zechenstillegungen und Kurzarbeit boten den Schriftstellern genügend Material. Erika Runge zeigt in ihren *Bottroper Protokollen* (1969) die Auswirkungen der Krise im Ruhrgebiet.

Günter Wallraff hat eine besondere Methode entwickelt, um an authentische Informationen heranzukommen. Er verkleidete sich und ging in unterschiedlichste Betriebe und Institutionen, um sie von innen kennenzulernen. Er hat mit dieser Methode und mit seinen Reportagen große Aufmerksamkeit erzielt.

Wallraff verteidigte sich gegen den Vorwurf, dass er mit seiner Methode gegen geltendes Recht verstoßen habe: „Die Methode, die ich wählte, war geringfügig im Verhältnis zu den rechtsbeugenden Maßnahmen und illegalen Erprobungen, die ich damit aufdeckte".

In den 70er Jahren gelang es ihm, sich in die Redaktion der Bild-Zeitung einzuschleichen und die Machenschaften dieser Zeitung zu beleuchten (*Der Aufmacher*, 1977). In den 80er Jahren verwandelte er sich in einen türkischen Arbeiter und erlebte die Schattenseiten der Wohlstandsgesellschaft (*Ganz unten*, 1985).

15.4.2. Das Theater erwacht

Das deutschsprachige Theater der 50er Jahre hat mit Ausnahme der Schweizer Frisch und Dürrenmatt wenig vorzuweisen. Jetzt betreten neue Autoren die Bühne: Rolf Hochhuth, Heinar Kipphardt, Martin Walser, Peter Handke und Peter Weiss. Im Gegensatz zur unpolitischen Wiederaufbau-Mentalität der 50er Jahre streben sie eine bewusste Politisierung und eine Ideologisierung der Literatur an.

Nicht zufällig entstehen in dieser politisch bewegten Zeit viele Dramen über revolutionäre bzw. konterrevolutionäre Umwälzungen. Verdrängte Probleme werden auf die Bühne geholt. Zeitgeschichtliche und aktuelle Themen erobern die Bühne. Das politische Theater bevorzugt Zeitstücke, Volksstücke und Dokumentartheater. Fragen der Gegenwart, die unmittelbare Vergangenheit und das Leiden der Dritten Welt sind bevorzugte Themen.

Der erfolgreichste und umstrittenste Autor von Zeitstücken ist Rolf Hochhuth. Sein Drama *Der Stellvertreter* (1963) provozierte eine ausführliche und heftige Diskussion, an der sich Philosophen, Journalisten, Bundestagsabgeordnete und sogar der Papst beteiligten. Hochhuth thematisiert die passive Rolle und die Schuld der katholischen Kirche und des Papstes angesichts der Massenvernichtung von Juden während des II. Weltkriegs. Das Stück klagt an: Warum hat der Papst nichts getan, obwohl er von den Verbrechen wusste?

Ein Jesuitenpater und ein SS-Offizier wollen die Verbrechen stoppen. Die katholische Kirche soll einschreiten, aber der Papst greift nicht ein; er sagt: „[D]ie Staatsraison verbietet / Herrn Hitler als Banditen anzuprangern".

Hochhuths Stücke waren immer wieder von Skandalen und heftigen Diskussionen begleitet. Selbst der Bundeskanzler Erhard, der sich über Hochhuths Kritik an seiner Wirtschaftspolitik geärgert hatte, beschimpfte ihn als ‚kleinen Pinscher', der von Wirtschaft nichts verstehe.

Der Ministerpräsident von Baden-Württemberg Filbinger musste sogar zurücktreten, nachdem Hochhuth dessen Richtertätigkeit im Dritten Reich offengelegt hatte.

In dem Stück *Soldaten* (1967) kritisiert Hochhuth den Bombenterror gegen die deutsche Zivilbevölkerung. Dies führte naturgemäß zu heftigen Diskussionen in England, in deren Verlauf man das Stück verbieten wollte.

In den 60er und zu Beginn der 70er Jahre entstanden auffallend viele Dramen über revolutionäre Veränderungen. Die Revolution, die in der westdeutschen

Wirklichkeit nicht stattfand, wird auf dem Theater beschworen. Peter Weiss veröffentlichte 1964 sein Drama über den französischen Revolutionär Jean Paul Marat. Seine Stücke *VietNam Diskurs* (1968) und Gesang vom *Lusitanischen Popanz* (1967) kritisieren die Unterdrückung des vietnamesischen Volkes und die Ausbeutung der Bevölkerung in den ehemals portugiesischen Kolonien Mosambik und Angola. Weiss bekannte sich zum Sozialismus und wollte den Befreiungskampf in der Dritten Welt unterstützen.

In den 70er Jahren zeigt er den gescheiterten Revolutionär (*Trotzki im Exil*, 1970) und den an der Wirklichkeit irre gewordenen Schriftsteller Hölderlin, der auch in revolutionäre Umtriebe verwickelt war (*Hölderlin*, 1971). Tankred Dorsts *Toller* (1968) und Günter Grass' *Die Plebejer proben den Aufstand* (1966) zeigen die gescheiterte Münchener Räterepublik und den gescheiterten Aufstand in Ost-Berlin am 17. Juni 1953.

Ab Mitte der 60er Jahre entstanden nicht nur auffallend viele Revolutionsstücke, sondern auch Volksstücke. Einige Schriftsteller waren auf der Suche nach dem revolutionären Subjekt, dem Volk. Die Stücke zeigen viele sympathische Außenseiter, die von einer bösartigen Dorfgemeinschaft oder Kleinbürgergesellschaft bekämpft werden. In dieser Konstellation fand auch die Außenseiterrolle der engagierten Schriftsteller ihren Niederschlag, denen es nicht gelang, die breite Masse des Volkes zu erreichen.

Der erfolgreichste Volksstück-Autor ist Franz Xaver Kroetz. Seine frühen Stücke spielen in bayrischen Bauerndörfern. Er zeigte extreme Randgruppen im bäuerlichen Milieu, die oft Opfer der Verhältnisse werden (z. B.: *Stallerhof*, 1971).

15.4.3. Politische Lyrik und Konkrete Poesie

1966 erschienen zwei Gedichtbände, die typisch sind für zwei völlig unterschiedliche Strömungen der Lyrik. Der eine ist Erich Frieds *und Vietnam und*, der andere Ernst Jandls *Laut und Luise*.

In Erich Frieds Gedichten, welche die Kriegsführung der USA in Vietnam verurteilen, steht die politische Wirklichkeit im Mittelpunkt. Ernst Jandls Gedichte sind Sprachspiele. Hier steht die sprachliche Wirklichkeit im Mittelpunkt. Jandl schreibt Lautgedichte, Sprechgedichte und visuelle Gedichte. Bei aller Experimentierfreudigkeit wollte Jandl aber „auf Bedeutung nicht völlig verzichten". So zum Beispiel in seinem bekannten Gedicht *lichtung*.

lichtung

manche meinen
lechts und rinks
kann man nicht
velwechsern
werch ein illtum!

Die politischen Gedichte von Erich Fried setzen sich mit der politischen Wirklichkeit auseinander. Den Gedichten wurde von Gegnern vorgeworfen, sie seien keine Literatur, sondern politische Agitation. Die Gedichte in dem Band *und Vietnam und* wenden sich gegen den Krieg im Fernen Osten und gegen die Verlogenheit und Gleichgültigkeit, mit der in den Medien der westlichen Länder über die Grausamkeiten berichtet wurde. Fried steht in der Tradition der Aufklärung. Er möchte über das Geschehen im fernen Vietnam und über die Berichterstattung in den Medien aufklären:

17. - 22. Mai 1966

Aus Da Nang
wurde fünf Tage hindurch
täglich berichtet:
Gelegentlich einzelne Schüsse

Am sechsten Tag wurde berichtet:
In den Kämpfen der letzten fünf Tage
in Da Nang
bisher etwa tausend Opfer

Die Sprache von Frieds Gedichten ist einfach. Auch seine folgenden Gedichtbände bringen die politischen Tagesprobleme zur Sprache. Der angriffsfreudige Ton seiner Gedichte brachte ihm viel Feindschaft ein: Seine Gedichte wurden aus Schulbüchern entfernt. Ein Politiker forderte, man solle seine Bücher verbrennen, ein anderer verklagte den Dichter vor Gericht.

Fried hat viele Gedichtbände geschrieben. Er schrieb auch schöne Liebesgedichte und gegen Ende seines Lebens Gedichte über Trauer, Verzweiflung und Tod.

Erich Fried ist der bekannteste politische Lyriker, aber auch die Gedichte von Christian Friedrich Delius, Hans Magnus Enzensberger, Yaak Karsunke, Peter

Rühmkorf und Peter Paul Zahl wurden in den späten 60er und in den 70er Jahren gern gelesen.

15.5. Tendenzen der 70er und 80er Jahre

In den 70er Jahren lässt sich eine Entpolitisierung feststellen. Manche sprechen sogar von einer Tendenzwende. Einige Literaturhistoriker beschreiben die neuen Tendenzen unter Zuhilfenahme des Begriffs der Postmoderne. Dieser Ausdruck meint ein Denken, Bauen und Schreiben unter den Bedingungen der Nachmoderne. Begonnen hatte die Moderne in den 80er Jahren des 19. Jahrhunderts.

Die Studentenbewegung mit ihrem revolutionären Elan und ihren oft utopischen Vorstellungen zerfällt. In der Bundesrepublik entstehen einerseits Gruppen, die pragmatisch orientiert sind, und andererseits kleine Gruppen, die Veränderungen mit bewaffneter Gewalt herbeiführen wollen. Die pragmatischen Gruppen kämpfen für den Frieden (Friedensbewegung), die Rechte der Frauen (Frauenbewegung) und die Erhaltung der Umwelt (ökologische Bewegung).

Das Interesse der Schriftsteller an politischen Themen geht zurück. Viele entdecken wieder das einzelne Individuum mit seinen Hoffnungen, Problemen und Leiden. Es entsteht eine Literatur der Neuen Subjektivität. Ein Beispiel dafür ist Nicolas Borns Roman *Die erdabgewandte Seite der Geschichte* (1976), den Peter Handke als „das bis jetzt radikalste Beispiel des Trends der ‚Neuen Subjektivität' oder ‚Neuen Innerlichkeit' bezeichnete.

15.5.1. *Prosa*

Die späten 60er und die frühen 70er Jahre waren eine politisch bewegte Zeit, in der sich viele Schriftsteller politisch engagiert haben. In den 70er Jahren entstanden nun Bücher über die außerparlamentarische Opposition und über die Studentenbewegung. In vielen Erzählungen und Romanen wird der Weg eines Helden nachgezeichnet, der sich der linken Bewegung anschließt. Der Leser kann den Weg des Helden durch Einfühlung nachvollziehen.

Das erfolgreichste Buch der literarisierten Revolte war Peter Schneiders Erzählung Lenz (1973). Mit dem Helden der Erzählung konnten sich damals viele Leser identifizieren. Ein bürgerlicher Intellektueller in Berlin möchte mit der Arbeiterklasse für eine bessere Welt kämpfen. Aber er muss die Weltfremdheit der verbreiteten linken Theorien erkennen, und auch seine Liebe zu einem „schönen Mädchen aus dem Volke" scheitert. Seine Bedürfnisse nach Freundschaft, Liebe und Solidarität kann er in Deutschland nicht verwirklichen. Wie viele vor ihm, die mit den Zuständen in Deutschland unzufrieden waren, verlässt er das Land und geht nach Italien. Dort, wo Sinnlichkeit und Geistigkeit in der politischen Praxis vereint sind, fühlt er sich wohl. Nachdem Lenz menschliche Umgangsformen erlebt hat, kehrt er am Schluss der Erzählung nach Berlin zurück. Seine neuen Erkenntnisse und Empfindungen geben ihm Kraft. Auf die Frage, was er jetzt zu tun gedenke, antwortet er: „Dableiben."

Die Lebensformen nach 1968, wie sie in der Stadt Frankfurt gepflegt worden waren, verspottet Eckard Henscheid auf amüsante Weise in seiner *Trilogie des laufenden Schwachsinns* (1973, 1977, 1978).

Gesinnungsprüfung, Staatsschutz und Terroristenverfolgung waren Anlass zu Heinrich Bölls umstrittenem Essay *Will Ulrike Meinhof Gnade oder freies Geleit?* (1972) und zu der Erzählung *Die Verlorene Ehre der Katharina Blum oder: Wie Gewalt entstehen und wohin sie führen kann* (1974).

Ein Kuriosum der neueren deutschen Literatur ist das Werk von Arno Schmidt, insbesondere sein *Hauptwerk Zettels Traum* (1970). Das monumentale Buch umfasst 1330 Seiten im Format DIN-A3 (29,7 cm x 42 cm). 120 000 Notizzettel sind in das Buch eingearbeitet.

Ein Übersetzerehepaar, die Tochter des Ehepaars und ein Schriftsteller und Übersetzer sprechen in einem kleinen Dorf ausgiebig über Übersetzungsprobleme und Literatur. Das Buch ist Epos, Essay, Übersetzungstheorie und Schriftsteller psychogramm.

Erschwert wird das Verständnis durch die Anordnung des Textes in drei Spalten auf jeder Seite und durch zahllose Zitate, Randbemerkungen und Querverweise. Ein Übriges tut die unkonventionelle Orthografie, die, ebenso wie die Zeichensetzung, allen Duden-Regeln Hohn spricht.

In den 70er Jahren erscheinen zahlreiche autobiografische Schriften. So zum Beispiel Max Frischs Tagebuch 1966 1971 (1972), Günter Grass' *Aus dem Tagebuch einer Schnecke* (1972) und Peter Handkes *Der kurze Brief zum langen Abschied* (1972). Die Schriftsteller besinnen sich auf die eigene Individualität und Identität. Handke beschreibt die Reise des Ich-Erzählers, eines Schriftstellers, durch die USA. Er kann sich nicht von seinen Beschränktheiten befreien, denn er ist zu tief im europäischen Kulturkreis verwurzelt.

Wenige Wochen nach dem Freitod seiner Mutter beginnt Handke die Arbeit an der Erzählung *Wunschloses Unglück* (1972), in der er das Leben einer Frau zeigt, die in einer bedrückenden sozialen Wirklichkeit geboren und gestorben ist.

Handkes Buch *Das Gewicht der Welt* trägt den Untertitel ‚EIN JOURNAL (November 1975 - März 1977)‘. Alltagserfahrungen, Beobachtungen und Reflexionen werden als Journaleintragungen aneinandergereiht. Handke möchte sich vordergründigen Beurteilungen nach dem Rechts-links-Schema entziehen. Er sucht einen Platz jenseits von rechts und links. Er fordert „Freiheit von diesen Begriffen. Nicht schon wieder alles zusperren. Das ist eine deutsche Krankheit, eine Sünde."

Auch der Nobelpreisträger von 1981, Elias Canetti, publizierte den ersten Band seiner Lebensgeschichte: *Die gerettete Zunge* (1971). Er schildert die bewegten Jahre seiner Kindheit und frühen Jugend, die ihn vom Balkan nach Manchester, Wien und Zürich und schließlich nach Frankfurt führten. Erst mit acht Jahren erlernt er die deutsche Sprache, „eine spät und unter wahrhaftigen Schmerzen eingepflanzte Muttersprache". Der zweite Band *Die Fackel im Ohr* erscheint 1980, der dritte Band *Das Augenspiel* 1985.

Canettis Roman *Die Blendung*, ein Werk über einen Sinologen, der ganz in der Welt der Bücher lebt, erschien schon 1936, erfuhr aber erst nach der Neuauflage von 1965 breite Beachtung.

Einen weltweiten Erfolg erzielte Patrick Süskind mit dem Roman *Das Parfüm* (1985). Im Mittelpunkt steht die seltsame Geschichte eines Mädchenmörders im Paris des 18. Jahrhunderts. Dieser möchte mit dem Geruch, den ermordete Jungfrauen ausströmen, den absoluten Duft gewinnen.

Nach dem Abebben der 68er Bewegung entstand eine Frauenliteratur, in der auch autobiografische Elemente Eingang gefunden haben. Die bekannte amerikanische Publizistin Susan Sontag stellte fest: „Männer und Frauen sind der Unterdrückung anderer Menschen ausgesetzt. Aber man darf nicht vergessen, dass zusätzlich alle Frauen von allen Männern unterdrückt werden."

Poetischer beschreibt Elfriede Jelinek diese Verhältnisse: „Die Rollen sind verteilt, Herren und Knechte, nein, besser noch: Mägde, die im Rang unter den Knechten stehen".

Diese Form der Unterdrückung ist das Thema der Frauenliteratur.

Die Frauenbewegung kämpfte gegen die vielfältige Unterdrückung und

Benachteiligung der Frauen. Eine der Hauptforderungen war die Abschaffung des Paragraphen 218, der die Abtreibung unter Strafe gestellt hatte. Die Frauenbewegung forderte das Recht der Frauen „auf ihren eigenen Bauch". Eines der ersten erfolgreichen Bücher dieser Literatur ist Verena Stefans *Häutungen* (1975). Die Autorin hatte das Gefühl, dass sie „Neuland" betrat. Sie forderte in einem Interview: „Wenn wir Bestehendes aufbrechen wollen [...], so müssen wir auf allen Gebieten, der Kultur, der Politik, der Wissenschaften, aus der Sicht der Frau eingreifen."

Es sei schwierig, so die Autorin, sich von den alten Verhaltensmustern zu lösen. Die von Männern dominierten Verhaltensweisen fänden sich sowohl in der linken Szene als auch in bürgerlichen Kreisen.

Häutungen wurde zu einem Kultbuch der Frauenbewegung. Es zeigt den schwierigen Prozess der weiblichen Selbstfindung. Nachdem die Versuche, in einer Mann-Frau-Beziehung Erfüllung zu finden, gescheitert sind, löst sich die Ich-Erzählerin von den gewohnten Lebensvorstellungen. Es gelingt ihr eine ‚Häutung'. Sie befreit sich von dem Bestreben, Teil eines Paares zu sein, und von der emotionalen und sexuellen Abhängigkeit von einem Mann. Hoffnungsvoll wendet sie sich anderen Frauen zu.

Ein weiteres viel beachtetes Buch ist Karin Strucks Roman *Klassenliebe* (1973). Hier werden eigene Erfahrungen verarbeitet. Eine Frau steigt aus der Unterschicht auf; sie hat aber Probleme, mit ihrer neuen Identität zurechtzukommen. Sie steht zwischen zwei Männern, einem Mediziner, mit dem sie verheiratet ist, und einem Schriftsteller, den sie liebt. Sie steht auch zwischen den Klassen, denn die Arbeiter glauben, sie gehöre nicht mehr zu ihnen, und die Intellektuellen glauben, eigentlich sei sie ja keine richtige Intellektuelle.

In Strucks folgenden Romanen *Die Mutter* (1975) und *Lieben* (1977) wird eine Aufwertung des Mütterlichen eingefordert. Strucks kritische Äußerungen zu den emanzipatorischen Forderungen der Frauenbewegung und ihr Mütterlichkeitskult sind sehr umstritten.

Mit beißender Ironie und bösem Witz spüren die Romane der Österreicherin Elfriede Jelinek die Beschädigungen der von den Männern dominierten Wirklichkeit auf. Ihre Literatur ist eine Literatur des Zornes und der Auflehnung. Sie möchte „das Schlechte, was ist", aufzeigen.

Der Roman *Die Liebhaberinnen* (1975) schildert den vergeblichen Versuch zweier Mädchen, ihr Glück zu verwirklichen. Die feindliche gesellschaftliche Umwelt macht dies unmöglich. Ein Mädchen heiratet einen Mann, der ihr zwar Sicherheit bietet, sie aber sexuell ausbeutet. Die andere heiratet zwar den Mann, den sie liebt. Sie muss sich dann aber aus wirtschaftlicher Not prostituieren und, als dies bekannt wird, verliert sie den Mann, für den sie sich geopfert hat. Am Ende ist sie allein und hoffnungslos und arbeitet als ungelernte Arbeiterin in der Fabrik.

In dem Roman *Die Klavierspielerin* (1973) tyrannisieren sich Mutter und Tochter gegenseitig. Die Mutter möchte die Tochter zu einer berühmten Pianisten machen. Die Tochter wird aber nur eine mittelmäßige Klavierlehrerin und eine seelisch verkrüppelte Frau. Eine erotische Beziehung zu einem ihrer Schüler endet mit einer Vergewaltigung. Dieses Erlebnis treibt die Tochter endgültig in das Haus der Mutter, das Gefängnis und Hölle in einem ist, zurück.

Unzufriedenheit und Entfremdung sind Merkmale der deutschsprachigen Literatur der Schweiz in dieser Zeit.

Der aus der Schweiz stammende Schriftsteller Paul Nizon sagte einmal: „Zu den Grundbedingungen des Schweizer Schriftstellers gehört die Enge und was sie bewirkt: die Flucht." Nizon verließ die Schweiz und ging nach Paris; ebenso Urs Jaeggi, er ging nach Berlin. Das Leiden an der Enge schildert der todkranke Schweizer Schriftsteller Fritz Zorn in seinem Roman *Mars* (1977). Im Angesicht des Todes schreibt er über die Unfähigkeit, zu leben in einem der wohlhabendsten Länder der Welt.

Für den Schweizer Schriftsteller Hermann Burger war Schreiben eine „Existenzform" und eine „lebensrettende Langzeitmaßnahme". Es ist eine „Reaktion auf eine höchste Notsituation". In seinen Werken bietet die Schweiz den Nährboden für Verzweiflung, Krankheit und Tod. Burger schied 1989 freiwillig aus dem Leben.

In dem viel gelesenen Roman *Albissers Grund* (1974) von Adolf Muschg geht es um die Unmöglichkeit, zufriedenstellende Beziehungen und Freundschaften aufzubauen und um die Unmöglichkeit, eine Identität aufzubauen, die den Namen ‚Heimat' verdienen würde.

Peter Bichsel aus Luzern bezeichnete sich selbst als einen „Wenigschreiber". Sein Gesamtwerk ist nicht umfangreich, hat aber große Beachtung gefunden.

15.5.2. Drama

Die bekannten Dramatiker Dürrenmatt, Frisch, Hochhuth und Kroetz gehen die von ihnen eingeschlagenen Wege weiter. Neue Impulse erhält das Theater von den Österreichern Thomas Bernhard, Peter Turrini und Elfriede Jelinek,

von Botho Strauß und von dem aus der DDR stammenden Heiner Müller.
Angesichts der Schwierigkeit, vernünftige Dialoge zu führen, wird der
Monolog, insbesondere bei Bernhard, zum beliebten Stilmittel. Mit
Einsamkeit, Verzweiflung und Zorn reagieren die Figuren der Dramen auf
eine als sinnleer empfundene Welt. Die Entwicklung des Theaters wird mit
Begriffen wie Entpolitisierung, Rückzug in den Alltag, Hoffnungslosigkeit,
Entfremdung und Beziehungslosigkeit umschrieben.

Thomas Bernhard kommt aus Österreich. Viele seiner Aufführungen waren
von Streitigkeiten begleitet, da sich unterschiedliche Zeitgenossen porträtiert
und beleidigt sahen. Mit ungewöhnlicher Schärfe und zu Übertreibungen
neigend, kritisiert er den von ihm wahrgenommenen latenten Faschismus und
Judenhass in Österreich.

Bernhard, dessen Eltern früh gestorben sind, hatte in Kindheit und Jugend
schwere Krankheiten und Beschädigungen erlitten. Der Tod ist in vielen
seiner Stücke gegenwärtig. Bernhard sagt: „Es ist alles lächerlich, wenn man
an den Tod denkt." Der Schriftsteller wurde charakterisiert als der Dramatiker
der Vernichtung, der Einsamkeit, des Wahnsinns und des Todes.

In vielen seiner Dramen wird das Leben selbst als Strafe und als Last
empfunden. In dem Stück *Einfach kompliziert* heißt es: „den Eltern ist nicht zu
verzeihen / Das Geborenwerdenverbrechen / ist nicht zu verzeihen".

Die Hauptfigur in *Vor dem Ruhestand* (1979) ist ein Gerichtspräsident, der
ein Doppelleben führt. In der Öffentlichkeit spielt er den überzeugten
Demokraten, in Wirklichkeit ist er aber wie früher ein glühender Anhänger
der Nationalsozialisten und feiert noch heute den Geburtstag von Himmler,
dem Führer der SS. Wiederholt bedauert er, dass er sich nicht offen zum
Nationalsozialismus bekennen darf.

Seine zwei Schwestern sind vollkommen von ihm abhängig. Die ältere ist
durch Inzest seelisch und körperlich von ihm abhängig, die jüngere ist
gelähmt, sie ist auf die Hilfe der Geschwister angewiesen. Die Vorbereitungen
und die Durchführung der abendlichen ,Gedenkfeier' werden gezeigt. Die
gelähmte Schwester musste bei einer der Feiern mit geschorenem Kopf eine
KZ-Gefangene spielen.

Im Mittelpunkt steht die machtbesessene Hauptfigur und die sadistische
Unterdrückung und Ausbeutung der von ihm Abhängigen. Die drei Personen
leben in einer selbst geschaffenen Hölle. Die gelähmte, hilflose Schwester
hasst ihre unmenschlichen Geschwister. Die Geschwister bezeichnen sie

als Liberale und als Linke und überhäufen sie mit Spott und Hohn. Die Verachtung der gelähmten Schwester entspringt der gleichen reaktionären Gesinnung wie die Verachtung des demokratischen Staates.

Heldenplatz (1988) ist eines der umstrittensten Stücke von Bernhard und eine erbitterte Abrechnung mit dem ungeliebten Österreich.

Auf dem Heldenplatz in Wien hat Hitler am 15. März 1938 den ‚Anschluss' Österreichs an das Deutsche Reich verkündet. Viele Österreicher haben ihm begeistert Beifall gespendet. 50 Jahre später treffen sich in einer Wohnung in der Nähe des Heldenplatzes die Familie Schuster und ihre engsten Freunde. Professor Schuster, der einst vor den Nazis fliehen musste, kehrte nach dem Krieg nach Wien zurück. Doch die verheerende Situation in Österreich trieb ihn in den Selbstmord. Die Angehörigen und Freunde treffen sich im März 1988 zur Trauerfeier.

Die Haushälterin gibt in langen Quasi-Monologen die Ansichten des Professors wieder: „Jetzt ist alles noch viel schlimmer / als vor fünfzig Jahren hat er gesagt". Weiter habe er gesagt, „dass ich Österreicher bin / ist mein größtes Unglück". Graz sei ein „Nazinest" und „die absolute Unstadt".

Auch die Tochter Anna ist entsetzt über die Zustände in Österreich: „[E]s gibt jetzt mehr Nazis in Wien / als achtunddreißig". Das Urteil des Bruders ist vernichtend: „[A]ber die Österreicher insgesamt als Masse / sind heute ein brutales und dummes Volk / In dieser Stadt müsste ein Sehender ja / tagtäglich rund um die Uhr Amok laufen" (gemeint ist ‚Wien'). Österreich sei jetzt eine „geist- und kulturlose Kloake".

Die Hass-Tiraden treffen den Bundespräsidenten, den Bundeskanzler, den Politiker („korruptes Schwein"), die Zeitungsredaktionen („Parteiorientierte Schweineställe"), und auch die Sozialisten („die eigentlichen Verbrecher") bleiben nicht ungeschoren. Zum Schluss resümiert der Bruder: „Dieser kleine Staat ist ein großer Misthaufen".

Der Dramatiker Peter Turrini, wie Bernhard oft Zielscheibe der Kritik in Österreich, schreibt, wie Bernhard, gegen den seiner Meinung nach alltäglichen Faschismus in der Alpenrepublik. Dem Vorwurf, er würde übertreiben, entgegnet er: „Keine meiner Übertreibungen war so maßlos wie die Wirklichkeit." Sein Verhältnis zu Österreich beschreibt er gänzlich unpathetisch: „Ich fühle mich fremd in Österreich, aber auch anderswo. Da kann ich gleich hierbleiben." Nach Turrini ist Österreich das kunstfeindlichste Land in Europa. Er hat den Kampf mit diesem Österreich aufgenommen:

„Kunst muss da vor allem stören."

Botho Strauß sammelte Erfahrungen als Redakteur und Kritiker der Zeitschrift ‚Theater heute' und als Dramaturg an der Berliner ‚Schaubühne am Halleschen Ufer'. Er wirkte an berühmt gewordenen Inszenierungen mit. Strauß meinte schon früh, dass die große Zeit des realistischen und des dokumentarischen Theaters vorbei sei.

Er zeigt die Verhaltensweisen und die Deformationen in der Gesellschaft der Bundesrepublik im letzten Viertel des Jahrhunderts. Obwohl viele seiner Figuren ständig auf der Suche nach Beziehungen und Bindungen sind, erreichen sie ihr Ziel nicht. Die Menschen leben in einer entfremdeten Welt und sind auch untereinander entfremdet und isoliert. Sie können nicht zueinander finden.

Dass es anders sein könnte, dieser Optimismus kommt in den Stücken nicht auf. Ohnmächtig sind die Figuren dem Gang der Dinge ausgeliefert.

Das Stück *Trilogie des Wiedersehens* (1976), das aus drei Teilen besteht, zeigt Menschen in einer Kunstausstellung. In diesem handlungsarmen Stück diskutieren die Besucher über die Qualität der Kunstausstellung. Die Besucher gelangen von einer positiven zu einer negativen Beurteilung der Ausstellung. Der Inhalt ihrer Diskussionen ist nicht so wichtig, wichtig ist die Diskussion selbst, der Smalltalk, die leichte beiläufige Konversation.

Strauß' Drama *Groß und klein* (1978) ist eine lockere Reihung von 10 Szenen. Die Szenen werden zusammengehalten von einer Figur namens Lotte, die aber keine Hauptfigur ist, sondern eine zentrale Randfigur. Sie passiert alle Stationen des Dramas. Überall klopft sie an, aber sie kommt nirgends an und bleibt allein. Fehlende Gesprächspartner zwingen sie zum Monolog: „Es fällt mir nicht leicht, / ganz ohne - / ganz ohne Wortwechsel, / manchmal tagelang ohne ein Visavis / meinen Urlaub zu verleben."

Auch die Menschen, die sie trifft, fühlten sich in ihrer jeweiligen Umgebung nicht wohl. Einige flüchten sich in Ersatzhandlungen (Rauschgift, Alkohol, Erinnerung, wissenschaftliche Kleinarbeit). Selbst die Sprache, die sie sprechen, ist entlehnt aus Filmen, Schlagern, Zeitungen und Büchern.

Eine Liebesbeziehung ist rasch vorbei, denn Lotte spürt bald die Entfremdung zwischen ihr und dem kurzzeitigen Freund Alf: „Du bist mir fremd, Alf".

Am Schluss erreicht die Vereinsamung ihren Höhepunkt. Sie sitzt im Wartezimmer eines Arztes und wartet, aber sie wird weggeschickt, weil sie sich nicht angemeldet hatte. Selbst in dieser alltäglichen und banalen Situation

findet sie keine Gesellschaft. Ironischerweise heißt die letzte Szene auch noch
‚In Gesellschaft‘.

15.5.3. Lyrik

Rolf Dieter Brinkmann sagte 1968: „Man muss vergessen, dass es so etwas
wie Kunst gibt! Und einfach anfangen." Er wollte sich von überkommenen
Vorstellungen, wie ein Gedicht auszusehen habe, befreien. In seinen
Gedichten und in den Gedichten von Jürgen Theobaldy wird eine kunstvoll
geformte Sprache bewusst vermieden. Begebenheiten des Alltags stehen im
Mittelpunkt, weshalb diese Form der Lyrik auch Alltagslyrik genannt wird.
Wolf Wondratschek erzielte mit seinen Gedichtbänden aus den 70er Jahren
(z.B.: *Chuck's Zimmer*, 1974) außergewöhnliche Auflagenhöhen. Er trifft mit
seinen Gedichten das Lebensgefühl vieler Zeitgenossen.
In den 70er Jahren wurden viele Gedichtbände produziert. In manchen
Gedichten werden banale Dinge gesagt; eine literarische Qualität kann ihnen
kaum zugesprochen werden. In den 80er Jahren erfolgte wieder eine Rückkehr
zur Form.
Die Entdeckung der neuen Innerlichkeit und der neuen Subjektivität
begünstigte das Schreiben und Drucken von Gedichten. Es entstanden viele
Gedichte, in denen ein Ich von seinen eigenen subjektiven Problemen spricht.
Auch die Mundartdichtung erfreut sich in den 70er Jahren zunehmender
Beliebtheit. Es entsteht eine progressive Mundartdichtung, die den Dialekt als
Gesellschaftskritik einsetzt und ihn für Protest und Agitation benutzt.
Der Elsässer Mundartdichter André Weckmann spricht sogar vom „Dialekt
als Waffe". Der elsässische Dialekt dient dazu, das regionale Selbstbewusstsein
gegenüber den Hegemonieansprüchen der französischen Hochsprache zu
stärken.
Auch der Schweizer Kurt Marti spricht in seinen Gedichten in der Berner
Umgangssprache von aktuellen Problemen seiner Region.
In abgelegenen Gegenden (in der Provinz) sollten in den 70er Jahren
umstrittene technische Großanlagen errichtet werden (Atomkraftwerke,
Wiederaufbereitungsanlagen, Mülldeponien u.a.). Um die Durchführung
dieser Projekte fanden heftige Auseinandersetzungen statt. Die Mundartdichtung brachte die Gefühle und die Wünsche der Betroffenen aus der jeweiligen
Region in einer Sprache zum Ausdruck, die diese Leute sprechen. So trugen

zum Beispiel die Lieder von Walter Mossmann mit dazu bei, dass die Bewohner aus der Umgebung der badischen Stadt Whyl erfolgreich den Bau eines Atomkraftwerks verhinderten.

Die Bedrohung und die Zerstörung der Umwelt und der Lebenswelt traten zusehends ins öffentliche Bewusstsein. Es entstand eine auf die Umweltprobleme reagierende Öko-Lyrik.

Die Lyrik verzeichnet die Spuren der beschädigten Welt (Hans Magnus Enzensberger, Durs Grünbein, Sarah Kirsch, Günter Kunert).

Sarah Kirsch schrieb viele Natur- und Liebesgedichte. Aber oft sind die Spuren der Beschädigung schon tief in die Natur eingegraben oder stehen drohend bevor. So steht in dem Gedicht *Im Sommer* aus dem Gedichtband *Rückenwind* (1976) - sie lebte damals noch in der DDR - zum Beispiel:

> Noch fliegt die Graugans, spaziert der Storch
> Durch unvergiftete Wiesen. Ach die Wolken
> Wie Berge fliegen sie über die Wälder.

Die Unterschiede zwischen früher und heute sind groß (*Schneewärme*, 1989):

> Früher und heute
>
> Hell war und blinkend das Meer
> Herrlich gerüstete Schiffe
> Trugen den Überfluss heim.
>
> Spielbuden stehen heute am Strand
> Und die erwachsenen Söhne
> Gießen sich Korn in die Kehle.

Gegen Ende der 80er und zu Beginn der 90er Jahre häufen sich Gedichte mit einem elegischen, einem trauernden Ton. Günter Kunert, der schon früh in seinen Gedichten ein Misstrauen gegen den naiven Glauben an die Technik und an den Fortschritt hegte, setzt diese Tradition fort.

Dunkelheit, Finsternis, Vereisung und Eiszeit sind die Metaphern einer anti-utopischen Lyrik, die am Gelingen des Projekts Aufklärung erhebliche Zweifel anmeldet.

Tendenzen von der Bildlichkeit zur Wörtlichkeit breiten sich aus. Die Metaphern werden durch Sprachspiele, Metonymien und Polysemien ersetzt. Zweifel an der Sicherheit technischer Großprojekte und am naiven

Fortschrittsoptimismus spricht aus Enzensbergers Versepos *Der Untergang der Titanic* (1978). Das als unsinkbar geltende Schiff ist auf seiner ersten Fahrt nach einem Zusammenstoß mit einem Eisberg gesunken.

In dem Band *Mausoleum. Siebenunddreißig Balladen aus der Geschichte des Fortschritts* (1975) präsentiert Enzensberger Gedichte über namhafte Wissenschaftler, Künstler und Politiker (z.B. Leibniz, Gutenberg, Darwin, Alexander von Humboldt).

15.6. Das Ende des Kalten Krieges und die Folgen

15.6.1. *Die Literatur der Wende*

Die Wende in der DDR und die zügige Wiedervereinigung kam für viele überraschend, auch für die Schriftsteller in Ost und West. Die Forderung, dass die DDR sich grundlegend wandeln müsse, wurde von einigen Schriftstellern der DDR schon vorher vertreten.

Am 24. März 1989 wurde in Dresden Christoph Heins Komödie *Die Ritter der Tafelrunde* uraufgeführt. Hein benutzt den Stoff um den sagenhaften König Artus und seine tapferen Ritter, um eine zerfallende gesellschaftliche Ordnung zu zeigen.

Ein Höhepunkt in dieser so bewegten Zeit war zweifelsohne die große Versammlung von einer halben Million Menschen auf dem Alexanderplatz in Berlin mit dem ‚Aufruf der Kulturschaffenden‘. Kurze Zeit später wurde die Mauer geöffnet.

Unvergessen sind die Bilder von der Öffnung der Mauer. Große Freude auf beiden Seiten. Die Trabbis wurden mit Begeisterung empfangen. Sekt und Bier floss in Strömen. Über das Westfernsehen, das aus Berlin berichtete, schrieb Hein: „Auf allen Kanälen ist ein Volksfest zu sehen".

Aber Feste, auch Volksfeste, dauern nicht lange; auf den Karne-val folgt der Aschermittwoch.

Im Westen Deutschlands wurde die Entwicklung von der Wende zur Einheit unterschiedlich bewertet. Günter Grass warnte vor der „Spottgeburt" des „Einheitsstaates", vor der ökonomischen Unterwerfung und dem Ausverkauf der DDR und schlug stattdessen eine Konföderation vor.

Diese Forderungen wurden von Martin Walser zurückgewiesen. Er sah in den Ereignissen des Herbstes 89, dass zum ersten Mal in diesem Jahrhundert deutsche Geschichte gut verläuft. Er sah Bilder von gelingender Geschichte. Christa Wolf veröffentlichte 1990 ein überarbeitetes Manuskript, das schon Jahre vorher entstanden war, das sie aber nicht veröffentlicht hatte: *Was bleibt*. Wolf beschreibt in ihrem umstrittenen Buch einen schwierigen Tag im Leben einer Schriftstellerin der DDR. Ein Buch mit dieser Geschichte aus dem Jahr 1979 wäre 1979 eine kleine Sensation gewesen. 1990, meinten viele, kommt diese Geschichte zu spät.

Die Vereinigung wurde zügig durchgeführt. Die vorher gerufen hatten ,Wir sind ein Volk' mussten erkennen, dass es trotz Vereinigung noch viele Unterschiede gab, und vielerorts entstand Unmut über den jeweils anderen Bevölkerungsteil.

„Wer wird es auf sich nehmen, Widerspruch anzumelden gegen bestimmte menschliche Konsequenzen eines Wirtschaftssystems, dessen Segnungen verständlicherweise jetzt von den meisten herbeigesehnt werden." So fragte Christa Wolf schon 1990. Und schon bald waren die Antworten nachzulesen, so z.B. in den neuen Werken von Rolf Hochhuth, Stefan Heym und Volker Braun.

Rolf Hochhuth ist der bedeutendste Vertreter des Dokumentartheaters im Deutschland der Gegenwart. Der zeitgeschichtliche Aspekt und die Wirkung waren für ihn oft wichtiger als die künstlerische Form.

Schon der Titel von Hochhuths Theaterstück ist provozierend: *Wessis in Weimar Szenen aus einem besetzten Land*.

Hochhuth rügt den Funktionswandel der Treuhandgesellschaft, die ursprünglich mit der „Wahrung des Volkseigentums" betraut war, dann aber unter der Regierung de Maizière für dessen „Privatisierung und Reorganisierung" zuständig wurde. Die Folgen der Umstrukturierung nach Hochhuth: Das siebtgrößte Exportland der Welt wird exportunfähig gemacht und Massenarbeitslosigkeit.

In der ersten und umstrittensten Szene wirft eine Juristin in einem Gespräch dem Präsidenten der Treuhand vor, diese Umstrukturierung sei ein Raub am DDR-Volk. Dies käme einer Ausplünderung gleich, die schlimmer als im Mittelalter sei.

Die Szene ,Abgewickelt' spielt in einem Ostberliner Waschsalon unter Leuten, die ihren Beruf verloren haben und wenig Aussicht haben, einen neuen zu finden.

Eine Jugendliche, die Berliner Dialekt spricht, fasst die Unzufriedenheit mit folgenden Worten zusammen: „Stalinismus jerodet / Demokratie jesät / - Kohl jeerntet." ‚Kohl' bedeutet im Deutschen dreierlei: Es ist ein Name, es ist ein Gemüse, und laut Duden bedeutet das Wort in der Umgangssprache ‚ungereimtes Zeug' und ‚Unsinn'.

Das Wortspiel verknüpft alle drei Bedeutungen zu einer komplexen Metapher der Unzufriedenheit. Hochhuths Szenen bieten ein dunkles Bild des Einigungsprozesses.

Stefan Heym veröffentlichte zwei Bücher, das eine, *filz* (1992), versammelt Aufsätze und Essays mit ‚Gedanken über das neueste Deutschland', so der Untertitel, das andere, *Auf Sand gebaut* (1990), enthält sieben Geschichten aus der jüngsten Vergangenheit.

Heym wendet sich den neuen Problemen zu. Seine neuen Themen: Die Zurückhaltung von Politikern und Polizei angesichts der Verbrechen rechtsextremistischer Gewalttäter, die negativen Folgen der Privatisierungen in der ehemaligen DDR und die Hilflosigkeit der Ex-DDR-Bürger angesichts der neuen geschäftlichen Praktiken.

Wolfgang Hilbigs Roman *Ich* (1993) ist der erste groß angelegte literarische Entwurf über die untergehende DDR. Gleichzeitig versucht Hilbig darzustellen, was diesen Staat so lange am Leben gehalten hat. Die Verbindungen zwischen Staatssicherheit und Literatur dienen ihm dabei als Schlüssel zum Verständnis der gesellschaftlichen Verhältnisse in der alten DDR.

Hilbigs ‚Held' leidet unter dem totalen Desinteresse an seinen Werken. Erst die Stasi bescheinigt ihm Talent und gewinnt ihn als Informellen Mitarbeiter, was materielle Vorteile und literarischen Erfolg nach sich zieht. Der von ihm überwachte Autor, angeblich ein oppositioneller Autor, ist aber selbst ein Mitarbeiter der Stasi. Seine vermeintlich oppositionellen Schriften sollen die tatsächliche Opposition des Staates binden und damit kontrollierbar und steuerbar machen.

Günter Grass, der Literaturnobelpreisträger des Jahres 1992, veröffentlichte 1995 seinen umfangreichen Roman zur Wendezeit. Der Titel *Ein weites Feld* verweist auf den Schluss von Theodor Fontanes Roman *Effi Briest* und auf das 37. Kapitel des Buches Hesekiel. Dieses Kapitel der *Bibel* handelt von der Wiedervereinigung Israels in vorchristlicher Zeit. Grass' Roman beschreibt die entscheidenden Monate der Wiedervereinigung.

Erzählinstanz des vielschichtigen Buches sind die anonym bleibenden

Mitarbeiter des Fontane-Archivs. Sie stehen für die Intellektuellen der DDR, die, sich anpassend, ihr Auskommen gefunden hatten, nun aber, in dem neuen Staat, um ihre gesicherten Anstellungen bangen müssen.

Grass schreibt aus dem Blickwinkel der Untenstehenden, aus - wie er sagt - „dem Blickwinkel der Geschlagenen und Beladenen."

Der Roman wurde im Osten Deutschlands, Grass war selbst überrascht, viel positiver aufgenommen als im Westen. Die Hauptfigur Theo Wuttke, genannt Fonty, ist ein begeisterter Fontane-Anhänger. Seine Exkurse in die Welt Fontanes bieten ein reizvolles Spiel mit unterschiedlichen Zeiträumen.

An vielen Stellen des Romans äußern die Figuren Ansichten, die aus den Stellungnahmen von Grass zur Einheit vertraut sind. So kommentiert Hoftaller, der Gegenspieler von Fonty, die rasche Einführung der D-Mark im Osten sehr ablehnend: „Ab 1. Juli sieht die Welt anders aus. Klar, unsere Produkte werden danach nur noch zum Wegschmeißen und unsere Betriebe das sein, was der Westen seit Monaten sagt: Schrott. Von Rostock bis Karl-Marx-Stadt: ne einzige Schrotthalde. Doch dafür sind dann überall die Regale voll. Und zwar im Handumdrehen. Lauter Westzeug, prima verpackt. Und genauso schnell wird das Hartgeld, das wir ruckzuck eins zu eins und den dicken Rest später halbiert kriegen, wieder im Westen sein, wo es ja herkommt."

In zahlreichen Gesprächen und Reflexionen werden die Ereignisse in Bezug gesetzt zur deutschen Geschichte seit der Zeit der Befreiungskriege gegen Napoleon.

Ursachen, Entstehung und Verlauf der Proteste des Jahres 1989 in Leipzig werden in Erich Loests Roman *Nikoleikirche* (1995) aus der Perspektive einer Familie gezeigt, die zusehends mit der bestehenden Ordnung unzufrieden ist.

Die Freiheit war eines der Zauberworte der Wendezeit, die Banane (als Metonymie der nun zugänglichen Konsumgüter) eines ihrer Symbole. Beide Wörter findet man reichlich in der Literatur der Wende.

Volker Brauns aus relativ selbständigen Teilen bestehendes Stück *Iphigenie in Freiheit* (1992) kann als Allegorie über den Weg der DDR in die westliche Freiheit gelesen werden. Mit zum Teil derben Worten werden die negativen Aspekte der neuen Freiheit, wie sie sich besonders aus der neuen Wirtschaftsordnung ergeben haben, angesprochen.

Als Kontrast zu den inhumanen Szenen, welche die Titelfigur Iphigenie in der neuen Freiheit erleben muss, dienen textuelle Verweise auf das „verteufelt human[e]" (so Goethes Worte) Drama des deutschen Klassikers *Iphigenie auf Tauris*.

Eine eindruckvolle Schilderung der unterschiedlichen Mentalitäten in West und Ost gelingt Brigitte Burmeister in dem Roman *Unter dem Namen Norma* (1994). Während die Ostmenschen in einem Berliner Mietshaus, in dem Norma lebt, gegen den sozialen Abstieg kämpfen, genießen die erfolgreichen Westmenschen, welche die Erzählerin auf einer Party in Mannheim kennenlernt, selbstsicher ihre soziale Privilegierung.

In einem Gespräch mit der renommierten Psychoanalytikerin Margarete Mitscherlich mit dem bezeichnenden Titel *Wir haben ein Berührungstabu. Zwei deutsche Seelen - einander fremd geworden* (1991) sprechen die beiden über die Entstehung der deutsch-deutschen Entfremdung und über die Möglichkeiten ihrer Überwindung.

Auch die Lyrik hebt nicht an zur Feier der neuen nationalen Größe, sondern richtet ihr Augenmerk auf das Unzulängliche (z.B.: Wolf Biermann: *Dideldumm*; Volker Braun: *DAS EIGENTUM*; Günter Grass: *Treuhand*).

Der aus Dresden stammende Lyriker Durs Grünbein findet drastische Worte für die Zeit des Übergangs:

> Schwachsinn, zu fragen wie es dazu kam.
> Es war der falsche Ort, die falsche Zeit
> Für einen Stummfilm mit dem Titel Volk.
> Die Luft war günstig für Vergeblichkeit,
> Das Land weit übers Datum des Verfalls.
> „Alles was schiefgehn kann, wird schiefgehn"
> War noch der kleinste Nenner wie zum Trost
> Das Echo, anonym „Ich war dabei...".

15.6.2 Die Auseinandersetzung mit der Vergangenheit

Im Übergang zum neuen Jahrtausend erschienen Tagebücher (Erst Jünger: *Siebzig verweht I-V*, 1980-1997; Peter Rühmkorf: *TABU*, 1995; Durs Grünbein: *Das erste Jahr*, 2001), Reiseberichte (Peter Handke: *Eine winterliche Reise zu den Flüssen Donau, Save, Morava und Drina oder Gerechtigkeit für Serbien*, 1996; Peter Handke: *Unter Tränen fragend. Nachträgliche Aufzeichnungen von zwei Jugoslawien-Durchquerungen im Krieg, März und April* 1999, 2000), Dokumentationen (Joachim Walther: *Sicherungsbereich Literatur. Schriftsteller in der Deutschen*

Demokratischen Republik, 1996; Walter Kempowski: *Echolot I-IV*, 1993-2005), Biografien, Romane, Erzählungen und Novellen, die sich mit der erinnerten und mit der erlebten Geschichte auseinandersetzen.

Peter Handke ergreift in seinen Reiseberichten Partei für Serbien und greift in ungewöhnlich scharfer Form die Berichterstattung der Medien in Deutschland, Österreich und Frankreich an.

Im Buch zur ersten Reise schreibt er nur am Rande über die Kriegsschauplätze und über die begangenen Grausamkeiten; er beschreibt das Alltagsleben, die Lebenswelt, auch idyllische, abgelegene Landstriche. Das Poetische ist für ihn das Verbindende. Es soll Anstoß geben zum gemeinsamen Erinnern. Dies sei die einzige Versöhnungsmöglichkeit.

Handke schreibt einerseits über das Schöne und Poetische in dem Land und andrerseits über die von ihm so empfundenen umfassenden Techniken der absichtsvollen Fehlinformation. Er wollte das verbreitete negative Serbien-Bild korrigieren.

Im Bericht über die Reise im März und im April 1999 ist das Idyllische verschwunden. Die Menschen leiden unter dem Krieg, überall trifft er auf die Zerstörungen des Bombenkrieges. Der Bericht schließt mit dem gegen die manipulierenden Medien gerichteten Satz: „Das Zeitalter der Information ist vorbei!"

Kurz vorm Ende des Jahrhunderts präsentierte Günter Grass sein Erinnerungsbuch *Mein Jahrhundert* (1999). Aus der Perspektive unterschiedlicher Ich-Erzähler aus verschiedenen Regionen wird in Erzählungen und kommentierenden Berichten für jedes einzelne Jahr ein markantes Ereignis thematisiert. In einigen Jahren wird das Geschehen aus der Perspektive von Schriftstellern (z.B. Ernst Jünger, Erich Maria Remarque, 1914-1918) gesehen, auch aus der Perspektive von Grass selbst (z.B.: 1953, 1959,1996).

Arnold Stadler (*Ich war einmal*, 1989) und Martin Walser (*Ein springender Brunnen*, 1998) verhüllen ihre Kindheits- und Jugenderlebnisse in ländlichen Gebieten Süddeutschlands in die Form biografischer Romane.

Walser zeigt das Alltagsleben zur Zeit des Nationalsozialismus, Stadler das Alltagsleben in der frühen Bundesrepublik.

Auch Peter Handkes umfangreiche Erzählung *Mein Jahr in der Niemandsbucht* (1994) hat autobiografische Züge. Ein Schriftsteller lebt zurückgezogen in einer Waldbucht in der Nähe von Paris. Als Chronist möchte er berichten, was er unmittelbar vor Augen hat; was man Weltgeschichte nennt, soll möglichst draußen bleiben. Die im Schreiben erlebte Weltverbundenheit gilt mehr den Dingen als den Menschen. Eingebettet sind die Geschichten von sieben in der Ferne weilenden Freunden.

Der in der DDR aufgewachsene Reinhard Jirgl beschreibt in einer in orthografischer und syntaktischer Hinsicht eigenwilligen Sprache die Geschichte einer Familie von 1945 bis 2002 (*Die Unvollendeten*, 2003). Die überlebenden Frauen einer großen Familie fliehen aus ihrer alten Heimat, dem Sudetenland und erleben Not und Elend der Vertriebenen (Umsiedler) in der Nachkriegszeit. Die SBZ und die spätere DDR kann ihnen kein Ersatz für die verlorene Heimat bieten.

Auch Grass widmet der Flucht am Ende des Krieges eine kunstvoll gefügte Novelle. Die unerhörte Begebenheit, die im Mittelpunkt steht, ist die Versenkung des einstigen Urlaubsschiffs ‚Wilhelm Gustloff' am 30. Januar 1945 durch ein sowjetisches U-Boot, bei dem Tausende von Zivilisten den Tod gefunden haben.

Die konservative, katholisch geprägte Lebenswelt seiner innerschweizer Heimat bildet den Hintergrund zu den Werken von Thomas Hürlimann. In der Novelle Fräulein Stark (2001) wird aus der naiven Perspektive eines Zwölfjährigen das Treiben in der weltberühmten Klosterbibliothek von St. Gallen geschildert.

Die Mutter des Jungen kommt aus einer jüdischen Familie, die in der Schweiz Zuflucht gefunden hatte. Am Beispiel dieser Familie thematisiert Hürlimann das prekäre Verhältnis der Schweiz zum Nationalsozialismus und das Schicksal der in der Schweiz Zuflucht Suchenden.

Die Erfahrungen von Frauen in einer von Männern dominierten und beschädigten Welt gestaltet Marlene Streeruwitz in den Romanen *Verführungen* (1996), *Lisa's Liebe* (1997) und *Jessica*, 30 (2004).

Jessica, als Frau von 30 Jahren schon zu alt für manche Berufe, ist eine arbeitslose Journalistin, die unter Aufbietung all ihrer Anpassungsfähigkeit, sich als freie Mitarbeiterin durchzuschlagen sucht.

Der Roman besteht aus langen inneren Monologen der Hauptfigur; keine Punkte unterbrechen den flutenden Gedankenstrom mit den eingestreuten Anglizismen, Modewörtern und souveränen Überlegungen zur Sexualität. Unterbrochen werden die Monologe durch einen Dialog mit einem verheirateten österreichischen Staatsrechtler, der, getrieben von seinem sexuellen Begehren, zur nächtlichen Stunde vorbeikommt.

Jessica möchte das Verhältnis beenden; nach weiteren erniedrigenden Erfahrungen mit dem korrupten und machohaften Politiker, der in der Öffentlichkeit die christlichen Vorstellungen von Ehe und Familie hochhält, seine Freizeit aber mit jungen Frauen und Prostituierten verbringt, schickt sie ihn fort.

15.6.3. Der Essay – eine literarische Gattung mit Zukunft

Essays sind stilistisch anspruchsvolle Prosatexte, in denen ein beliebiges Thema unsystematisch und aspekthaft dargestellt wird.

Der Philosoph und Schriftsteller Peter Sloterdijk, selbst Verfasser von brillant geschriebenen Essays, sagt, dass der Essayismus zunehmend stärkere Daseinsberechtigung haben werde. Essays werden zur „Basisform intelligenter Kommunikation der experimentell bewegten Welt". Sind sie aber nicht sorgfältig ausgearbeitet, so Sloterdijk, so drohen sie ins Prophetische oder ins Demagogische abzugleiten.

In seinem Essay *Falls Europa erwacht* (1994) macht er sich Gedanken darüber, welche Rolle Europa in der neuen Weltordnung nach 1989 spielen kann.

In *Der starke Grund zusammen zu sein* (1998) geht er der Frage nach, welche Kräfte das Zusammensein von Menschen in großen politischen Einheiten wie den Nationalstaaten befördern.

Das Thema von *Regeln für den Menschenpark* (1999) ist „das gefahrvolle Ende des literarischen Humanismus als einer Utopie der Menschenformung durch die Schrift".

Auch Hans Magnus Enzensberger schrieb Essays über aktuelle und bedrängende Probleme: über die weltweiten Migrationsbewegungen (*Die Große Wanderung*, 1992), über die Gewalt in unterschiedlichen Erscheinungsformen (*Aussichten auf den Bürgerkrieg*, 1993) und über den zeitgenössischen Terrorismus (*Schreckens Männer*, 2006).

1993 löste Botho Strauß' Essay Anschwellender Bocksgesang eine leidenschaftliche Diskussion aus. Strauß fragte provozierend: „Welche Transformierbarkeit besitzt das Unsere, das Angerichtete noch? Allem Anschein nach keine mehr." Solche Aussagen und seine rechtslastigen Äußerungen zu Rassismus, Fremdenfeindlichkeit, „Anspruchsunverschämtheit" und Kultur stießen auf lebhaften Widerspruch.

15.6.4. Multikulturelle Literatur

In den letzten Jahrzehnten sind zahlreiche Menschen aus unterschiedlichen Gründen nach Mitteleuropa gekommen und dageblieben. Aus ihrer Mitte stammt eine Gruppe von Deutsch schreibenden Autoren und Autorinnen, die jedoch nicht deutschstämmig sind. Sie und ihre Werke sind von unterschiedlichen Kulturen geprägt. Viele Texte geben Einblicke in fremde Kultu-ren; einige, oft recht amüsante Texte, beleuchten deutsche Sitten und Gebräuche aus der verfremdenden Perspektive einer anderen Kultur.

Die Autoren und Autorinnen kommen aus vielen Ländern der Welt: Wladimir Kaminer (Russland), Libuše Moníková (Tschechien), Zé do Rock (Brasilien), Rafik Schami (Syrien), Saliha Scheinhardt (Türkei), Yoko Tawada (Japan) und Feridun Zaimoglu (Türkei).

Wladimir Kaminer kam erst 1990 nach Deutschland. Durch seine Auftritte in den Medien, seine Lesereisen und seine Bücher hat er sich einen festen Platz im Literaturbetrieb erobert.

Seine heiteren, manchmal auch ironischen Texte, berichten von seinen Erfahrungen in der ehemaligen Sowjetunion und in ihren Nachfolgestaaten (*Militärmusik*, 2001) und über seine Erfahrungen in Deutschland, die er in Berlin (*Russendisko*, 2000; *Schönhauser Allee*, 2001) und auf seinen Lesereisen (*Mein deutsches Dschungelbuch*, 2003) gemacht hat. Viele seiner meist amüsanten Texte über das multikulturelle Berlin sind grundiert von einem Appell an die Toleranz der Kulturen.

Saliha Scheinhardt setzt sich in ihren Werken mit den Lebensgeschichten türkischer Frauen und Mädchen auseinander. Sie kennt die Schicksale aus eigenem Erleben und aus ihrer therapeutischen Arbeit mit Türkinnen.

In dem Roman *Lebenssturm* (2000) erzählt sie die Geschichte einer Frau, die nach langer Zeit in Deutschland in ihre türkische Heimat zurückkehrt und nun feststellen muss, dass sie weder hier noch dort zu Hause ist.

Rafik Schami, der 1971 aus Syrien kam, entfaltet in seinen Texten die reiche Tradition der orientalischen Erzählkunst (z.B.: *Erzähler der Nacht*, 1989).

15.6.5 Das Theater – Vielfalt bei nachlassendem Interesse

Das Interesse am Theater hat in den letzten Jahrzehnten drastisch abgenommen. Gingen in den alten Bundesländern in der Spielzeit 1964/65 noch 10 272 998 Besucher ins Theater, so waren nach es einer Statistik der

Theaterzeitschrift *Theater heute* (10/1996) 1994/95 nur noch 4 610 048. Das Theater hat als öffentliche Institutionen an Attraktivität verloren.

Die Theaterautorin Marlene Streeruwitz stellt fest: „Das Theater wird nicht mehr gebraucht." Sie bedauert überdies, dass ein von einer Gruppe von Männern dominiertes Theater die großen Diskurse der Zeit, den kulturkritischen und den feministischen, als Quatsch bezeichnen und dass die Theater vor allem Stücke von toten Autoren spielen würden.

Ungeachtet der negativen Allgemeinbedingungen ist die Produktivität der zeitgenössischen Dramatik umfangreich und vielfältig. Kongeniale Regisseure (Claus Peymann, Einar Schleef, Christoph Schlingensief, George Tabori) realisierten viel beachtete Inszenierungen zeitgenössischer Werke.

Mit einem Stück zur Arbeitslosigkeit (Rolf Hochhuth, *McKinsey kommt*, 2003) und einem über Spitzenmanager in Wirtschaft und Industrie (Urs Widmer, Top Dogs, Uraufführung 1997) führten der deutsche Altmeister des Dokumentartheaters und der Schweizer Autor diese Tradition fort.

Der Österreicher Werner Schwab knüpfte mit seinen Stücken (z.B. *Volksvernichtung oder meine Leber ist sinnlos*, 1991) an die Tradition des Wiener Volksstücks an.

Botho Strauss dramatisierte die Heimkehr des Odysseus nach Ithaka nach Homers Heimkehr-Gesängen aus der Odyssee (Ithaka, 1996). Abweichend vom Original endet Strauss' Werk mit einem harmonisierenden Schluss. Der wieder eingesetzte König kann mit Hilfe der Götter den tödlichen Kreislauf von Gewalt und Rache beenden. Rechtssicherheit und Friede sollen das Zusammenleben bestimmen.

Peter Handke präsentierte ein Stück (*Die Stunde, die wir nichts voneinander wussten*), in dem überhaupt nichts gesprochen wird. Die Figuren bewegen sich auf der Bühne, gehen aufeinander zu, gehen wieder auseinander. An die Stelle der Worte treten Bewegung, Gestik und Zufallsgeräusche.

Elfriede Jelinek überraschte das Wiener Publikum 1995 mit der Komödie *Raststätte oder sie machens alle*. Die Komödie zeigt eine Partnertausch-Affäre. Zwei Frauen sind mit ihren Ehemännern nicht mehr zufrieden und verabreden sich per Anzeige mit zwei anderen Männern auf der Toilette einer Raststätte, um ein sexuelles Abenteuer zu erleben. Die Männer sollen in einem Elch- und einem Bärenkostüm erscheinen. Die Ehemänner erfahren aber von dem Vorhaben ihrer Frauen und gehen an Stelle der beiden Männer

- in den Kostümen, die sie unkenntlich machen - zur Raststätte. Die Damen haben große Erwartungen, sind aber von den Leistungen ihrer verkleideten Ehemänner bitter enttäuscht.

Wie der Nobelpreisträger Günter Grass in Deutschland, so hat sich die Nobelpreisträgerin Elfriede Jelinek in Österreich intensiv in die politischen und gesellschaftlichen Auseinandersetzungen eingemischt. Sie ist eine politisch engagierte Autorin.

Einige ihrer Stücke setzen sich mit österreichischen Problemen, Katastrophen und Projekten auseinander: mit Fremdenfeindlichkeit und Verdrängung der faschistischen Vergangenheit (*Stecken, Stab und Stangl*, 1996), mit dem schweren Tunnelunglück von 2000, bei dem 155 Menschen verbrannten (*In den Alpen*, 2002) und mit dem Bau eines technischen Großprojekts, dem Wasserkraftwerk von Kaprun, bei dem viele Zwangsarbeiter ihr Leben verloren haben (*Das Werk*, 2002).

Nach Jelinek „könnte man vielleicht sagen" die letzten beiden Stücke „seien Stücke über Natur, Technik und Arbeit. Und alle münden im Unrettbaren, gebaut auf Größenwahn, Ehrgeiz und Ausbeutung und Ausschluss von solchen, die ‚nicht dazugehören'."

Das Werk stellt hohe Anforderungen an Schauspieler und Regisseure, denn Jelinek schreibt Textblöcke zu einer Figur, die auf verschiedene Schauspieler aufzuteilen sind. „Wie sie das machen, ist mir inzwischen bekanntlich so was von egal", lautet die großzügige Anweisung der Autorin.

Diese Schreibweise wird in *Bambiland* (Uraufführung 2003), einem Stück über den Krieg im Irak und insbesondere über seine Präsentation in den westlichen Medien, radikalisiert. Die Figuren sind verschwunden, die Regieanweisungen minimal. In dem Text sprechen keine Individuen mehr. „Dieser Text ist ein Amalgam aus Medienberichten zum Irak", so die Autorin. Die Vielfalt der Stimmen im traditionellen Theater ist verschwunden. In diesem Amalgam werden diskursive Reste aus Medien, Politik, Religion und Waffentechnik vermengt.

Die Persiflage der Mediensprache enthüllt das Grauen der Kriegsführung: „Zweifel an der Präzisionsmunition der Armee? Nein, keine Zweifel an der Präzisionsmunition. Wir zweifeln eher am Gegner als an uns. Der ist nicht dort, wo wir ihn vermutet haben. Kein Wunder, dass die Tomahawks manchmal daneben gehen, wenn auch der Gegner woanders ist, als er sein sollte. Logisch. Dabei haben wir die Technik so verbessert! Das darf doch nicht wahr sein, dass die auf den Markt geflogen ist, diese Idiotin! Stundenlang haben wir ihr die Landkarte eingebläut, und jetzt fliegt sie auf den Markt! Was wollte sie einkaufen, die liebe Tomahawk? Wollte sie vielleicht auch was essen? Viel haben sie ja nicht mehr zu bieten auf ihrem Markt.“

Dass die Invasoren nicht beliebt sind, wird in lakonischen Worten zur Sprache gebracht: „Wer uns liebt, der folge uns nach. Wieso folgt uns dann keiner? [...] Wieso folgen sie uns nicht? Wir sind doch die Guten.“

In dem Stück *Ulrike Maria Stuart* (Uraufführung 2006) agieren Mitglieder einer linksradikalen Vereinigung im Spannungsfeld von Gewalt und Gegengewalt.

Marlene Streeruwitz' Theaterstücke stehen in der Tradition der Aufklärung und des Feminismus. In ihren *Frankfurter Poetikvorlesungen (*1998) sagte sie: „Ich bin für vollständige Erhellung aller Lebensbereiche im Gegensatz zur Verdunkelung, die patriarchalische Macht immer ausbreitete, um diese Macht, ewig sich selbst gebärend, fortzuschreiben.“

In diesem Geist hat sie ihre Theaterstücke geschrieben (*Waikiki-Beach*, 1992; *New York, New York*, 1993; *Elysian Park*, 1993). Es geht in diesen Werken um die untergeordnete Rolle von Frauen, nicht selten verbunden mit dem Erdulden von Gewalt, in der Gesellschaft und im Privatleben.

15.6.6 Die Lyrik der Gegenwart

Nicht nur mit seinen Essays, sondern auch mit seinen Gedichtbänden (*Zukunftsmusik*, 1993; *Kiosk*, 1995; *Die Geschichte der Wolken*, 2003) ist Enzensberger, wie schon in den vergangenen Jahren, eng am Puls der Zeit.

Von geradezu archaischer Ausdruckskraft ist sein meisterhaftes Gedicht über die Gleichgültigkeit der Zeit:

Zukunftsmusik

Die wir nicht erwarten können,
wirds lehren.

Sie glänzt, ist ungewiss, fern.
Die wir auf uns zukommen lassen,
erwartet uns nicht,

kommt nicht auf uns zu,
nicht auf uns zurück,
steht dahin.

Gehört uns nicht,
fragt nicht nach uns,
will nichts von uns wissen,
sagt uns nichts,
kommt uns nicht zu.

War nicht,
ist nicht für uns da,
ist nie dagewesen.
ist nie da,
ist nie.

Durs Grünbein ist in der DDR aufgewachsen. Die Wende hat er, nach eigenen Aussagen, passiv erlebt, wenn er auch gelegentlich an Kritik und Demonstrationen teilnahm.

Nicht so sehr die unmittelbare Öffnung der Grenze als vielmehr die möglich gewordene Begegnung mit anderen Kulturen, insbesondere der italienischen, waren für ihn ein prägendes Erlebnis. Intensiv nutzte er die möglich gewordene Reisefreiheit und schrieb Reisegedichte, so zum Beispiel die *Venezianischen Sarkasmen* aus dem Gedichtband *Strophen für übermorgen* (2007).

Grünbein hat eine unverkennbare Vorliebe für die Antike und für physikalische, mathematische und medizinische Erkenntnisse aus Geschichte und Gegenwart. In dem Band *Der Misanthrop auf Capri* (2005) versammelt er Gedichte beziehungsweise Historien zur römischen Antike. In den Bänden *Schädelbasislektion* (1991) und *Fallen und Falten* (1994) schöpft er zahlreiche Bilder aus den genannten naturwissenschaftlichen Disziplinen.

Kurt Drawert, Kerstin Hensel und Thomas Rosenlöcher, auch sie alle drei in der DDR aufgewachsen, schreiben Gedichte über ihre individuellen Erfahrungen und über ihre Erfahrungen mit geliebten Menschen.

Thomas Kling aus Bingen am Rhein, Essayist, Übersetzer und Lyriker, setzt in seinen Gedichten Wörter und Zeichen zu, in grammatischer und orthografischer Hinsicht, unkonventionellen Sinneinheiten zusammen. Diese Verfahrensweise nennt er „Sprach-Installation". Lesungen seiner Werke leben vom Austausch von Musik und Poesie.

Der Schweizer Urs Allemann schreibt Oden und Elegien mit intertextuellen Bezügen auf die großen Oden-Dichter Hölderlin und Klopstock, einer irritierenden Körperlichkeit und gelegentlich surrealen Bildlichkeit. Die eigenwillige Syntax und schweizer-deutsche Wörter erschweren den Zugang zum Sinn der Gedichte.

Sachwortverzeichnis

A

Aberglauben, r	迷信
Ablass, r	赦罪
affektiert	装腔作势的
Agitation, e	宣传鼓动
agitatorisch	鼓动的
Akt, r	行为；一幕
Alchemist,r	炼金术士
analytisch	分析的
anonym	匿名的
Anthologie, e	文选
Aphorismus, r	格言
Apolitisch	不关心政治
Archäologie, e	考古学
Askese, e	禁欲
Assoziation, e	联想
assoziieren	联想
Ästhetik, e	美学
Astrologe, r	星占学家
Atheist, r	无神论者
Aufklärung, e	启蒙运动时期
Ausgewogenheit, e	均衡
Autobiographie, e	自传
Autodidakt, r	自学的
Autonomie, e	自治

B

Ballade, e	叙事谣曲
Barock, s,r	巴洛克
Biedermeier, s	毕德麦耶尔派
Biographie, e	传记
Blasphemie, e	渎神
boykottieren	联合抵制

C

Cabaret, s	小型歌舞剧场
Chronik, e	编年史
Commedia dell'Arte, e	艺术喜剧

D

Dadaismus, r	达达主义
Décadent, r	颓废
dekadent	颓废的
Demagogie, e	煽动
Determinismus, r	决定论
Dialekt, r	方言
Dionysische, s	狄俄尼索斯
Distichon, s	诗中自成单位的两行
Dogma, s	教条
Dokumentartheater, s	文献体戏剧
Dramaturgie, e	剧作艺术

E

Elegie, e	挽诗
Empfindsamkeit, e	感伤主义
Empfindung, e	感觉
Engstirnigkeit, e	心地狭窄
Ensemble, s	剧团
Enthusiasmus, r	热情
Epigone, r	模仿者
Epigramm, s	警句
Epilog, r	尾声
Epos, s	史诗
Essay, r,s	小品文
Exil, s	流亡
Expressionismus, r	表现主义
Evangelium, s	福音书

F

Fabel, e	寓言
Feminismus, r	争取女权运动
Feudalismus, r	封建主义

formalistisch	形式主义
Fragment, s	断篇

G

galant	殷勤的
Gattung, e	体裁
Gattungspoetik, e	体裁诗学
Genie, s	天才
Glossar, s	词汇表
Gotik, e	哥特式
Gral, r	圣杯
grotesk	怪诞的

H

Habsburger, r	哈布斯堡
Handlungsstrang, r	情节 (故事内容)
Hermetik, e	密释学
Hermeneutik, e	解释学
Humanismus, r	人文主义

I

Ideal, s	理想
Ideologie, e	意识形态
Idylle, e	牧歌
Illusion, e	幻想
Impressionismus, r	印象主义
Innerlichkeit, e	内心深处
Inquisition, e	中世纪天主教 (宗教法庭)
Inspiration, e	灵感
Interregnum, s	空位时期 (1254-1273)
Ironie, e	讽刺
Irrationalismus, r	非理性主义

J

Jambus, r	抑扬格诗行
Jargon, r	行话
Jesuit, r	耶稣会教徒
Jugendstil, r	新艺术

K

Ketzer, r	异教徒
Klassik, e	古典时期
Klerikalismus, r	教权主义
Komödie, e	喜剧
Kontemplation, e	注视
Konvention, e	公约
Konzil, s	宗教会议
Korrespondenz, e	通信
Kosmopolitismus, r	世界主义
Kreuzzug, r	十字军东征
Kuriosum, s	怪事

L

Liquidation, e	消灭

M

Maxime, e	座右铭
Meditation, e	冥思
Meistersinger, e	工匠歌手
Metapher, e	隐喻
Metonymie, e	换喻
Metrum, s	韵律
Milieutheorie, e	环境决定论
Minnesang, r	中世纪的叙事诗
Monolog, r	独白
Montage, e	蒙太奇
Mundart, e	方言
Mystik, e	神秘主义
Mythologie, e	神话学
Mythos, r	神话

N

Naturalismus, r	自然主义
Novelle, e	中篇小说
Nuance, e	细微的差别

P

Parabel, e	讽喻
Passionsspiel, s	耶稣受难剧
pathetisch	感情上做作的
Pergament, s	羊皮纸文献
phantastisch	幻想的
Philologie, e	语文学
Pietismus, r	虔信主义
Polysemie, e	一词多义
Pornografie, e	色情文学
Postille, e	祈祷书
Postmoderne, e	后期现代主义
pragmatisch	实用主义的
progressiv	进步的
Prolog, r	序言
propagieren	宣传
Pseudonym, s	笔名
Psychoanalyse, e	心理分析
Publizistik, e	时事评论

R

Rationalismus, r	理性主义
Realismus, r	现实主义
rebellisch	叛逆的
Reformation, e	改革
Reichsacht, e	剥夺法律保护令
Renaissance, e	文艺复兴
Restauration, e	复辟
Rhetorik, e	修辞学
Ritual, s	礼仪
Romantik, e	浪漫主义

S

Sage, e	传说
Satire, e	讽刺文学
Scholastik, e	经院哲学
Schelmenroman, r	流浪汉小说

sentimental	感伤的
Sentimentalität, e	多愁善感
Simultanbühne, e	同时性舞台
skeptizistisch	怀疑的
Sonett, s	十四行诗
spießbürgerlich	市侩的
Stand, r	社会等级
Ständegesellschaft, e	等级制社会
Sultan, r	苏丹
Syntax, e	句法
Staufer, r	斯陶芬王朝
Symbol, s	象征

T

Tendenz, e	倾向
Thing, s	露天大会
Tragödie, e	悲剧
Trilogie, e	三部曲
typisch	典型的
Typische, s	典型
Tyrann, r	暴君

U

universal	普遍的
Uraufführung, e	首次上演
Utopie, e	乌托邦

V

Verfremdungs-Effekt, r	陌生化效果
Versmaß, s	诗律
visionär	有幻觉的
Volksbuch, s	民间书籍
Volksstück, s	大众戏剧
volkstümlich	民间的

W

| Weltschmerz, r | 悲天悯人 |

Z

| Zauberspruch, r | 咒语 |

Anmerkungen

1.1.   Kanton, r 州
        Bundesland der Schweiz

        Schweizerische Eidgenossenschaft, e 瑞士联邦
        amtlicher Name der Schweiz

        Naturalientauschhandel, r 实物交换
        Tauschhandel mit landwirt. Produkten und Rohstoffen

1.2.   Gote, r 哥特人
        Angehöriger eines germanischen Volkes

1.4.3. Kelte, r 凯尔特人
        Angehöriger eines indogermanischen Volkes

2.3.   Kirchenvater, r 基督教早期神学家
        Verfasser einer grundlegenden Schrift in der Anfangszeit des Christentums

3.1.   Hugenotte, r 胡格诺派教徒
        Anhänger des Kalvinismus in Frankreich

5.3.1. Franz von Sickingen 弗兰茨·封·西金恩
        deutscher Reichsritter (1481-1523)

5.7.   Jakobiner, r 雅各宾党人
        radikaler Republikaner in der Franz. Revolution

6.2.1. Iphigenie 伊菲格涅亚
        Gestalt aus der griechischen Mythologie

        Tauris 陶里斯
        Land der Taurer auf der Halbinsel Krim (heute gehört die Insel zu der Ukraine)

6.2.4. Mummenschanz, r 假面舞会
        Maskenfest

        Walpurgisnacht, e 瓦尔普吉斯之夜

die Nacht zum 1. Mai, in der sich (nach dem Volksglauben) die Hexen zu ihren Tanzplätzen begeben

6.4.2. Amazone, e 亚马逊女战士

Angehörige eines Volkes kriegerischer Frauen (in der griechischen Mythologie)

7.3. Siebenmeilenstiefel, r 七里靴

Zauberstiefel, mit denen man sehr schnell laufen kann

8.4.1. Loreley, e 罗蕾莱

Rheinnixe

8.4.3.2. Unterpfand, s 信物

Pfand dafür, dass etwas anderes besteht; Beweis

12.2 Panzerkreuzer Potemkin 战舰波将金号

russisches gepanzertes Kriegsschiff, benannt nach dem russischen Minister Fürst Potemkin (1739-1791)

Kuhle Wampe 库勒·旺贝

Siedlung bei Berlin, benannt nach dem kühlen Wasser und dem bauchigen Ufer; Wampe (ugs.): dicker Bauch

Stoßtrupp, r 突击队

besonders ausgerüstete kleine Kampftruppe

12.3.1. Brahmane, r 婆罗门

Angehöriger der indischen Priesterkaste

12.4. Spartakus-Aufstand 斯巴达克起义

Aufstand des Spartakusbundes 1919 (linksradikale Gruppierung, benannt nach dem Führer des großen römischen Sklavenaufstandes)

13.3.1. Tomás de Torquemada 托马斯·德·托尔克维马达

spanischer Generalinquisitor (1420-1498)

15.2. Moabit 莫阿比特

Stadtteil von Berlin, in dem ein bekanntes Gefängnis lag

15.4.1. Rote Armee Fraktion, e 红军旅

> Gruppierung, welche die politische Ordnung der BRD mit
> Gewalt beseitigen wollte

Einhorn, s 独角兽

> pferdeähnliches Fabeltier mit einem langen Horn auf der Stirn

15.4.2. Lusitanischer Popanz, r 露西塔尼亚稻草人

> Lusitania: lateinischer Name für Portugal
> Popanz: Schreckgestalt

15.6.5. Tomahawk, r 战斧导弹

> Name von Marschflugkörpern (Raketen) der US-Arme
> (eigentliche Bedeutung des Wortes: Streitaxt der Indianer)